Puskás sobre

Puskás sobre Puskás

Vida y gloria de una leyenda del fútbol

Edición de Rogan Taylor y Klara Jamrich

Traducción de Enrique Alda

CÓRNER

Título original: *Puskas on Puskas. The life and times of a footballing legend*

Primera edición: enero de 2018

Av. Marquès de l'Argentera 17, pral.
08003 Barcelona
actualidad@rocaeditorial.com
www.editorialcorner.com

Impreso por Liberdúplex, s.l.u.
Crta. BV-2249, km 7,4, Pol. Ind. Torrentfondo
Sant Llorenç d'Hortons (Barcelona)

ISBN: 978-84-946166-1-7
Depósito legal: B. 25186-2017
Código IBIC: WSJA

RC16617

En memoria de Klara Jamrich,
sin la que este libro no existiría.
Al jugador estalinista del Everton
que me dijo que venían los húngaros;
y a mi padre, por comprar un televisor.

«Pero aún faltaban por llegar los hombres que los superaron a todos, el equipo que por su romanticismo, su intensa determinación, el ritmo de sus movimientos, la belleza de su juego, su fogosidad, coraje, elegancia y entusiasta personalidad fue quizás el mejor equipo de fútbol que ha existido jamás, los hombres del Danubio [...] y, sobre todo, por el ímpetu de Puskás, por su vibrante y apasionado carácter cuando tenía el balón, la arrogancia de sus disparos, la superioridad y la peculiaridad de su juego.»

BOB FERRIER, *Soccer Partnership*, Londres, 1960

Índice

Introducción

El hombre

Ferenc Puskás fue uno de los mejores jugadores del siglo pasado y el goleador internacional más prolífico de todos los tiempos. Hay quien piensa, quizá sobre todo en Hungría, que fue el mejor jugador del mundo. Pero, sea cual sea el lugar que ocupe Puskás en la jerarquía del fútbol, no cabe duda de que estaría en el mismo nivel que Pelé, Di Stéfano, Best, Cruyff, Maradona y el resto de los dioses de este deporte.

Por eso no deja de sorprender que, aparte de una autobiografía redactada en parte por un escritor en la sombra, *Captain of Hungary* (Cassell, Londres, 1955), no exista un relato completo de la vida de Puskás. Algo que resulta todavía más extraño cuando se conocen sus extraordinarias vivencias, en unos tiempos muy difíciles. Nadie en el panteón del fútbol tiene una historia como la suya.

Como jugador llevó dos vidas diferentes, consecutivas e impresionantes; cualquiera de ellas habría bastado para concederle un puesto en la élite futbolística. La primera, como capitán del Kispest-Honvéd y de la selección de Hungría, que finalizó tras su negativa a regresar a Budapest después de la revolución de octubre de 1956, aplastada por los tanques soviéticos a los pocos días de producirse. De la primavera de 1950 a febrero de 1956, la selección húngara liderada por Puskás solo perdió un partido: la final del Mundial de 1954. Había ganado 0-3 a Italia en Roma, 3-6 a Inglaterra en Wembley (7-1 en Budapest), 4-2 a Uruguay y Brasil, y 8-3 a Alemania. Las innovaciones tácticas que demostraron los húngaros en este tiempo se tradujeron en la adopción del sistema 4-2-4 (que entrenadores húngaros como Béla Guttmann llevaron a Brasil) y la fluidez posicional que se inculcó a los jugadores derivó en el moderno prototipo del «fútbol total».

En octubre de 1956, Puskás tenía casi treinta años y parecía que lo mejor aún estaba por llegar. Su negativa a regresar a su país después de la revolución le deparó un año de suspensión por parte de la Federación Húngara de Fútbol, que la FIFA convirtió en la prohibición de jugar en cualquier país del mundo durante dieciocho meses. Mucho después de que el Barcelona fichara a sus compañeros desertores Czibor y Kocsis, Puskás languidecía en Italia. No podía jugar ni entrenar en ningún campo profesional. Se deprimió, ganó peso, su carrera estaba acabada. ¿Qué pasó después? Puskás cumplió la sanción, lo fichó el Real Madrid en su mejor momento y jugó durante casi una década en España, donde ganó cinco campeonatos de liga.

Podría parecer la vida de cualquier gran futbolista, pero, a lo largo de veintitrés años de carrera, Puskás solo jugó en tres equipos: Kispest-Honvéd, Hungría y Real Madrid (sin contar las cuatro veces que jugó con la selección española). Durante el tiempo que estuvo en ellos, estos equipos tuvieron la mejor alineación del mundo. A pesar de que pasó prácticamente toda su vida en los niveles más altos del fútbol, nunca lo compraron ni lo vendieron. En la primera mitad de la década de los cincuenta, en la selección húngara, lideró el desarrollo de la riqueza táctica, técnica e imaginativa que supuso la virtual reinvención del fútbol.

Puskás fue extraordinariamente prolífico. Marcó más de doscientos cincuenta goles de liga en cada uno de los dos clubes en los que jugó y su récord en Europa (83 goles en 84 partidos con la selección húngara, y 35 en 37 partidos de competiciones europeas con el Real Madrid) hace que (utilizando ejemplos británicos) Bobby Charlton e Ian Rush parezcan unos segundones. Incluso Pelé solo fue capaz de marcar 76 goles para Brasil en una carrera en la que jugó cuatro Mundiales (de los que su equipo ganó tres). Sin embargo, Puskás —que jugó en la selección húngara, pero solo en un Mundial (y apenas tres partidos debido a una lesión) y abandonó su selección prematuramente a los veintisiete años— sigue poseyendo el récord de mayor goleador de todos los tiempos. Lo más probable es que no se supere nunca.

Para rematar esa trayectoria, Puskás jugó en dos de los partidos de fútbol más importantes (y de una gran belleza) de los tiempos modernos: Inglaterra contra Hungría en Wembley en 1953, y Real Madrid contra Eintracht de Fráncfort en Hampden Park en 1960. Sin duda, suficiente como para colmar, cuando menos, dos vidas.

Los tiempos

Durante la primera de sus vidas futbolísticas, Puskás se vio envuelto en algunos de los momentos más dramáticos y turbulentos de la historia de Hungría. En 1943, a los dieciséis años, comenzó su carrera profesional en el club de fútbol Kispest, en la Budapest apenas afectada por la guerra, a pesar de la alianza del Gobierno húngaro con la Alemania nazi. En seis años fue testigo del sangriento fin de la guerra (cuando durante dos meses los rusos combatieron con los alemanes calle por calle en la capital), la liberación de su país y el breve florecimiento de la democracia, seguido de un reinado de siete años de uno de los regímenes más rigurosamente estalinistas de Europa del Este. Hasta la Revolución húngara de 1956, e incluso después, se utilizó toda la parafernalia de armas de la tiranía: encarcelamientos en masa, deportaciones, campos de trabajos forzados, juicios farsa, torturas, ejecuciones sumarias…

A pesar de todo, en esa sociedad atrozmente restrictiva brotó una milagrosa libertad. En un campo de hierba, los jugadores y los entrenadores de la selección de fútbol húngara redefinieron el deporte que los británicos habían reglamentado hacía casi medio siglo. Con un núcleo central de media docena de jugadores dotados de un extraordinario talento y una ingeniosa táctica —Grosics, Hidegkuti, Bozsik, Czibor y Puskás— se formó un equipo prácticamente invencible que viajó por todo el mundo durante seis años para disputar competiciones internacionales. Tom Finney todavía lo califica como «el mejor equipo de fútbol» que ha conocido y, para muchos, sigue siendo la mejor selección nacional que haya practicado este deporte. En la actualidad en Hungría aún se les conoce como el Equipo Dorado.

Puskás era el chico de oro de aquel equipo, aunque a veces no lo pareciera. Era bajo y rechoncho (le gustaba demasiado comer), prácticamente solo utilizaba una pierna y en contadas ocasiones se dignaba cabecear. Pero su intensidad cuando movía el balón, su incomparable pierna izquierda, su potente disparo y su enorme inteligencia táctica conseguían que su juego resplandeciera como las estrellas.

La política

Cuando Puskás y el resto de los jugadores (como su reservado amigo de la infancia en Kispest, el centrocampista József Bozsik) se convirtieron en un equipo invencible, el régimen político húngaro intuyó que podría ser un gran instrumento de propaganda para el socialismo. De 1950 a 1954 se organizaron desfiles de la imbatida selección nacional con ocasión de las grandes celebraciones estatales o en las reuniones del partido, como prueba del éxito del sistema húngaro. Puskás (el niño pobre de Kispest) era la prueba evidente del genio latente en el proletariado, un genio que se expresaba gracias al socialismo. Era un diamante ejemplar (en bruto, también) que brillaba entre las masas a las que apenas se tenía en consideración.

Durante unos años, en el cénit de esa modélica sociedad estalinista, Puskás (posiblemente solo él, aparte de los círculos políticos más elevados) fue casi intocable. De hecho, dada la cantidad de juicios farsa que amenazaban incluso a los principales cargos políticos húngaros, el capitán de la selección nacional disfrutó de más seguridad personal que muchas de las personas más poderosas que dirigían el país. Sin embargo, aunque Puskás fuera el chico de oro del régimen comunista, por irónico que parezca también era el preferido de los aspirantes a empresarios y los avispados capitalistas, que lo consideraban un tipo listo que pasaba de contrabando más medias y relojes que nadie cuando el victorioso equipo regresaba de sus viajes por el extranjero, gracias a la aquiescencia de los agentes de aduanas de las fronteras húngaras.

Puskás se dio cuenta enseguida, y aprovechó esa posición única. Parece que desde su niñez poseyó unas notables astucia e inteligencia, así como una vena díscola y espontánea, consentida (quizá demasiado) en el terreno de juego por una serie de entrenadores y preparadores, incluido su padre, a los que seguramente asombraba su talento y seguridad en sí mismo. Incluso cuando tenía dieciséis años solía ser el que más gritaba en el parque para dar instrucciones o criticar a jugadores mucho mayores que él. Algunos protestaban ante aquel escandaloso descaro, pero sabía desenvolverse en el terreno de juego y se convirtió en un excelente jugador. Así pues, ¿quién iba a discutir con él?

A Puskás lo agasajaron hombres poderosos del régimen, pero también fue el preferido de los desposeídos y los desamparados. En Hungría se le conocía cariñosamente (y se le sigue conociendo) con su apodo de infancia «Öcsi», que significa «hermano pequeño». Pero fue su inculta, irreverente e indoblegable actitud hacia los poderosos lo que le alojó en el corazón de los pobres y los necesitados. De entrada, Puskás lo podía «arreglar» prácticamente todo, por los contactos que tenía, y ayudó a mucha gente que se lo pidió.

A menudo, circulaban comentarios por Budapest sobre la falta de respeto de Puskás a la autoridad, algo que le granjeó cierta fama. Daba tirones de orejas a los poderosos, muchos de los cuales le admiraban a pesar de su rebeldía. Uno de los jugadores que estuvo con él en la selección nacional recuerda que Puskás le tomó el pelo a uno de los políticos más temidos de aquellos tiempos, Mihály Farkas, ministro de Defensa y extraoficialmente jefe de la odiada policía secreta, la AVH. Un día Farkas fue a ver al equipo a las prestigiosas instalaciones militares de la isla Margarita con un uniforme completamente blanco. Puskás se echó a reír al verlo y le dijo al hombre cuyo hijo era uno de los principales torturadores del régimen: «Creía que por fin había llegado el chico de los helados». Todos los presentes se quedaron callados esperando la reacción de Farkas. ¿Podía Puskás salir bien parado de aquello?

Pero ¿qué iba a hacer Farkas? La selección nacional de Puskás no solo arrasaba en el terreno de juego, sino que lo hacía con estilo y, para los concienciados políticamente, lo hacía con una pureza ideológica inestimable para el régimen. En algunos círculos (y no solo en Hungría o en el bloque soviético), las innovaciones tácticas que aportaron los húngaros se consideraban una metáfora política. Era el fútbol «socialista» jugado por un equipo de talla mundial y liderado por un genio de la clase trabajadora. Incluso Puskás (una persona absolutamente apolítica y sin ideología) utilizaba frases como «compartir el trabajo de forma igualitaria», para describir los elementos de la reorganización táctica del equipo que formaban parte de su «revolución» futbolística. Por supuesto, había muy pocos jugadores que lo entendieran como un juego político (aunque eran conscientes de la credibilidad política que su éxito confería al régimen). Pero un hombre sí que reconoció la dimensión ideológica de aquellas innovaciones tácticas: Gusztav Sebes, el entrenador de la selección nacional húngara durante su época más gloriosa, que además contribuyó enormemente a aquellas innovaciones.

El entrenador

Sebes era un «buen comunista», con un excelente historial que incluía la organización de los obreros de la Renault de París en la década de los treinta. Cuando, después de la guerra se convirtió en el entrenador de la selección nacional de Hungría, vio enseguida las ventajas que un sistema de administración centralizado con mando y control podía aportar al fútbol (por supuesto, era el modelo que se utilizaba en el fútbol soviético). Por ejemplo, Sebes podía elegir a prácticamente toda la selección en un solo club y a la mayoría de sus reservas en otro, y utilizar el mismo sistema táctico semana tras semana. Al gozar de la confianza de la mayoría de los políticos poderosos, podía preparar partidos internacionales organizando encuentros especiales contra otros clubes, tal como hizo antes del famoso partido contra Inglaterra en Wembley en 1953.

Sebes experimentaba a menudo con los jugadores internacionales (y con sus tácticas) en relajados partidos entre semana fuera de la capital. Incluso podía reclutar a todos los jugadores jóvenes que quisiera en su club matriz, el Kispest, que pronto se denominaría Honvéd, «defensores de la patria», y representaría al ejército húngaro. En teoría, todos los jugadores del club pertenecían al Ejército, por lo que oficialmente eran *amateurs*, aunque vivían y entrenaban como profesionales. Sin embargo, a pesar de todo su poder, Sebes era lo suficientemente listo para no imponer un rígido sistema táctico a esos excelentes jugadores y prefirió favorecer un ambiente que permitiera la mayor libertad posible del talento individual. A pesar de todo, el conjunto era indudablemente un equipo. La revolución húngara y sus secuelas disgregaron el Equipo Dorado que había formado Sebes; a partir de 1956, tres de sus jugadores clave, Kocsis, Czibor y Puskás, no volvieron a jugar en su selección nacional (aunque Puskás fue internacional en cuatro ocasiones con España en el Mundial de 1962). Cuando llegó a Madrid en 1958, con doce kilos de más y mediada la treintena, Puskás representaba una arriesgada apuesta para el presidente del Real Madrid, Santiago Bernabéu. Pero aún era más impredecible la posible reacción de la estrella y el mayor goleador del club, el argentino Alfredo di Stéfano, para muchos el mejor delantero centro del mundo entonces (y candidato al mejor de todos los tiempos), capaz de conseguir que se despidiera a toda estrella con la que no se llevara bien, tal como descubrió el extraordinario jugador brasileño Didí, muy a su pesar. Durante ese periodo crucial de su vida, los doce primeros meses en el Real Madrid en la temporada 1958-59, Puskás recurrió a toda su determinación y disciplina (a menudo infravaloradas por las personas que no lo conocían bien), algo que en el futuro sería fundamental para ayudarle a triunfar en circunstancias difíciles y hostiles.

El desafío

Cuando los aficionados del Real Madrid (y probablemente algunos compañeros de equipo) vieron la barriga y la aparente falta de ritmo de Puskás, se burlaron de él. El entrenador, Carniglia, tampoco lo quería en sus filas. Pero Puskás perdió el peso que le sobraba en pocos meses y enseguida empezó a marcar tantos goles como el propio Di Stéfano. Cuando la primera temporada en España llegaba a su clímax, los dos estaban a la par como máximos goleadores en la primera división. Pero Puskás fue lo bastante listo para saber que necesitaba la amistad y el apoyo del temperamental argentino. Hacia el final del último partido de la temporada, cedió un balón a Di Stéfano para que marcara, en vez de hacerlo él.

La estrecha relación que Puskás continuó forjando con Di Stéfano permitió que el Real Madrid consiguiera una serie de campeonatos y alcanzara una mayor gloria en la Copa de Europa. Puskás se jubiló en 1967 y comenzó su carrera como entrenador que lo llevaría de Paraguay a Australia, con muchas etapas de por medio, aunque ninguna de ellas en Hungría. Estuvo exiliado durante casi un cuarto de siglo; un exilio principalmente autoimpuesto hacia el final, que quizá reflejaba los dolorosos recuerdos de cómo lo trataron en Budapest cuando Hungría no consiguió ganar el Mundial de 1954 y de la sanción que le impuso la Federación Húngara de Fútbol en 1956.

No volvió a su país (ni siquiera lo hizo para acudir al entierro de su buen amigo Bozsik) hasta pasados veinticinco años de su partida. E incluso entonces, en 1981, hizo falta que un grupo de personas muy especial, que incluía a Sebes, Erzebet (la mujer de Puskás), algunos políticos y un famoso director de cine húngaro, lo convencieran de que regresara a Hungría para formar parte de una reunión del Equipo Dorado y participar en una película sobre ellos. A su regreso se le recibió como a un héroe nacional perdido hacía mucho tiempo, aunque aún tardó otros once años en volver a establecerse en Budapest.

Un prólogo personal

El lector avispado ya se habrá dado cuenta de que admiro a Puskás. El director del colegio de primaria al que iba propició sin querer ese sentimiento. El 25 de noviembre de 1953 cerró el colegio a mediodía y nos envió a casa (qué tiempos aquellos) para que viéramos el partido amistoso que se había tildado de «decisivo para el Mundial»: Inglaterra, invicta en casa ante todo país europeo desde 1066, tras la batalla de Hastings, contra Hungría, campeona olímpica e imbatida durante tres años. Así fue como conocí a Puskás y al resto de aquel maravilloso equipo húngaro: un impresionable niño de ocho años que vio el partido en el diminuto televisor que acababa de comprar mi familia. De hecho, estoy en deuda con los húngaros en general (y con Puskás en particular) por haberme legado involuntariamente la pasión por el fútbol; por el fútbol hermoso, glorioso y victorioso. No tenía ni idea de cuánto modelaría mi vida.

Puskás fue el que me ilustró de forma indeleble en cómo se juega bien, con toques, imaginación y una disparatada espontaneidad. Me enamoré del fútbol en ese preciso momento. Para mí tuvo sentido por primera vez. Quizás habría acabado gustándome de todos modos, pero Hungría se convirtió en mi equipo (y después el Real Madrid porque Puskás jugaba en él), aunque finalmente me digné a ver e incluso a apoyar incondicionalmente al equipo local, el Liverpool FC, cuando empezó a entrenarlo un tipo que se llamaba Bill Shankly. Pero el primer amor es siempre el primer amor, ¿no?

También me aportaron una introducción política. Mi mejor amigo, el hijo mayor de una familia comunista de Liverpool, me informó, mucho antes de que se celebrara el partido, de que íbamos a ver «fútbol socialista» de primera, el equipo que arrollaría a un grupo de individualistas, aunque posteriormente incluyera ingleses del calibre de Stanley Matthews, Stan Mortensen, Tom Finney y Billy Wright (aunque al final Finney no jugó).

Después del partido (una espléndida victoria 3-6 a favor de los húngaros) estábamos convencidos de que el fútbol socialista era el futuro. ¿Quién podía no darse cuenta? Incluso mucho después de que aquel partido en Wembley dejara de tener un tinte político (y la brutal represión de la Revolución húngara suprimiera todo mensaje político superficial), la verdadera trascendencia de aquel encuentro siguió presente. El fútbol podía ser maravilloso, merecedor de una devoción de por vida y también la imagen de la alegría y la perfección.

El libro

Muchos años después de ese histórico partido, me involucré en el fútbol no solo como aficionado, sino como escritor y locutor. En 1993, fui asesor en una serie de seis capítulos de la BBC (*Kicking and Screaming*) que documentaba la historia social del fútbol en Inglaterra desde principios de siglo. Fui a Budapest a conocer a Puskás e informarme sobre el partido en Wembley (alguien tenía que hacerlo); unos meses después volví con un productor y un equipo para filmar entrevistas a los jugadores que participaron en aquel partido o que lo recordaban. Dio la casualidad de que ese año estuvimos en Budapest el 25 de noviembre (aniversario de la derrota de Inglaterra a manos de Hungría) y esa noche filmamos una tremenda celebración en una cena a la que invitaron a todos los jugadores de aquel partido que seguían vivos. Entonces estuve brevemente (cuarenta años después de haber visto ese partido) en una mesa a la que se sentaban Puskás, Hidegkuti, Grosics, Buzánszky y Czibor; con George Robb, Jackie Sewell y sir Stanley Matthews.

Puskás voló a Londres unas semanas después para ser el invitado de honor en el programa *Sports Review of the Year* de la BBC. Durante su estancia, sugerí a Klara Jamrich (la investigadora-intérprete que le había acompañado para ese programa de televisión) que le propusiéramos escribir un libro entre los dos. Agradecimos sumamente que aceptara. Así, en Budapest, en septiembre de 1994 y después en 1995, le hicimos largas entrevistas sobre su vida.

Lo que el lector tiene entre sus manos es el resultado de esas entrevistas, una historia de su vida contada con sus propias palabras. También introdujimos, donde creímos conveniente, unas breves notas históricas de los acontecimientos históricos que se produjeron en Hungría durante la carrera de Puskás. Además, también llevamos a cabo entrevistas con jugadores y comentaristas de sus tiempos. Klara Jamrich aportó documentos en húngaro que se tradujeron y se incluyeron en el texto final.

Es un libro escrito con amor: la vida de Ferenc Puskás, uno de los futbolistas más extraordinarios y con mayor talento del mundo y, personalmente, la persona que me inició en la gozosa magia del fútbol. Puskás celebró su septuagésimo cumpleaños en abril de 1997. Cuando repasó su carrera, que abarcaba más de medio siglo como jugador, entrenador y mánager, mostró una profunda satisfacción por haber regresado a Budapest después de haber estado exiliado muchos años. Siguió yendo a los partidos del Kispest, el equipo en el que comenzó su carrera, y asesorando a la Federación Húngara de Fútbol. Se mantuvo muy próximo al fútbol, tal como descubrí, pues su vida estuvo empapada en fútbol desde que tuvo uso de razón...

ROGAN TAYLOR

1

Infancia hasta 1946

«Si tiras con los dos pies, te caes de culo.»

La derrota de Alemania en 1918 produjo el colapso del Imperio Habsburgo, en el que Hungría había sido un socio menor junto con Austria. En noviembre se declaró la República de Hungría, pero al año siguiente el Gobierno cayó; en 1919 se instituyó brevemente la República Popular de Hungría (una coalición de comunistas y socialdemócratas), hasta su desaparición pocos meses después ante las fuerzas contrarrevolucionarias dirigidas por el poderoso liderazgo del almirante Miklós Horthy. Su régimen nacionalista conservador gobernó Hungría hasta el final de la Segunda Guerra Mundial.

Puskás: «Nací en abril de 1927 en Kispest, que entonces estaba en las afueras de Budapest. En realidad, era un pueblecito con casas muy humildes. Mi familia vivía en un pequeño apartamento en las llamadas "casas del pueblo" de tres o cuatro pisos que acababan de construirse junto al campo del Kispest. Uno de los recuerdos de mi infancia es el clamor del público que entraba por la ventana de la cocina los días que había partido. Aquello me fascinaba.

»En las calles cercanas había muchos niños. Todo el mundo era muy pobre y muy pocos podían comprar juguetes, pero el fútbol nos proporcionaba una enorme y barata diversión. Algunos de mis parientes dicen que di mi primera patada a un balón cuando tenía nueve o diez meses, y acababa de empezar a andar. Cuando tenía tres años ya corría lo suficiente como para aguantar un partido.

»Los niños que jugábamos en la calle pasábamos todo el día juntos; crecimos juntos y llegamos a ser grandes amigos. El fútbol nos apasionaba. Mi hermana Eva quería estar con nosotros, pero las chicas no podían jugar, así que la enviaba a casa para que me trajera una rebanada de pan con pringue. Por supuesto, no había campos de fútbol en condiciones, pero sí muchos solares abandonados en Budapest en los que jugaban los niños. Los llamábamos "grunds". No siempre teníamos botas, sobre todo al principio, por lo que jugábamos descalzos en los campos de arena que encontrábamos.

»A veces tampoco teníamos balones de verdad, así que los fabricábamos con trapos o robábamos una pelota de tenis en algún sitio. En realidad, usábamos cualquier cosa. Hacíamos equipos y nos enfrentábamos a chicos de otras calles. En muchas ocasiones eran partidos muy serios. De vez en cuando, en las grandes ocasiones, birlábamos un balón de verdad del club de fútbol y lo devolvíamos después con mucha discreción. Algo que podíamos hacer porque mi padre era jugador del Kispest.»

El padre de Puskás jugó en el Kispest en 1927, cuando su apellido todavía era Purczeld, que denota el origen alemán de sus antepasados. Conforme el nacionalismo del régimen de Horthy fue intensificándose en la década de los treinta, los húngaros con apellido extranjero empezaron a sufrir una mayor presión por parte de las autoridades locales y los empresarios para que lo cambiaran; en 1935, la familia Purczeld adoptó el apellido Puskás. No haberlo hecho se habría entendido como una declaración política de apoyo a Alemania.

Öcsi

Casi todo el mundo en Hungría conoce a Ferenc Puskás como «Öcsi», que significa «hermano pequeño». Incluso su mujer lo llamaba así (con el tiempo y por respeto se añadió la palabra «*bácsi*», que significa «tío», a ese apodo, por lo que se convirtió en «*Öcsi bácsi*», «tío hermano pequeño». Según György Szepesi, el comentarista de fútbol más famoso de Hungría, que vio jugar a Öcsi en 1942, en una final juvenil contra el Ferencváros, recibió ese apodo cuando era un adolescente.

Szepesi: «Se cuenta una historia sobre cuándo se le apodó "Öcsi". Puskás estaba resfriado y sus padres le ordenaron que se quedara en la cama mientras su padre entrenaba con el Kispest y su madre iba a comprar. Se escapó por una ventana y se fue a jugar al fútbol con otros niños en un descampado. Pero su madre lo vio cuando volvía a casa y cogió el rodillo para amenazarle con una buena somanta de palos. Cuando se acercó, el resto de los niños lo rodeó para protegerlo y dijeron: "No le pegue, señora Puskás, es nuestro hermano pequeño". Puskás era el menor de todos, por eso le llamaban "Öcsi"».

Con el tiempo también se le llamó «Schwabian», como referencia a sus antepasados alemanes y (según dicen) por su tendencia a ser extremadamente cuidadoso con el dinero.

Puskás: «El club local había elegido a algunos de los hermanos mayores de los niños con los que jugaba, que tenían unos doce años, y los había enviado a los equipos infantiles, así que hablábamos de fútbol a todas horas. Aprendíamos las técnicas de entrenamiento de esos chicos mayores, ejercicios de uno o dos toques, y cómo controlar el balón. A los seis o siete años empezamos a sentir realmente el balón y dábamos toques continuos con la cabeza o el pie. Pero creo que incluso antes ya nos había atrapado la pasión por el fútbol que nos acompañaría toda la vida.

»Al poco teníamos un reducido club de aficionados en el barrio. Había gente muy generosa a la que le gustábamos y nos animaba, como el "tío" Joszeph. Era el carnicero más cercano y una vez ofreció un fantástico premio a los ganadores de un partido en la calle: una sabrosa y enorme salchicha. Aquello despertó verdadero interés entre aquellos hambrientos chavales que estaban creciendo. Muchos años después, tras la revolución de 1956, ese carnicero vino a verme a España cuando jugaba en el Real Madrid. Acabó quedándose cinco años y trabajando en mi fábrica de salchichas, pero esa es otra historia.»

Infantil en el Kispest

PUSKÁS: «Conforme pasó el tiempo fuimos entrando en el club de fútbol local. Al principio solo ayudábamos, limpiando las botas, rastrillando el campo o lo que fuera. Por la tarde sacábamos un balón para jugar; otra de las ventajas de aquel trabajo era que veíamos gratis los partidos de liga. Un día, en 1936, un incendio destruyó parte del estadio y colaboramos todo lo que pudimos en su reconstrucción. Aquello fue un buen ejemplo de trabajo comunal, muy diferente de los momentos preparados para la prensa de la construcción del gran Népstadion (Estadio del Pueblo) en 1953, cuando, como jugadores de la selección nacional, tuvimos que dedicar un par de días de trabajo, muy publicitados, para demostrar que éramos buenos comunistas.

»Todos los años, alguien del Kispest se dedicaba a observar a los más jóvenes. Recuerdo a un entrenador, Nándor Szucs, que nos estudió detenidamente y eligió a algunos. Mi amigo József Bozsik estaba entre ellos e insistí en unirme a él. Bozsik tenía once años cuando el entrenador le pidió que llevara una fotografía para afiliarlo y poder jugar como infantil. Dije: "¿Y yo? Bozsik y yo siempre jugamos juntos y entre los dos marcamos muchos goles". Nándor Szucs no tuvo más remedio que pedirme que también llevara una fotografía, pero tuve que mentir respecto a mi fecha de nacimiento; puse 1925 en vez de 1927. Legalmente hay que tener más de doce años para jugar como infantil, así que envejecí un par de años durante un tiempo e incluso llevé otro apellido (puse Kovacs, que es un apellido muy común en Hungría).»

Mucha gente se enteró de ese fraude, incluso sus oponentes, pero no pareció importarle a nadie.

Mi padre

PUSKÁS: «Para entonces mi padre era semiprofesional, primero en el Vasas y después en el Kispest. Jugaba como defensa central. Ganaba algo de dinero con el fútbol, pero también tenía un trabajo de media jornada, por lo que por las mañanas trabajaba y por las tardes entrenaba. En varias ocasiones trabajó como mecánico para la empresa ferroviaria local y después como pesador en el matadero de Kispest (en el que también trabajaba el padre de Bozsik), donde más tarde sería contable. A pesar de que nuestro apartamento era pequeño y bastante básico, nunca oí quejarse a mis padres y, en cualquier caso, había gente que vivía mucho peor que nosotros.

»En 1936 colgó las botas y se hizo entrenador, aunque continuó trabajando por las mañanas. En el Kispest se encargó de cuatro equipos: los alevines, los infantiles, los reservas y el primer equipo. En realidad, era el mánager del club.

»Los infantiles no solo podíamos ver los partidos de liga, sino también los entrenamientos de los profesionales. Éramos niños e intentábamos copiar todo lo que hacían. La verdad es que así fue como aprendimos a jugar, tanto antes como después de entrar en el club. Pero entonces ya teníamos un entrenador y conseguí mis primeras botas decentes. El zapatero del barrio me las hizo justo a tiempo para mi primer partido con los infantiles. Me quedaban un poco grandes (para que me duraran más) y al principio tenía que rellenar la puntera para que no se me salieran. Después de uno de los partidos los pies me dolían tanto que no pude tocar un balón en muchos días.

»En aquellos tiempos, el primer equipo del Kispest estaba en primera división, entre los mejores, pero normalmente a mitad de la tabla o más abajo. No era un club rico como el Ferencváros, pero tuvimos uno o dos internacionales. Mi jugador favorito era József Nemes, un lateral derecho, y Károly Déri. Me gustaba su estilo y elegancia. Nemes era un jugador muy inteligente, con un control perfecto del balón. Déri era un excelente regateador. Nos apropiamos de todos los recursos futbolísticos de esos jugadores. Creo que el poder observar de cerca a buenos futbolistas cuando entrenaban y en los partidos fue crucial en nuestro aprendizaje. Hungría había llegado a la final del Mundial de 1938 y aquello motivó a muchos jugadores, además de a los niños. Estoy seguro de que fue una de las razones de que en Hungría hubiera tantos buenos futbolistas en la posguerra. Conocíamos a jugadores extranjeros como el portero Zamora, pero cuando jugábamos de niños siempre adoptaba la identidad de algún héroe local, normalmente Nemes o Déri.

»Hasta los doce fui bastante bajo, pero después empecé a crecer. Era fuerte y rápido e iba corriendo a todas partes. Sin embargo, conforme maduraba, los partidos que jugábamos eran cada vez más serios y los equipos contrarios más fuertes. Ya no bastaba con controlar el balón y hacer algún que otro regate. Decidimos ejercitarnos para desarrollar la fuerza física. No era muy alto y por eso necesitaba estar fuerte y ser rápido. Como empecé a jugar muy joven con chicos mayores que yo, me sentía pequeño a su lado. Tuve que ajustar mi juego a las circunstancias. Buscaba espacios y evitaba la confrontación física, en la que no me habría ido muy bien en cualquier caso. Aprendí muy pronto esa lección y me fue muy útil toda mi vida.

»Después de entrenar por la tarde tomábamos un vaso de leche y pan con mantequilla para recobrar fuerzas. A veces no nos portábamos bien y tirábamos piedras a los aficionados del Ferencváros. Cuando los que habíamos entrado en el Kispest como infantiles cumplimos años (en la preadolescencia) empezamos a entender mejor el fútbol y a intentar plasmar nuestras ideas en el terreno de juego. Ese equipo infantil (todos éramos del barrio) era muy bueno, uno de los mejores del país. Marcábamos entre 130 y 140 goles cada temporada. Casi todos conseguimos llegar a jugar en primera división, una media excepcional y, por supuesto, algunos llegamos a la selección nacional.

»Además, éramos buenos compañeros y hacíamos lo indecible por ayudarnos, tanto dentro como fuera del terreno de juego. Pero también éramos muy competitivos y nos gritábamos durante los partidos, aunque una vez acabados nunca nos recriminábamos nada. Durante los entrenamientos hubo alguna que otra pelea y alguna nariz que sangraba. Pero si mi padre venía para preguntar qué había pasado, le contestábamos: "Nada".

»Mi padre no era un entrenador estricto. Normalmente, era muy alegre, aunque nunca estaba satisfecho, por muy bien que jugáramos. A pesar de todo, no nos hacía dar vueltas corriendo alrededor del campo ni nos obligaba a repetir aburridas tablas de entrenamiento. Lo que nos gustaba era el balón y hacíamos cualquier cosa que implicara tocar uno. En cierta forma y sin darnos cuenta, hacíamos unos ejercicios de entrenamiento muy modernos: un toque o dos toques en grupos de cinco jugadores, disparos a puerta, repetición de jugadas ensayadas, etc. Al cabo de unos años, después de la guerra, jugábamos al tenis con los pies y poníamos bancos en medio del terreno de juego para que hicieran de red. Formábamos equipos de dos a cuatro jugadores y, como los perdedores tenían que pagar la cena y el vino, eran partidos muy reñidos. También me di cuenta de que, en invierno, jugar al balonmano era un buen entrenamiento para el fútbol, pues es necesario estar alerta y reaccionar con rapidez. Conocí a mi mujer jugando al balonmano (Puskás se casó con Erzebet en 1951). Me gustó cómo jugaba y a ella le gustó mi juego.

»Mi padre fue muy considerado conmigo en el terreno personal y nunca me forzó a hacer nada, sino que dejó que mi juego se desarrollara de forma natural. Lo único en lo que insistía era en que aprendiera a disparar con el pie derecho. Me decía: "Si tiras con los dos pies, te caes de culo". Pero, aparte de eso, nunca interfería en mi aprendizaje. De hecho, aprendí a utilizar el pie derecho, pero en los partidos solo lo utilizaba para disparar balones en movimiento. Si podía parar el balón, utilizaba el izquierdo. Por desgracia, mi padre no vivió lo suficiente como para ver los grandes triunfos del Equipo Dorado. Lamentablemente, murió en 1952, cuando solo tenía cuarenta y nueve años.»

Szepesi: «Puskás quería mucho a su padre y su prematura muerte le afectó sobremanera. No creo que realmente respetara a ningún otro entrenador, al menos en Hungría en sus primeros años. Llegó a mostrarse muy arisco con algunos de los que entraron posteriormente en el Kispest. Creo que se debió a la relajada relación que mantuvo con su primer entrenador: su padre. Le prestaba atención, de eso estoy seguro, pero en el terreno de juego hacía lo que quería e imagino que su padre le consentía muchas más cosas que cualquier otro entrenador.»

Amistad con József Bozsik

Puskás: «József Bozsik y yo fuimos buenos amigos. Cuando sus padres vinieron a vivir al piso de al lado, yo solo tenía tres años. El suyo era el número 20; el nuestro, el 19. Él tenía un año y medio más que yo (nació en noviembre de 1925), pero, como éramos vecinos, nos hicimos amigos e ideamos un sistema de "golpes en la pared" para decirnos: "¿Jugamos?".

»Puede que inevitablemente, pero estoy seguro de que, con suma exactitud, recuerdo esos tiempos con mucho cariño. Fueron buenos tiempos. Mi amistad con *Cucu* Bozsik era tan estrecha que éramos como hermanos. Jugamos juntos de niños y después en el Kispest y en la selección húngara durante muchos años, hasta la revolución de 1956, cuando nos separamos por primera vez. La familia Bozsik tenía cinco hijos y todos dormían en la misma habitación. Todos entraron en el Kispest, en distintas categorías. Itsván era portero y los otros tres jugaban en el equipo sub-18. Más tarde, Cucu fue entrenador del Kispest (Bozsik fue mánager del Kispest entre febrero de 1966 y agosto de 1967).

»Cucu era muy reservado, una persona muy tranquila y de movimientos lentos, muy atento, nunca tenía prisa. Amaba el fútbol, pero creo que de forma muy diferente que el resto de nosotros. Nunca parecía apasionarse, no lo exteriorizaba. No creo haberlo visto nunca enfadado fuera del terreno de juego, pero en él, si alguien le arrebataba el balón de malas maneras, se ponía furioso y amenazaba con irse del campo. A veces tuve que ir corriendo detrás de él para calmarlo. Fue un verdadero amigo para mí, tanto en el fútbol como en la vida. En los partidos —quizá porque habíamos jugado juntos desde muy pequeños— sabíamos exactamente dónde estaba el otro, con o sin el balón. Nos localizábamos sin mirarnos.

»En el Kispest nos dejaban ver los partidos, pero los que se jugaban fuera de casa eran otra cuestión. Bozsik y yo intentamos todo tipo de estratagemas para colarnos, desde los cinco o seis años. Recuerdo que una vez excavamos un túnel bajo la valla en un rincón apartado de un campo, no recuerdo cuál. La tierra era blanda y aquel día nos pusimos perdidos de arena. Pero nuestro truco habitual era colocarnos nuestro uniforme de infantiles, poner algo de equipación en bolsas del Kispest y cruzar media ciudad hasta llegar al campo del equipo contrario, en el que entrábamos dándonos tanta importancia y oficialidad como podíamos. Normalmente, lo conseguíamos, pero después del partido teníamos que volver a casa con las bolsas. Nunca nos importó. Merecía la pena.

»De jóvenes hicimos de todo juntos, incluso ocuparnos de una tienda. Debió de ser en 1947 o 1948. El Kispest no era un club rico y no podía pagarnos el sueldo que merecíamos. A Cucu y a mí nos ofrecieron atender una tienda en la carretera principal a Kispest. Era una ferretería que vendía cazuelas y sartenes. Fue para vernos, creímos que nos íbamos a hacer ricos. Pero solo llevábamos unas semanas en ella cuando el Gobierno nacionalizó el pequeño comercio. Nos dieron una exigua compensación, pero aquello fue el fin de nuestra carrera como tenderos.

»También pasábamos juntos todo nuestro tiempo libre, dando vueltas por la ciudad o yendo al cine por la noche una o dos veces a la semana. Siempre volvíamos a casa en tranvía y una vez, cuando estábamos pagando el billete, nos miramos y dijimos: "¿Por qué pagar? Podemos ir corriendo a casa y ahorrar dinero". Aquel fue el comienzo de una temporada en la que echábamos carreras al tranvía. Era una distancia considerable, unos dos kilómetros y medio, y al principio no creímos que pudiéramos ir a la par que el tranvía. Pero al cabo de un tiempo empezamos a alcanzarlo e incluso a adelantarlo. Los conductores disfrutaban de lo lindo. Teníamos dieciséis años y estábamos en plena forma.

»A mi padre también le impresionó Bozsik. Admiraba su calmada madurez y llegó a quererlo como a un hijo. Si intentaba convencer a mi padre de que había pasado algo en el entrenamiento y veía que no me creía, le decía: "Pregúntale a tu amigo Bozsik y ya verás como tengo razón". Por supuesto, cuando mi padre fue entrenador y posteriormente mánager del club, durante un tiempo estuvimos directamente a su cargo.»

Debut en el primer equipo

Cuando Puskás debutó en el primer equipo del Kispest en 1943, su padre no era el entrenador. Sin embargo, cuando el Kispest/Honvéd ganó la liga 1949-50, Puskás era el capitán y su padre el entrenador.

Puskás: «Cuando comenzó la guerra y la vida empezó a ponerse muy difícil solo tenía doce años. Escaseaba incluso lo más básico y recuerdo cambiar ropa por harina y carne. La liga de fútbol continuó disputándose durante un tiempo porque al principio no hubo enfrentamientos o bombardeos en suelo húngaro. Pero cuando la guerra llegó a su apogeo, las cosas cambiaron. El Gobierno húngaro era un aliado de los nazis y fue llamando a cada vez más jugadores de fútbol para que lucharan en el frente ruso. La temporada 1943-44 fue la última que se jugó completa antes del final de la guerra. Hice mi debut como jugador del primer equipo en aquella liga, solo tenía dieciséis años.

»Fue en diciembre de 1943 y el Kispest se estaba preparando para un partido con los líderes de la liga y posteriores campeones, el Nagyvárad (en la actualidad Oradea, una ciudad de Transilvania, Rumanía). El ejército había llamado a filas a otro jugador del Kispest y en el club escaseaban los reservas. Bozsik había debutado ese año contra el club Vasas de Budapest, aunque perdieron y después lo retiraron del equipo. Cuando se enteró de que me habían llamado, se alegró, me animó: aquello me dio mucha seguridad, porque aquella perspectiva me intimidaba. El Kispest estaba debilitado y no tenía muchas posibilidades de ganar a ese equipo.

»Jugamos el domingo 5 de diciembre y perdimos 0-3. Volví a jugar tres días más tarde, fuera de casa contra el Diósgyör, y perdimos 3-2. Finalmente, marqué mi primer gol en la liga, en casa contra el Kolozsvár (en la actualidad, también una ciudad de Rumanía llamada Cluj) el 12 de diciembre, en un partido que empatamos 2-2.»

Según la edición del lunes siguiente del *Nemzeti Sport*, durante el descanso algunos jugadores reprendieron a Puskás en el vestuario por retener el balón demasiado tiempo. Le dijeron que lo pasara más rápido. Kálmán Vándor comenzó su carrera como periodista deportivo en Hungría al finalizar la guerra. Recordó que Puskás hizo enfadar a algunos de los jugadores más veteranos del Kispest.

Vándor: «Estuve en las fuerzas armadas de 1943 a 1945,

en un hospital militar a medio camino de los terrenos de juego del Kispest y del Ferencváros. En mi unidad había muchos jugadores del Ferencváros y el equipo del hospital solía entrenar con ellos o en el campo del Kispest. Allí fue donde vi al joven Puskás. Destacaba incluso entre jugadores mucho mayores que él, que le mostraban cierto resentimiento por lo que hablaba y gritaba durante los partidos. Nadie tenía dudas sobre su talento. Me di cuenta de que era un excelente jugador, pero no tenía ni idea de que alcanzaría fama mundial.»

PUSKÁS: «Creo que era el jugador más joven en la primera división húngara y seguramente aquello me venía grande. Pero he de decir que los jugadores del Kispest nunca fueron duros conmigo, me trataron como a un igual y aprendí a jugar por el bien del equipo. Bozsik volvió pronto y, después del primer partido, a mí nunca me quitaron. Es curioso, incluso ahora me siento muy orgulloso de ello.

»Tuve suerte de no ser lo bastante mayor para que me llamaran a filas. En cierta forma, el fútbol me protegió de la guerra. Estaba tan entregado a este deporte que a menudo me olvidaba de ella por completo. Al recordarlo tengo la impresión de que le debo mucho al fútbol.»

Vida en el Kispest

PUSKÁS: «Cuando me acuerdo de los acuerdos financieros a los que llegamos en el Kispest en aquellos tiempos, me doy cuenta de lo bien que me iba, a pesar de que el sueldo era más bien bajo. En aquellos tiempos no teníamos ni contrato ni sueldo fijo. Ahora parece una locura, pero cuando necesitábamos dinero íbamos a pedírselo al presidente o al secretario de finanzas. Si el equipo iba bien, nos pagaban un poco más. Creo que cobrábamos individualmente, según lo bien que creyeran que habíamos jugado. Pero como el Kispest era un club pequeño y solo vendían dos o tres mil entradas, no había mucho que repartir. A pesar de todo, recuerdo que siempre parecía tener suficiente y creo que ganaba más que mi padre.

»El club dependía en gran medida de sus patrocinadores,

aunque tampoco es que fueran grandes empresas ni nada parecido. De hecho, era gente como el sastre del barrio, que confeccionaba la equipación y los chándales; el zapatero, que hacía las botas; el dueño del restaurante en el que comíamos después de entrenar los martes y los jueves; el carnicero, que nos daba carne, y personas así.

»Vivía mejor que un trabajador medio de Kispest. No recuerdo la cantidad exacta que cobraba, pero me llegaba para cubrir las necesidades básicas. Nunca protesté por el dinero. Sabía que los patrocinadores del club no eran empresarios ricos, solo tenderos o quizás el dueño de una pequeña empresa. Pero esa gente que ayudaba al club eran unos auténticos entusiastas del fútbol y hacían todo lo que podían por ayudar al Kispest.

»Nuestro público quizá no era muy numeroso (a diferencia del Ferencváros o el MTK), pero defendían el fútbol que practicábamos. Querían realmente al equipo; incluso cuando íbamos perdiendo, seguían aplaudiendo y animándonos. Eran entendidos y sabían apreciar los buenos pases y jugadas.

»Para mí, el club y los jugadores eran como una gran familia. Me temo que era muy diferente a la situación que se vive en el fútbol actual. Ahora los jugadores llegan, hacen su trabajo y se van a casa. En aquellos tiempos, después de entrenar solíamos pasar la tarde juntos, nos divertíamos y tomábamos *frocs* (una mezcla barata de vino y soda muy popular entre la clase trabajadora húngara) o cerveza para acompañar una buena salchicha picante. En 1945 se inauguraron unos salones del club enfrente de la carnicería que enviaba carne para los jugadores. Muchas veces venían artistas o cantantes del barrio por la tarde y acabábamos cantando a voz en cuello y divirtiéndonos muchísimo. El Kispest era la genuina expresión de una comunidad pequeña. Recuerdo que, cuando fuimos a Viena en nuestra primera gira, nuestros patrocinadores (los tenderos) prepararon bolsas con comida, sobre todo salchichas. Muchas veces, por la noche, esas personas y otros aficionados pasaban tiempo con nosotros hablando de fútbol, de fútbol y de más fútbol. Tuve suerte de estar entre tantos genuinos amantes del fútbol.»

El final de la guerra

El 19 de marzo de 1944, las tropas alemanas ocuparon Hungría por primera vez y se prepararon para enfrentarse al ejército ruso, que avanzaba desde el este. Ese día, cuando el Kispest se enfrentó al equipo más importante de Budapest, el Ferencváros, Puskás jugó frente a doce mil espectadores.

Puskás: «El Kispest jugó un partido fuera de casa contra el Ferencváros. Me marcó un defensa muy curtido que se llamaba Ferenc Rudas y que también jugaba en la selección nacional. Oímos los aviones de guerra que sobrevolaron el terreno de juego durante todo el partido, pero aun así lo disputamos.»

Los periódicos elogiaron la actuación de Puskás en ese encuentro y lo describieron como un jugador con mucho talento. En la temporada 1943-44, el Kispest acabó décimo en una liga que disputaban dieciséis equipos. Puskás jugó dieciocho partidos y marcó siete goles. Al siguiente otoño, muchos encuentros se interrumpieron o se cancelaron debido a los bombardeos de los aliados, que intentaban destruir la industria armamentística húngara. Cuando los alemanes se retiraron finalmente hacia el oeste, destruyeron todos los puentes sobre el Danubio que unían Buda y Pest. En febrero de 1945, las tropas rusas liberaron Budapest.

Puskás: «Salimos de los sótanos en los que nos habíamos escondido durante la batalla para liberar la ciudad y nos fuimos corriendo al campo de fútbol. Al poco aparecieron unos soldados rusos que querían echar un partido. Eran buenos y disfrutaron mucho. Al día siguiente nos trajeron harina, pero, a pesar de que nos hicimos amigos, no nos atrevíamos a salir después de oscurecer. Era demasiado peligroso.»

Después de que los rusos liberaran la ciudad no se disputó ningún partido de liga hasta principios de verano. Esta comenzó el 6 de mayo, pero solo compitieron en ella clubes de Budapest, para evitar los desplazamientos. El Kispest no jugó muy bien y sufrió abultadas derrotas en casa; a pesar de todo, acabó el cuarto de doce equipos.

PUSKÁS: «Recuerdo que el Ferencváros nos dio una buena paliza, 7-0, y que me expulsaron por una falta que le hice a Rudas. Aún fue peor contra el Újpest, que nos endosó un 8-0. Jamás volví a estar en un equipo al que le metieran tantos goles».

Debut internacional

En verano de 1945, el 19 y 20 de agosto, se disputó el primer partido internacional de la posguerra. Fue contra Austria y Puskás debutó en la selección nacional.

PUSKÁS: «Aquel agosto jugamos dos partidos consecutivos contra Austria. Por supuesto, desde el punto de vista húngaro, en el terreno de juego, Austria era un "viejo enemigo". Las dos asociaciones de fútbol mantenían relaciones y rivalidades desde hacía mucho tiempo. Era un poco como los partidos entre Inglaterra y Escocia. Se invitó a los austriacos a que jugaran los dos partidos en Budapest. Aunque después de la guerra se vivieron tiempos muy difíciles en Hungría, Austria estaba en una situación mucho peor y ni siquiera podía organizar encuentros internacionales. Todo el mundo estaba muy emocionado ante la perspectiva de ver dos partidos contra nuestros mayores rivales. Era una forma de regresar a la normalidad después de una etapa tan atroz.

»Los encuentros se disputaron un fin de semana en el estadio del Ferencváros, que se llenó hasta la bandera. Los entrenadores disfrutaron de una magnífica ocasión para probar nuevos jugadores y formaciones. Era el comienzo de una nueva vida y el ambiente en el estadio era sumamente intenso. Hice mi debut como internacional en el segundo partido. Habíamos ganado 2-0 el primero y en el segundo acabamos 5-2. Marqué uno de esos goles. Teníamos un equipo lleno de jugadores jóvenes; después del encuentro se organizó una de las mejores fiestas que recuerdo.»

Gusztav Sebes, que llegaría a ser entrenador durante los

mejores tiempos de la selección húngara, era el segundo entrenador. Describió esos partidos contra Austria en su libro *Örömök és csalódások* (Alegría y desilusión).

SEBES: «Budapest estaba en ruinas, no quedaba en pie ni un solo puente sobre el Danubio. Por supuesto, muchos de los jugadores no estaban en su mejor momento físico, pero ardían en deseos de jugar. Los entrenadores no teníamos mucho entre lo que elegir para conformar un equipo, pero todo el mundo quería estar en él, aunque solo fuera por la semana de alojamiento y manutención que tenía asegurada en un tiempo en el que solo se podía conseguir comida con cupones (Sebes, 1980).»

PUSKÁS: «Aquel año solo se disputó otro partido internacional. Fue en casa, en septiembre, contra Rumanía. Ganamos 7-2 y marqué dos goles. Después jugué siempre en la selección, hasta 1956, año en que abandoné Hungría.»

2

Germen del Equipo Dorado

«Cuando esos excelentes jugadores armonizaron en el Honvéd, posiblemente nos convertimos en el mejor equipo del mundo.»

Después de la guerra, los conservadores (el Partido de los Pequeños Propietarios) ganaron las primeras elecciones generales en Hungría, aunque los comunistas y los socialdemócratas también desempeñaron su papel. En 1946 se declaró la República de Hungría y se implantaron las primeras medidas para suprimir los latifundios y nacionalizar la industria. Dos años más tarde, se formó un Gobierno en el que todos los puestos clave estaban ocupados por miembros del Partido Comunista. Las segundas elecciones, en 1949 (las llamadas elecciones «lista única» en las que solo se presentaron los comunistas), marcaron el comienzo de un régimen dominado por los estalinistas y controlado por la Unión Soviética. Se creó la policía secreta del Estado, la AVH (Autoridad de Protección del Estado) y casi inmediatamente dieron comienzo los «juicios farsa» y se detuvo y se ejecutó a comunistas húngaros como László Rajk y sus compañeros.

En 1946 volvió a disputarse la liga nacional de fútbol. Puskás se convirtió en el capitán del Kispest, entrenado por su padre. Esa temporada, el Kispest acabó en cuarta posición en la tabla. Puskás viajó al extranjero por primera vez con la selección en abril de 1946, a Viena, donde Hungría perdió 2-0. Puskás fue sustituido. El 6 de octubre, en el partido de vuelta en Budapest, Hungría ganó 2-0. Puskás marcó su primer triplete en el último partido de ese año, en una victoria 7-0 contra Luxemburgo (un encuentro que no se incluyó en algunos registros internacionales).

Durante ese periodo empezaron a regresar al país algunos de los entrenadores que habían alcanzado cierta notoriedad antes de la guerra. Personas como Márton Bukovi, que había pasado siete años en Yugoslavia, y Béla Guttmann entraron en equipos como el MTK, el Újpest y el Kispest. En un primer momento, Tibor Gallowich entrenó a la selección nacional, pero después se encargó a Gusztav Sebes que dirigiera un «comité de tres entrenadores», integrado también por Gábor Kléber, un antiguo internacional, y Béla Mandik, un experimentado y joven entrenador. El comité envió a representantes por todo el país en busca de talentos para la selección. Encontraron jugadores como el portero Grosics y el defensa Buzánszky, ambos provenientes de un pequeño pueblo minero del norte de Hungría llamado Dorog.

Ofertas desde el extranjero

El Kispest continuó mejorando y en la temporada 1946-47 acabó en segunda posición en la liga. En mayo de 1947, Hungría se enfrentó de nuevo a Austria y ganó 5-2 ante unos treinta y ocho mil aficionados en el campo del Ferencváros. Puskás anotó en ese encuentro. Una semana después, la selección húngara viajó a Turín, donde perdió ante la entonces campeona del mundo, Italia. Puskás recordaría ese partido por muchas razones.

PUSKÁS: «Perdimos 3-2 contra Italia, pero el gol de la victoria lo metieron en el último minuto. Marqué un penalti ante setenta mil fanáticos aficionados italianos. Italia tenía un ataque impresionante, liderado por Valentino Mazzola, que murió trágicamente en el accidente de avión que sufrió el Torino unos años después, en 1949. Por extraño que parezca, me enfrenté a su hijo en la última final de la Copa de Europa que disputé, en Viena, casi veinte años después (Sandro Mazzola marcó dos goles en la victoria del Inter contra el Real Madrid en 1964).

»Recuerdo bien ese viaje al extranjero porque al final del partido me ofrecieron cien mil dólares (una cifra desorbitada) por jugar en la Juventus. Dos italianos se acercaron a mí con toda naturalidad y me enseñaron un papel, un contrato con la suma de cien mil dólares escrita en él. Me desconcertaron, me puse nervioso e intenté ganar tiempo. Les pedí que me enviaran los detalles a Budapest: a los pocos días recibí una carta en la que explicaban su propuesta. Era mucho dinero para un joven como yo, pero en realidad no tenía libertad para tomarme esa oferta en serio.

»No era que no pudiera abandonar Hungría (en ese momento, posiblemente podría haberlo hecho), sino que aquello habría implicado dejar atrás a mis padres, mis hermanas y otros familiares. No era una situación fácil, porque mi familia tenía ascendencia alemana y se temía que en la posguerra hubiera represalias en Hungría.»

Hungría se alió con las potencias del Eje en 1938. El Gobierno de Horthy había ido acercándose cada vez más al fascismo y promulgó una ley antisemita. En un acto de deferencia hacia sus nuevos aliados, concedió privilegios especiales a los alemanes que vivían en Hungría (algunos húngaros volvieron a adoptar sus apellidos alemanes para aprovechar esa circunstancia); durante la guerra, los nazis reclutaron a algunos de ellos en la Volksbund y las SS. Otros húngaros, en especial los comunistas, formaron movimientos de resistencia y combatieron al fascismo durante la guerra. En 1947, en la posguerra, se produjo una oleada de expulsiones de supuestos «simpatizantes de Alemania».

PUSKÁS: «Debido a nuestra ascendencia alemana, podrían haber obligado a mi familia a vivir en algún sitio al que no quisiera ir o, lo que es peor, enviarla a campos de concentración. Mi presencia en Budapest mitigaba esa posibilidad, así que abandoné cualquier opción que pudiera haberme planteado. No fue ningún drama, simplemente tomé esa decisión y nunca lo lamenté. La elección estaba clara: mi familia o yo. La quería demasiado como para dejarla en una situación peligrosa.»

Experiencia internacional

La selección húngara continuó evolucionando y mejorando. En 1947 ganó a Bulgaria (9-0), a Albania (3-0) y a Rumanía (3-0). Sebes y su comité seguían experimentando con distintas formaciones, pero el núcleo del gran equipo húngaro empezaba a conformarse, con Grosics, Bozsik, Hidegkuti y Puskás.

Bozsik debutó en la selección húngara mientras Puskás estaba en Sudamérica. Fue el 17 de agosto de 1947, en la abultada victoria ante Bulgaria. Bozsik tuvo más problemas que su amigo para entrar en la selección. Los entrenadores no acababan de entender su forma de juego. La gente decía que era demasiado lento, no física, sino mentalmente. Retenía el balón durante lo que parecía un periodo de tiempo inusual y le gustaba tanto defender como atacar. Finalmente, los que le veían jugar se dieron cuenta de que retenía el balón hasta que se presentaba la mejor ocasión. Entonces lo pasaba con una precisión asombrosa. Por el contrario, todo el mundo reconoció de inmediato las virtudes de Puskás.

SZEPESI: «La reputación de Puskás empezó a crecer gracias a su extraordinario juego. Recuerdo un partido contra el Ferencváros en 1947 en el que tuvo que retirarse porque se lesionó en un choque contra su marcador, Rudas. De hecho, tuvieron que sacarlo en camilla, pero más tarde volvió a salir con un aparatoso vendaje en la pierna. Hacia el final de la primera parte entro en el área pequeña y gritó «¡Ahora, Cucu!», y Bozsik le envió un bonito balón que estrelló contra las mallas con la pierna izquierda, aún vendada. En la segunda parte cojeaba, pero marcó otros dos goles. El Kispest ganó 3-0; el público no daba crédito a sus ojos (la futura mujer de Puskás, Erzebet, vio ese partido y quedó muy impresionada).»

A finales de mayo de 1947, el Kispest hizo una gira por Francia y Luxemburgo. El último día de ese mes se organizó un partido especial en Hungría entre equipos que representaban a Budapest y Belgrado. El entonces mánager de la selección húngara, Gallowich, había accedido a que el Kispest hiciera esa gira con la condición de que Puskás volviera para jugar ese partido, pero el Kispest le envió un telegrama para decirle que no quería que atravesara Europa solo. Gallowich amenazó con prohibir las giras del club, que no tuvo más remedio que enviar a Puskás. Llegó con el tiempo justo de ir de la estación de tren al calentamiento en el terreno de juego, en el que contó que no había tenido suficiente dinero para pagar la última etapa del viaje desde Austria. Budapest ganó 3-2 a Belgrado; Puskás marcó dos goles.

Por aquel tiempo empezaron a llegar ofertas desde el extranjero para fichar jugadores húngaros. Las giras habían permitido que se corriera la voz en el mundillo futbolístico europeo; al acabar la gira francesa del Kispest, Bozsik recibió una oferta de dos millones de francos, que se negó siquiera a considerar. El Inter de Milán se interesó por Ferenc Szusza, un delantero con gran talento que jugaba en la selección húngara de posguerra, pero su club, el Újpest, rechazó su proposición. Nadie sabía a ciencia cierta lo que estaba permitido y prohibido en el nuevo régimen comunista. Las autoridades empezaron a dejar clara su posición y anunciaron que no permitirían salir al extranjero a ningún jugador de primera o segunda división porque aquello minaría la voluntad nacional de conseguir la excelencia deportiva. En la prensa controlada por el Estado, aparecieron aterradoras historias que alertaban sobre la presencia de «agentes» que merodeaban por Budapest (normalmente enviados por clubes italianos) para organizar la salida ilegal de jugadores; o de viajes desastrosos de jóvenes húngaros a los que, al intentar cruzar los Alpes para disfrutar de la libertad futbolística de Italia, se les habían congelado los dedos de los pies.

Puskás hizo otra gira en el verano de 1947. No fue ni con la selección ni con el Kispest, sino con el Ferencváros. Se fue a Sudamérica. En aquel viaje tuvieron la oportunidad (tanto los jugadores como las autoridades futbolísticas) de ganar unas muy necesitadas divisas.

Puskás: «El Ferencváros me invitó a hacer una gira por Sudamérica. También vino un jugador del Újpest que se llamaba Szusza y otro internacional del Kispest, Mészáros, que entró en el Ferencváros al año siguiente. (Un club pequeño como el Kispest solo podía tener dos jugadores internacionales en sus filas. El dinero que se consiguió con la venta de Mészáros se utilizó para mantener a Puskás y a Bozsik.) Era un buen equipo y conseguimos empatar con la selección mexicana 3-3. Me pagaron 1.500 dólares por aquel viaje, lo que parecía una desmesurada cantidad de dinero. La verdad es que era mucho, me llegó para comprar una casa en Budapest. Me fui de ella cuando me casé, pero mi hermana ha vivido allí desde entonces.»

El Ferencváros fue campeón de la liga 1948-49, con una línea de ataque en la que figuraban Budai, Kocsis y Czibor, nombres que llegarían a obsesionar a jugadores ingleses como Walter Winterbottom, Billy Wright y Alf Ramsey. El club MTK, entrenado por Márton Bukovi, fue el segundo. En ese equipo jugaban Palotás, Hidegkuti, Lantos y Sándor: todos futuros miembros del Equipo Dorado. El Kispest se clasificó en tercera posición. Puskás marcó 50 goles en 31 partidos, lo que lo convirtió en el máximo goleador de la liga por primera vez en su vida.

Béla Guttmann

En 1948, Béla Guttmann reemplazó al padre de Puskás como entrenador del Kispest. Guttmann se convirtió en uno de los entrenadores húngaros más famosos e influyentes en los siguientes años. A partir de 1956 entrenó en Brasil, aunque consiguió sus mayores éxitos con el Benfica, cuando ganó la Copa de Europa en 1961 y logró acabar con el monopolio que había tenido el Real Madrid en esa competición durante los anteriores cinco años. En la siguiente temporada retuvo el trofeo tras haber fichado a Eusébio.

En el Kispest, Puskás y Guttmann tuvieron problemas: quizá dos personalidades tan marcadas estaban predestinadas a enfrentarse.

Vándor: «Guttmann se negó a tolerar todo lo que el padre de Puskás había dejado hacer a su hijo. Era muy serio, buena persona y un gran experto. El problema fue (y todo el mundo lo sabe) que el joven Puskás prácticamente dirigía el Kispest en aquellos tiempos. Su voz era la que más se oía (y aún se oiría más cuando el modesto Kispest se convirtió en el poderoso Honvéd del Ejército). Pero Guttmann seguramente también cometió errores. Pensaba que tenía que ser muy estricto, pero con esos duros chavales del Kispest necesitaba otro planteamiento.»

En un partido fuera de casa contra el Győr en otoño de 1948, Guttmann se estaba poniendo muy nervioso en el banquillo debido a la dureza de uno de los defensas del Kispest, Mihály Patyi. Desde la banda aconsejó al jugador que se calmara; finalmente, perdió la paciencia e intentó sustituirlo, pero Puskás le dijo al jugador que no se moviera. Patyi tenía más miedo al capitán de su equipo que a Guttmann, así que permaneció en el terreno de juego. Después del partido, Guttmann dimitió inmediatamente e incluso se negó a regresar a Budapest en el tren en el que viajaban los jugadores. Puskás se arrepintió del incidente e intentó disculparse, pero era demasiado tarde. El club no hizo ningún comentario y el padre de Puskás volvió a ser el entrenador del equipo.

VÁNDOR: «Para entonces, finales de la década de los cuarenta, Puskás era el líder indiscutible del equipo. Utilizó su poder para proteger y ayudar a otros jugadores. Recuerdo que una vez estaban dando entradas a los jugadores en el restaurante del Kispest antes de un partido. Todo el mundo recibió dos, excepto Puskás y Bozsik, a los que se les habían reservado cuatro. Cuando Puskás se enteró, se levantó y dijo que, a menos que se diera igual número de entradas a todos, no jugaría. Era indomable.»

Sanción

En 1948, Hungría disputó nueve partidos internacionales y solo perdió dos, fuera de casa contra Austria y contra Bulgaria. Para entonces, los defensas encargados de marcarlo habían empezado a prestar especial atención a Puskás. En el encuentro en Sofía le hicieron faltas continuas en el área o cerca de ella. Finalmente, en la segunda parte, dos de los jugadores búlgaros tuvieron que abandonar el terreno de juego para ser atendidos después de sendos encontronazos con Puskás. Este se mostró muy enfadado con los representantes de la Federación Húngara de Fútbol, que después del partido amenazaron con sancionarle. Algunos pensaron que empezaba a tener demasiados humos. El 18 de noviembre de 1948, el comité disciplinario de esa federación anunció que no podría disputar partidos internacionales durante un año.

El director del *Nemzeti Sport* (Deporte Nacional), rebautizado como *Népsport* (Deporte del Pueblo) durante el régimen comunista, explicó esa decisión en primera página: «Puskás no ha ofrecido lo mejor de sí mismo en Sofía; estaba muy preocupado por no lesionarse y cuando se le apremió desde el banquillo contestó: "Quiero jugar el próximo partido también, gracias". También se mostró maleducado con los representantes de la federación después del partido». El editorial añadió que mostró una actitud inapropiada «para un deportista de una democracia del pueblo que avanza hacia al socialismo». No podemos dejar que nos chantajeen con amenazas de abandonar el país. Esta sanción es un aviso no solamente a Puskás, sino a otros jugadores también».

Ese día, Puskás fue a las oficinas del *Népsport* y a la mañana siguiente se publicó una declaración en la que hacía autocrítica:

> Me entristeció mucho la sanción de la Federación de Fútbol Húngara y no creo que la merezca. No me comporté mal en Sofía, sino que simplemente respondí a las patadas que me estaban dando. Sé que me equivoqué y que no debería de haber insultado a los representantes de la federación después del partido. Me puse furioso por el trato que me estaba dando Trinkov (defensa central). Perdí los estribos. Contra el Györ, cuando tuve problemas con el entrenador (Guttmann), pasó lo mismo, estaba sometido a demasiada tensión. La sanción me ha calmado, quizá si la hubiera recibido antes no habría pasado nada en Györ. Y por lo que respecta a abandonar Hungría, nunca he expresado ese deseo. Algunos clubes se han puesto en contacto conmigo, pero no me voy a ningún sitio. No creo ser indispensable para el éxito de la selección nacional y solo deseo volver a ella.

Además del año de sanción internacional, el 16 de diciembre se anunció que también se prohibiría jugar a Puskás en la liga hasta el 4 de abril de 1949. Al final se le perdonó rápidamente y volvió a jugar el 19 de febrero, a principios de la temporada de primavera. La sanción internacional nunca se impuso y jugó contra Checoslovaquia el 10 de abril, sin haberse perdido ni un solo partido internacional. (Puskás no jugó en dos partidos internacionales anteriores, contra Bulgaria y contra Albania en agosto de 1947, debido a una lesión).

Sin embargo, no era solo Puskás el que tenía problemas con las autoridades. Por aquellos tiempos, el portero Gyula Grosics tuvo un encontronazo mucho más serio con la ley.

GROSICS: «En 1949 intenté salir de Hungría con un grupo de amigos. La AVH me detuvo y pasé una noche en sus dependencias. No me hicieron daño, pero se pasaron la noche amenazándome y me aterrorizó lo que pudiera pasar. A partir de entonces siempre se me calificó de "poco de fiar" (K&S).»

Sebes y el progreso del Equipo Dorado

En 1951, el Estado aumentó la presión sobre prácticamente todos los aspectos de la vida social y cultural. El Gobierno estalinista detuvo a los comunistas «nativos» más destacados, como János Kádár (que posteriormente sería jefe del partido después de la revolución de 1956 y que permanecería en el poder casi hasta su muerte en julio de 1989). Se impuso la colectivización y aumentaron las deportaciones en masa y la persecución de las Iglesias. Se aprobó una ley por la que la educación física y el deporte pasaban a ser responsabilidad exclusiva del Estado. Se constituyó el Consejo Nacional de Educación Física y Deportes, que de hecho era el Ministerio de Deportes, a través del que los principales políticos controlaban toda actividad deportiva importante. Se animó a los jugadores de fútbol (y a todos los deportistas) a que se comprometieran plenamente con los elementos deportivos del Primer Plan Quinquenal (1950-54) de Hungría, basado en el modelo soviético. Incluía un colosal programa de construcción cuyo núcleo fue el Népstadion.

GROSICS: «Gusztav Sebes estaba muy concienciado con la ideología socialista, se notaba en su forma de hablar. Para él todos los partidos o competiciones importantes eran una cuestión política. A menudo decía que la encarnizada lucha entre el capitalismo y el socialismo se libraba tanto en los campos de fútbol como en otros sitios. Con el tiempo llegó a ser no solamente el entrenador de la selección, sino el segundo al mando del Ministerio de Deportes, en el que consiguió unas conexiones políticas que le hacían más poderoso que su jefe (Gyula Hegyi). En su escritorio había un teléfono con línea directa a Mihály Farkas, jefe de las Fuerzas Armadas y de la AVH de Hungría, al que Mihály le llamaba para darle instrucciones.»

Gusztav Sebes llegó al poder rápidamente. A comienzos de 1948, el entrenador de la selección, Gallowich, que había sido el mánager del equipo húngaro desde la guerra, dimitió repentinamente; lo reemplazó un comité formado por tres personas entre las que se encontraba Sebes. Este enfoque «socialista» de la gestión del fútbol fracasó rápidamente debido a las desavenencias entre los miembros del comité, a pesar de su amistad, y los tres dimitieron a final de año. En enero de 1949 se puso a Sebes a cargo de la selección, aunque él siempre insistió en que siguió pidiendo consejo a sus antiguos colegas.

La figura política de Sebes también destacaba. Además de su papel como entrenador de la selección y de viceministro de Deportes, también presidió el Comité Olímpico Húngaro, una organización muy prestigiosa gracias al éxito de los atletas húngaros en los Juegos Olímpicos de 1948 en Londres. Sebes fue un comunista con una larga trayectoria y un pedigrí político adecuado: había organizado a los trabajadores de las fábricas automovilísticas de París en la preguerra y en la Hungría de posguerra era una figura relevante en los movimientos sindicalistas. En pocas palabras, los líderes del régimen confiaban en él.

A Sebes le gustaba retirarse a las montañas para pensar en la evolución de la selección nacional. Era un ávido lector y entendía la influencia que ejercían personas como el táctico italiano Vittorio Pozzo y el entrenador austriaco Hugo Meisl. También recordaba a Jimmy Hogan, el «maestro» inglés del MTK de antes de la guerra, que en Hungría había legado gran parte de su conocimiento futbolístico. Sebes decidió no solamente perfeccionar un equipo, sino un escuadrón de jóvenes jugadores, un grupo que contara con los futbolistas más hábiles de su generación, capaz de poner en práctica distintas estructuras tácticas. Cuando su fama aumentó, se los llamó «el Equipo Dorado».

Gracias al régimen comunista, Sebes tuvo el suficiente poder para incorporar a personas y a jugadores de la liga que colaboraran en su causa. La selección nacional era un tema prioritario para el partido y sus funcionarios. Sebes invitó a todos los entrenadores de la primera división a una reunión en la que expuso su plan para reclutar a un grupo en el que jugaran los jóvenes con más talento del país. Pidió la plena cooperación de los entrenadores para descubrirlos y localizarlos; incluso pidió a algunos árbitros que le mantuvieran informado y convenció a la Federación Húngara de Fútbol para que fundara el club Amigos de los Jugadores de la Selección.

Con Sebes, la selección podía organizar partidos amistosos los miércoles en provincias para potenciar la deseada confianza entre los jugadores. Jugar fuera de Budapest disminuyó la presión sobre esos jóvenes futbolistas, ya que el público de provincias era más tolerante y paciente que el de la gran ciudad. Por tal razón, Sebes pudo utilizar esos frecuentes partidos para experimentar con distintas estructuras tácticas e identificar a los jugadores que mejor se adaptaban a ellas. También se aseguró de que los equipos anfitriones se quedaran con la entrada (que asistieran quince mil personas no era nada raro), lo que fomentaba las buenas relaciones.

Primeros experimentos tácticos

El primer partido de la selección con Sebes al mando no fue un acontecimiento agradable. Fue contra Checoslovaquia, en Praga, el 10 de abril de 1949. Puskás acababa de empezar a jugar después de la sanción. Tras la derrota en Sofía, Sebes quería reforzar la defensa y utilizar delanteros más rápidos. Quería poner a Czibor en la banda izquierda y a Budai en la derecha, con Kocsis como interior derecho y Puskás como interior izquierdo (una delantera que con Hidegkuti en el número nueve sería su alineación preferida). Hubo quien pensó que era una línea de ataque muy arriesgada. Sebes echó marcha atrás momentáneamente, aunque consiguió imponer su defensa: delante de su nuevo y joven portero Turai estaban Rudas, Balogh, Bozsik, Borzsei y Zakariás. Hungría perdió 5-2 y la nueva formación de defensa (sobre todo la nerviosa actuación de Turai) recibió duras críticas, algunas por parte de los entrenadores que habían hecho cambiar el plan original de Sebes.

El siguiente partido fue contra el «viejo enemigo», Austria, el 8 de mayo. En esa ocasión, Sebes no hizo caso a nadie y eligió la alineación, que incluía una delantera con cuatro adolescentes… y Puskás:

Henni

Rudas Balogh

Bozsik Borzsei Lakat

Budai Kocsis Deák Puskás Czibor

Ganaron 6-1. Puskás consiguió su segundo triplete internacional.

Aquel despliegue de fútbol de ataque, espoleado por los medios volantes y los extremos, animó a Sebes a seguir experimentando. Pensaba que uno de los errores de esa formación era que los jugadores provinieran de demasiados equipos distintos. Quería seguir los pasos de Pozzo y Meisl, que habían confeccionado su selección nacional contando básicamente con dos clubes (el Torino y la Juventus en el caso de Italia; el Rapid y el Austria de Viena en el de Austria).

Sebes ya estaba meditando la alineación para el partido de vuelta en Viena. Ninguna de esas dos grandes naciones rivales había conseguido vencer a la otra «fuera de casa» en doce años. Pero el siguiente partido fue contra Italia, a la que Hungría no había ganado desde 1925 (y contra la que había perdido 4-2 en la final del Mundial de 1938, en París). Sebes no contó con Czibor, colocó a Puskás en la banda izquierda y puso a Szusza como interior zurdo, pero el ataque se ralentizó. El encuentro acabó con un empate 1-1; posteriormente, Puskás comentó que no le gustaba jugar en la banda izquierda. Así que Sebes retiró a Puskás en el siguiente partido (contra Suecia) y volvió a incorporar a Czibor. Deák se lesionó durante el encuentro y lo sustituyó Puskás. Sin embargo, a pesar de ir ganando 2-0 y quedar solo diez minutos de partido, los húngaros solo consiguieron el empate. Sebes se fijó en la presión que habían mantenido los aficionados suecos sobre su equipo hasta el final y cómo habían reaccionado los jugadores. Descontento con su alineación, continuó experimentando, aquel verano sacó a Lantos en el partido contra Polonia (pero puso a Budai y a Kocsis en el equipo «B») y ganaron 8-2

Sebes rescata a Lóránt

El partido de vuelta contra Austria en Viena estaba previsto para otoño de 1949, pero Sebes planeó el encuentro con meses de antelación. Quería un defensa central fuerte y habilidoso, y Gyula Lóránt, el experimentado jugador del Vasas, le llamó la atención. Pero hubo un contratiempo: Lóránt había tenido problemas con las autoridades políticas y estaba detenido en un campo de trabajo.

La historia de Lóránt ilustra algunos de los problemas a los que se enfrentaron tanto los jugadores de Europa del Este como de los regímenes que querían retener a sus futbolistas con más talento. La mayoría de los clubes de la Hungría de posguerra (al igual que en el resto del bloque comunista) no eran ricos. Apenas conseguían pagar a los jugadores un exiguo sueldo, por lo que la mayoría tenía un trabajo a tiempo completo (solían perder un día de paga cuando tenían que viajar con el club). Los húngaros que regresaban del oeste contaban a sus compañeros lo que cobraban por sus servicios en países como Italia o España; por supuesto, muchos se sintieron tentados de abandonar Hungría para proseguir su carrera en el extranjero. En esa ocasión, Lóránt y otros catorce jugadores de distintos clubes planearon salir del país y formar un equipo que se llamara «Hungaria», seguramente con intención de hacer giras por Europa y disputar lucrativos partidos amistosos. Se arrestó y se envió a campos de detención a tres de los cabecillas de esa «conspiración», Lóránt entre ellos.

Sebes fue directamente al Ministerio del Interior, dirigido por János Kádár, y le dijo que necesitaba a Lóránt para el partido de Viena; según él, dar la oportunidad de defender a su país a jugadores como Lóránt contribuiría a que otros futbolistas cambiaran de actitud. Kádár le preguntó si no le preocupaba el que, una vez en Austria, Lóránt se fugara. Sebes contestó que había personas en Budapest que esperaban que eso ocurriera, aunque solo fuera para desacreditar al entrenador de la selección.

Finalmente, Lóránt jugó en Viena, lo que demuestra la influencia política de la que gozaba Sebes. Antes del partido, fuera del vestuario, el alto defensa central agradeció a Sebes que lo hubiera sacado del campo de trabajo. Tuvo una actuación extraordinaria que dio comienzo a una larga y próspera carrera en el corazón de la defensa de la selección húngara. Se ganó el partido. Puskás marcó el gol de la victoria de penalti cuando quedaban pocos minutos. Al regreso, los húngaros estaban eufóricos por su primera victoria fuera de casa sobre su gran rival. No pasaba desde hacía doce años.

Czibor no pudo jugar contra Austria por una cuestión técnica. Durante la charla táctica de la mañana del partido, Sebes hizo hincapié en la importancia de cortar los pases del gran centrocampista austriaco Ocwirk y dijo que había pensado en que lo marcara Puskás, pero como sabía que este odiaba estar atado a un papel en particular, le encomendó esa tarea a Deák. Aquello enfadó tanto a Puskás que no solo marcó a Ocwirk durante todo el partido, sino que lideró el ataque con un entusiasmo implacable.

La victoria en Viena fortaleció la influencia de Sebes sobre las autoridades políticas. Los apuros financieros de jugadores como Lóránt evidenciaron la necesidad de que el Gobierno concediera prestaciones especiales a los jugadores internacionales. En consecuencia, además de su salario como trabajadores, se les asignó la cantidad extra de seiscientos forintos, denominados «dinero calorías» para cubrir su dieta especial. Por supuesto, todo eso sucedió en unos tiempos de graves penurias económicas y racionamiento de posguerra. Tal cosa, confirmó la prioridad que concedían las autoridades húngaras al fútbol.

Los resultados de la selección continuaron mejorando en

1949; Puskás marcó once goles en ocho partidos internacionales, en los que solo encajaron una derrota. Ese año se concedió a los jugadores el honor de ser los primeros en cruzar el reconstruido puente de las Cadenas en Budapest, uno de los muchos que se destruyeron en 1945 y que posteriormente se rehabilitaron.

El Kispest se convierte en el Honvéd

A finales de 1949, el ministro húngaro de Defensa propuso que, al igual que en la Unión Soviética, el «ejército del pueblo» debería tener un club de fútbol propio, que fuera líder en su actividad y capaz de promover el orgullo nacional y la cohesión entre los soldados húngaros. La opción más lógica era el Ferencváros, el club más importante y popular del país. Pero existía un problema político insalvable: en la historia del club primaban las asociaciones con el nacionalismo y el fascismo. Durante la guerra, el club había apoyado a la derecha; en un momento dado, incluso había tenido a un líder fascista en su junta directiva. También tenía una larga tradición de independencia y muchos de los aficionados más fanáticos estaban muy descontentos con el régimen comunista. Sebes sabía que todo intento de hacerse con el Ferencváros para convertirlo en el club del «ejército» estaba condenado al fracaso. Al final, se eligió al modesto Kispest (que recibía apenas a cuatro mil espectadores) para que fuera el poderoso Honvéd, «los defensores de la patria».

PUSKÁS: «Recuerdo bien la decisión de nacionalizar los clubes privados en 1948-49. Lo que ocurrió fue que el sector comercial no podía seguir manteniéndolos, pues en realidad ya no existía. En algunos de los clubes del país, grandes y pequeños, cundió el pánico, pues no sabían cuál sería su destino. La solución más típica en el bloque socialista era que los patrocinaran los ministerios, los sindicatos, las fábricas, las minas y las instituciones estatales. Como jugador no me afectaba en absoluto, pero, tal como se concibió, para el Ferencváros significaba un tremendo descenso en su estatus. Perdió sus colores tradicionales e incluso el nombre durante un tiempo, y acabó con el nada glamuroso patrocinio de la Federación de Sindicatos de Trabajadores de la Alimentación (EDOSZ). Creo que lo que pasó con ese club, en otros tiempos magnífico, fue una vergüenza, al fin y al cabo lo apoyaba prácticamente el noventa por ciento de los aficionados al fútbol. Inmediatamente, otros clubes con mejores conexiones políticas empezaron a fichar a los mejores jugadores del Ferencváros. El primero fue el portero, Henni, y un delantero llamado Deák, que también jugaban en la selección. Se los quedó el Újpest Dózsa, patrocinado por el poderoso Ministerio del Interior.»

Por supuesto, una de las ventajas de elegir al Kispest fue que contaba con dos de los jugadores más importantes de la selección: Puskás y Bozsik. En comparación era un club poco importante de clase trabajadora, políticamente íntegro y con un público reducido, aunque incondicional. Como Sebes planeaba conformar su selección con solo dos clubes, le venía muy bien que el Kispest fuera uno de ellos. Aunque el otro no podía ser el Ferencváros.

En ese momento, Sebes empezó a preocuparse porque su plan de concentrar a los jugadores en solo dos clubes no funcionara. Intuyó lo que podía suceder, que los distintos subgrupos políticos se pelearan para repartirse los mejores jugadores entre sus patrocinados equipos. Intentó convencer a los jefes del partido de que era necesario un control central y no una batalla campal entre los patrocinadores de los clubes más importantes. Al final, lo consiguió.

Puskás: «Como era de esperar, Lóránt entró en el Kispest/Honvéd y un día Budai y Kocsis me preguntaron sobre la posibilidad de fichar por el Honvéd. Les dije que era lo mejor que podían hacer y que estaba encantado ante la perspectiva de jugar con ellos. Por supuesto, Kocsis era un acérrimo hincha del Ferencváros desde hacía mucho tiempo y siguió siéndolo toda su vida. Todo el mundo lo sabía. Pero era un gran deportista y nunca olvidaré alguno de los goles que le marcó al propio Ferencváros. Sin embargo, para los aficionados fue duro de encajar. Con el tiempo también lo fue para algunos buenos jugadores de otros clubes. No tenían oportunidad de entrar en la selección porque en el Honvéd conocíamos muy bien nuestro juego.

»Aconsejé al presidente del Honvéd sobre los jugadores que deberíamos conseguir para tener un equipo perfecto. Grosics se incorporó enseguida y al año siguiente entró Czibor, que provenía del Csepel. Supongo que en aquellos tiempos era muy ingenuo, porque no me daba cuenta realmente de que el que movía los hilos para formar su equipo dorado era Sebes. La decisión de cambiar el nombre de mi club se tomó el 18 de diciembre de 1949, durante las celebraciones del cuadragésimo aniversario del Kispest. A mí me daba igual que se llamara Kispest o Honvéd. El fútbol es fútbol, independientemente de los nombres.

»Sebes contaba con un arma valiosísima para manipular a jóvenes jugadores para que entraran en el equipo del «ejército»: podía reclutarlos. En el caso de futbolistas como Budai, Czibor y Kocsis, que estaban en edad de realizar el servicio militar obligatorio (y que sin duda preferían jugar al fútbol que jugar a los soldados), fue muy fácil. El otro club elegido para admitir al resto de los jugadores de la selección de Sebes era el MTK (conocido también como "Bástya", Vörös Lobogó [Bandera Roja] y Hungaria). A principios de la década de los cincuenta, la poderosa policía secreta del Estado, la AVH (el equivalente húngaro a la KGB) patrocinó ese club de Budapest.»

Czibor, Kocsis y Budai

Zoltán Czibor provenía de una familia de trabajadores ferroviarios de Komárom, una ciudad en la frontera húngara con Eslovaquia. A los dieciocho años conducía trenes para ganarse la vida y jugaba al fútbol junto a dos hermanos mayores en el equipo local, en tercera división. Lo descubrió un entrenador de la selección nacional juvenil y entró en un equipo juvenil regional (Transdanubiano) antes de hacer su debut en la selección juvenil el 11 de mayo de 1948. Era un extremo izquierdo muy rápido. Aquello bastó para despertar el interés de algunos de los clubes más importantes y poco después eligió entrar en el Ferencváros, con el que jugó treinta partidos en la temporada 1948-49 y ganó la liga. Su debut en la selección, el 8 de mayo de 1949, comenzó con buenos auspicios, Hungría machacó a Austria 6-1.

CZIBOR: «Después de la temporada que ganamos la liga se intentó que el Ferencváros dejara de disputar partidos (seguramente porque el club se estaba convirtiendo en un refugio de disidentes que aprovechaban el anonimato que les proporcionaba el gran número de espectadores que acudía a su estadio para expresar su oposición al régimen). En el club había un ambiente muy extraño; al final se prohibió que jugara en casa. Me alegré de poder salir de él y los dos años siguientes jugué en el Csepel. En 1953, en cuanto tuve edad para hacer el servicio militar, me llamaron para que entrara en el Honvéd. No hay duda en cuanto a las ventajas que aporta tener tantos buenos jugadores en un solo equipo, como núcleo de la selección nacional. La razón por la que nadie en el mundo pudo ganarnos durante cuatro años (1950-54) se debió en parte a que muchos de nosotros jugábamos en el mismo club. Nos gustaba jugar y sabíamos lo importante que era para el país que le proporcionáramos alegrías en unos tiempos en los que la situación era muy dura. Fuera del terreno de juego éramos muy diferentes, pero, en él, en ocasiones rozábamos la perfección. Conocíamos el juego del resto de los jugadores a la perfección (Bocsák, 1983).»

Sándor Kocsis fue un talento precoz en el fútbol. Pasó su preadolescencia en la Budapest destrozada por la guerra, donde practicaba con una pelota de trapo en los refugios de las casas durante los bombardeos. En cuanto acabó la guerra, su padre lo llevó al Ferencváros, cuyo estadio estaba muy cerca de la casa de la familia Kocsis. Fue el primer joven que entró en el equipo juvenil en la posguerra; el 26 de mayo de 1946 hizo su debut en el primer equipo del Ferencváros, a los dieciséis años, contra una alineación del Kispest que incluía a Puskás.

Kocsis era un joven alto, desgarbado y muy delgado. Para que ganara peso, el club le enviaba a casa paquetes especiales de comida y dejó que su padre regentara un bar. Su debut en la selección, como el de Czibor, fue muy prometedor: marcó dos veces en la victoria 9-0 sobre Rumanía en junio de 1948, ante unos cuarenta y cinco mil espectadores. Kocsis se ganó una buena reputación como rematador con la cabeza y en los últimos años se le conoció como la «cabeza dorada» del Equipo Dorado, aunque los aficionados húngaros lo llamaban «cabeza cuadrada». En 1950, en cuanto tuvo edad para hacer el servicio militar, le dieron la «opción» de jugar en el Honvéd o servir como soldado en un puesto fronterizo. A pesar de que entró en el Honvéd, su corazón siempre estuvo en el Ferencváros y todo el mundo lo sabía. A veces, cuando iba a un restaurante en Budapest, la orquesta interrumpía lo que estuviera tocando para interpretar *Nuestros corazones son verdes y blancos*, el himno del Ferencváros.

PUSKÁS: «Kocsis no quería entrar realmente en el Honvéd, lo que es comprensible. Bozsik, otras personas y yo intentamos convencerle de que era mejor que hacer la mili. Era un joven muy delgado, tres años más joven que yo; al principio no nos caímos especialmente bien. Le gustaba jugar (era un excelente rematador de cabeza con ansia de goles), pero también solía protestar mucho. Al final nos hicimos amigos. En comparación, la entrada de Budai en el Honvéd fue mucho más sencilla.»

BUDAI: «Cuando me llamaron a filas, me dolió dejar el Ferencváros, pero no me resultó difícil decidirme entre jugar en el Honvéd o pasar unos años en un lejano puesto fronterizo. Kocsis y yo lo comentamos, y Bozsik nos aseguró que todo iba bien en el club. Con mucho, lo peor de todo fue no poder explicarlo a nuestros aficionados. Al padre de Kocsis le dejaron regentar un bar y su situación aún era más complicada (Bocsák, 1983).»

Kocsis se hizo muy amigo de László Budai, un rápido y habilidoso extremo derecho, e importante suministrador de balones aéreos para Kocsis. A Budai, que jugaba en un club modesto de Budapest, lo encontró el mismo entrenador juvenil que había descubierto a Czibor y ambos llegaron más o menos al mismo tiempo al Ferencváros, en 1948. Esos tres jóvenes jugadores (dos extremos y un delantero centro) solían quedarse en el campo después del entrenamiento y ensayaban jugadas y centros a Kocsis desde las dos bandas, una y otra vez. Al igual que Puskás y Bozsik, mantuvieron una alianza en el terreno de juego basada en la amistad que tenían fuera de él; cuando se convirtieron en la primera opción como delantera de la selección (junto con Puskás e Hidegkuti), esa empatía floreció para engendrar parte del mejor fútbol que ha presenciado el mundo.

BUDAI: «Kocsis y Czibor tenían diecinueve años; yo, veinte. No nacimos sabiendo jugar al fútbol, pero trabajamos mucho juntos y practicamos tanto que sabíamos dónde estaría cualquiera de nosotros sin siquiera mirar. En aquellos tiempos no nos cansábamos nunca de entrenar; a menudo jugábamos hasta que se hacía de noche o hasta que perfeccionábamos la jugada que estábamos ensayando. Si no funcionaba durante un partido, volvíamos al campo de entrenamiento a seguir probando. No exagero al decir que podíamos repetirla cien o ciento cincuenta veces hasta que salía bien. Nuestra amistad se fue estrechando al mismo tiempo.

»Mi debut en la selección coincidió con el de Czibor, en el partido que ganamos 6-1 a Austria. Si me pregunta por qué era tan bueno el Equipo Dorado, la respuesta es que era una formación en la que había mucho talento, con cinco o seis jugadores de talla mundial y un entrenador de la categoría de Gusztav Sebes. También intervino la fortuna. Quizá Sebes tuvo suerte al perder 5-2 ese primer partido contra los checos, porque aquello le obligó a buscar un equipo joven. A pesar de todo, el que la mayoría perteneciéramos al Honvéd tuvo su lado bueno y su lado malo. Conocíamos a la perfección el juego de todos los compañeros y nos pagaban como a oficiales de ejército (1.600 forintos mensuales en aquellos tiempos), aunque solo tuviéramos que jugar al fútbol. Pero, al haber tantos egos juntos, también se sentía una especie de efecto invernadero. Es decir, algunos de ellos eran los mejores jugadores del mundo y querían hacer las cosas a su manera. Puskás y Kocsis rivalizaban mucho. Estaban locos, ávidos de balón. A veces bajaba por la banda, levantaba la vista y veía a Puskás indicando con el dedo que le enviara el balón al pie izquierdo, mientras que Kocsis me gritaba que se lo lanzara a la cabeza. Les dije: "Tenéis que jugar con dos balones"».

En la selección nacional de Hungría, Ferenc Puskás y Sándor Kocsis formaron la pareja internacional más poderosa de todos los tiempos. En octubre de 1956 ya habían marcado ciento sesenta goles para Hungría entre los dos (más que todos los jugadores juntos de muchas selecciones en el mismo periodo de tiempo), y Puskás había marcado en

84 ocasiones en la selección húngara y Kocsis 75 en los 68 partidos disputados, y tenía una media de goles superior a la de su compañero (las estadísticas de Puskás son objeto de controversia. Unas fuentes indican que marcó 85 goles en 84 partidos internacionales; otras que fueron 87 en 88 partidos internacionales, si se cuentan los dos que marcó con España en los cuatro encuentros que jugó en su selección. Sea cual sea la cifra, sigue siendo el mayor goleador internacional de todos los tiempos).

A la familia de Kocsis nunca le gustó el trato que recibió su hijo, al menos comparado con el que se le daba a Puskás. Pensaban que el capitán del equipo acaparaba todo el protagonismo y decían en términos despectivos que Puskás solo tiraba con un pie, mientras que Kocsis lo hacía con los dos y con la cabeza. Incluso se cuenta que la madre de Kocsis fue a ver al ministro de Deportes para quejarse de que Puskás ganaba más dinero que su hijo. La verdad es que Puskás tenía un control más riguroso sobre sus «relaciones públicas» que el introvertido Kocsis. Puskás era también mejor contrabandista o, mejor dicho, más atrevido.

Un poco de contrabando

Hasta 1950, la mayoría de los jugadores internacionales de Hungría seguían siendo profesionales que cobraban sueldos muy exiguos en su club. De hecho, se prohibió jugar a la selección nacional húngara en los Juegos Olímpicos de 1948 porque sus jugadores eran profesionales.

SZEPESI: «Ese sistema cambió después de 1950 y se dio trabajo a todos los jugadores. A algunos los destinaron al ejército, como en el caso de Puskás y Bozsik. Hidegkuti entró en el Ministerio de Energía; otros trabajaron en distintas empresas estatales, aunque todos eran empleos falsos, por así decirlo. Algunos trabajaban unas cuatro horas diarias. Creo que era lo que hacían Hidegkuti y Zakariás, pero la mayoría solo iba a recoger su sueldo. Conocí a uno que siempre enviaba a un amigo a por la paga. Decía: "¿Para qué voy a ir? No he estado allí en mi vida y no conozco a nadie"».

Budai: «En comparación con la media de los trabajadores, vivíamos bien. Incluso podíamos permitirnos algunos lujos, pero no con el sueldo o con las primas que cobrábamos. Teníamos que hacerlo con el contrabando. Normalmente, las autoridades lo toleraban. Cuando viajábamos al extranjero con la selección (en unos tiempos en los que a la mayoría de los húngaros les resultaba muy difícil salir del país), nos encargaban volver con cosas que no se podían comprar en Hungría. A veces nos pasábamos y Mihály Farkas, ministro de Defensa y uno de los tres miembros más poderosos del politburó del Partido Comunista, llamaba a Puskás y le decía que se contuviera un poco. Una vez Puskás le dijo a Farkas que deberíamos cobrar salarios decentes en vez de solo primas, pero le contestó que a los mineros y a los trabajadores de las fábricas no les sentaría muy bien que nos pagaran lo que valíamos en el mercado libre. Así que seguimos con el contrabando.»

Vándor: «No podían pagarles bien ni compensarles con divisas, así que tuvieron que aceptar que hicieran contrabando. De esa forma ganaban algo de dinero. Recuerdo que una vez le pedí a Puskás que me trajera unas cuchillas de afeitar Wilkinson, y lo hizo. Pero tuve que pagar por ellas, no lo hacía gratis. Se limitaban a decir «nada que declarar» en la frontera y pasaban sin más. Incluso si los agentes descubrían una maleta llena de artículos, Puskás lo solucionaba rápidamente. Muchos de los integrantes de la selección aprovecharon esa coyuntura, hasta el punto de que pasaban recambios para máquinas y piezas para fábricas que no se podían conseguir de otra forma.»

Budai: «Recuerdo que una vez le pidieron a Hidegkuti que volviera con una maleta llena de agujas de máquinas de coser. No conseguía subirla al tren y Sebes fue a ayudarle. Cuando comprobó que apenas podía levantarla, quiso saber qué había dentro. Hidegkuti se lo explicó y le dijo que no era un negocio personal, sino un suministro vital para una fábrica. Sebes lo comprobó cuando llegamos a Budapest.»

Szepesi: «Durante un tiempo, el jefe de aduanas era un miembro de la junta directiva del Honvéd, lo que imagino que ayudaría a facilitar la situación. Los jugadores conseguían artículos fantásticos en unos tiempos en los que el resto del país sufría tremendas restricciones. Recuerdo que en una ocasión el jefe de aduanas viajaba en tren con el equipo después de un partido en el oeste. Los jugadores llevaban cientos de relojes metidos en varias maletas, sobre todo Sándor y Puskás, que se habían asociado para hacer contrabando. Cuando llegaron a la frontera desde Viena, Puskás distrajo al jefe de aduanas en el pasillo mientras sus compañeros pasaban todos los relojes a la maleta del jefe de aduanas. Por supuesto, los agentes no inspeccionaron su equipaje, pero cuando se fueron, Puskás y los demás abrieron la maleta para que viera lo que había pasado de contrabando. Al pobre hombre casi le da un infarto.»

Lajos Tichy entró en el Honvéd en 1954 y ocupó la posición de delantero centro, entre Puskás y Kocsis. Tenía dieciocho años y había estado jugando en el Lokomotiv Budapest en segunda división.

TICHY: «Había oído rumores sobre el contrabando que hacían; cuando entré en el Honvéd, todos mis amigos estaban impresionados con las posibilidades que eso me ofrecía (también sentían curiosidad por la relación entre Puskás y Kocsis, que a menudo se gritaban en el terreno de juego). Puskás siempre era muy educado con los agentes de aduanas de las fronteras. Se acercaba a ellos antes que nosotros y engatusaba al oficial al mando, a veces con un balón firmado. Una vez, cuando pasé sesenta pares de medias, pensé que era el mayor contrabandista del mundo, hasta que me enteré de que mis compañeros pasaban tres mil.»

El Ejército

PUSKÁS: «Cuando todos esos jugadores armonizaron en el Honvéd, posiblemente nos convertimos en el mejor equipo del mundo. Ganamos la liga incluso antes, en la temporada 1949-50; y media liga también cuando cambiamos el calendario para acomodar nuestra temporada con la de los rusos (es decir, de primavera a otoño). El otro equipo nacional, el MTK, ganó el título en la siguiente temporada. Tenía un entrenador llamado Márton Bukovi que había formado un excelente equipo que proveía la mayoría de los reservas de la selección, aunque algunos, como Hidegkuti, eran titulares. Con ellos había que estar alerta, pues siempre contaban con el perfecto sustituto, acostumbrado a jugar en la misma formación táctica. El Honvéd y el MTK estaban muy por encima del resto de los equipos de una liga que, en realidad, todos los años se reducía a una lucha entre dos: el ejército contra la policía secreta.»

El Honvéd y el MTK disputaron partidos inolvidables. Les gustaba marcarse goles solo por divertirse. En una ocasión, de la que todavía se habla en Budapest, a finales de la temporada de 1954, cuando el Honvéd ya se había proclamado campeón, los dos equipos ofrecieron un espectáculo soberbio: en la primera parte, el Honvéd iba ganando 7-3; cuando se pitó el final del partido, acabaron 9-7.

Puskás: «El Honvéd era el mejor equipo. En la temporada de 1952 no perdimos ni un solo partido de liga; solo dejamos de conseguir algunos puntos por varios empates. Nos pusieron en la compañía deportiva del ejército. En un principio hubo un intento de imponer cierta disciplina militar en el equipo y pasamos tres meses en un cuartel, en el que desfilábamos vestidos con el uniforme. Incluso teníamos que levantarnos a las seis de la mañana, aunque conseguimos convencer a las autoridades de que no era nada saludable que los deportistas se levantaran a esa hora. Tuvimos que aprender a desfilar, a saludar y demás, pero a los tres meses nos permitían pernoctar en casa. A Bozsik y a mí nos hicieron tenientes (sabe Dios por qué): al cabo de año y medio, pusieron fin a esa farsa y abandonamos el cuartel. Me convertí en el portavoz jefe de los jugadores de fútbol, al menos de los del Honvéd. Si había algún problema, lo discutía con los oficiales superiores.»

Tichy: «Cuando entré en el ejército y jugué en el Honvéd en 1954 me permitían salir del cuartel cuando quería para ir a entrenar. Pero el primer día tuve que levantarme a las cinco de la mañana, así que me quejé a Puskás. Me dijo: "No duermas aquí", y lo arregló todo. En realidad, estuve un día en el ejército. Fui soldado solo en teoría.»

SZEPESI: «Cuando Puskás quería solventar algo relacionado con sus compañeros de equipo siempre se ponía el uniforme militar. Problemas de dinero, alojamiento, percances en las aduanas, en aquellos tiempos podía solucionarlo todo. Iba al Ministerio de Defensa y lo hacían pasar mucho antes que a oficiales con mayor rango. Nunca se le enfrentaba nadie. Pero, aparte de esas ocasiones, nunca vestía de uniforme.»

TICHY: «Recuerdo que Czibor se metió en un buen lío después de una escena en un restaurante. Mantuvo una vitriólica discusión con un camarero en público y algunos oficiales del ejército querían que se le sancionara. Pero Puskás hizo una de sus visitas al Ministerio de Defensa y no pasó nada.»

PUSKÁS: «Era prácticamente imposible que nos impusieran la disciplina militar. A los oficiales les encantaba el fútbol y, oportunamente, pasaban por alto toda imprudencia. Incluso firmábamos nosotros mismos nuestros permisos y nos íbamos a la ciudad a beber vino en los bares. Cuando nos descubrían, hacíamos pasar mucha vergüenza a los oficiales. Para mucha gente (entre ellos generales del ejército) éramos héroes nacionales y no querían que se tomara ninguna medida contra esos aventureros.

»Otros deportistas también estaban "en el ejército", como nosotros. Nos llevábamos muy bien con los boxeadores y los luchadores, con los que jugábamos a menudo algún partido «amistoso» de equipos de cinco jugadores. A veces se convertían en apasionadas batallas y nos daban auténticas palizas. Pero lo mejor de estar en la compañía deportiva del ejército era la camaradería y las profundas amistades que se forjaron entre los futbolistas y el resto de los deportistas. Lo pasamos muy bien.»

3

Revolución táctica

«Lo más difícil fue encontrar un buen delantero centro [...] alguien que fuera técnicamente sofisticado, habilidoso y goleador, y conociera la táctica.»

El perfeccionamiento táctico del fútbol húngaro a comienzos de la década de los cincuenta (como el que presenció el público británico en su país) parecía verdaderamente revolucionario. Pero, por supuesto, el sistema 4-2-4 que utilizaron Sebes y sus jugadores era la evolución del diálogo táctico que se había estado desarrollando en Europa (sobre todo en la Europa Central) desde finales de la década de los veinte. Las innovaciones húngaras influían principalmente en el papel que desempeñaba el «segunda punta» (un centrocampista organizador adelantado que ponía en práctica un sistema de juego muy fluido) y que se había concebido en tiempos futbolísticos muy anteriores.

Primeras tácticas futbolísticas

Décadas antes de que los húngaros empezaran a jugar al fútbol, las tácticas ya habían evolucionado en Gran Bretaña. El fútbol asociación apareció a mediados del siglo XIX en los colegios privados ingleses; en un principio, la táctica y la formación de los equipos dependían de las relaciones entre los alumnos que jugaban. En la mayoría de los colegios privados, los prefectos (chicos mayores, en su mayoría de familias aristocráticas) disfrutaban de una gran autonomía y tenían a su cargo gran parte de la disciplina del colegio. A los prefectos los ayudaban una serie elegida de chicos más jóvenes (fámulos) y el terreno de juego era el escenario en el que se representaban las relaciones de poder entre los prefectos y los fámulos.

El fútbol era a menudo obligatorio y lo organizaban los prefectos, pero solo ellos estaban autorizados a tomar parte activa en el partido como «atacantes». Eso implicaba que eran necesarios hasta doscientos fámulos para defender la línea o «la portería», mientras que el ataque lo hacían solo los prefectos, que pasaban todo el partido estrellándose contra la línea de fámulos. Por tal razón, no es de extrañar que en las primeras etapas del desarrollo del fútbol asociación, tras la creación de la Asociación del Fútbol en 1863, en las primeras formaciones de los equipos solo hubiera un defensa, un portero y nueve atacantes.

Esa formación era así:

portero

*

defensa

*

delanteros

* * * * * * * * *

Fig. 1

Los aristocráticos exalumnos de colegios privados que dominaban las primeras fases del desarrollo del fútbol no jugaban para «defender» (¿quién quería ser un fámulo?) ni cooperaban demasiado con el resto de los jugadores de su equipo. Las cualidades más apreciadas eran la habilidad, la rapidez, el equilibrio y la fuerza necesaria para resistir los golpes de los contrarios mientras se mantenía la posesión del balón. Los compañeros de equipo tenían que colocarse detrás del jugador que llevaba el balón para evitar estar en «fuera de juego», aunque, a partir de la década de 1860, las reglas de la Asociación del Fútbol establecieron que el «fuera de juego» solo se daba si el jugador estaba más cerca de la línea de portería que del balón (cuando la pelota estaba en movimiento), a menos que hubiera tres oponentes más cerca de la línea de portería que ese jugador.

La invención del pase

En los primeros tiempos del fútbol, pasar el balón era extremadamente raro, hasta que los escoceses desbarataron la versión original y aristocrática del fútbol, en la que predominaba el individualismo. Descubrieron que el balón iba mucho más rápido hacia la portería del contrincante si se pasaba desde la defensa, a través del centro del campo, hasta el ataque. Los ingleses aprendieron la lección a las malas y solo ganaron dos y perdieron diez de los primeros dieciséis partidos entre los más antiguos rivales internacionales del mundo futbolístico.

La abundancia de atacantes no aseguraba necesariamente un buen número de goles. Cuando en 1872 se celebró el primer partido internacional del mundo en Glasgow, Inglaterra salió al terreno de juego con ocho delanteros, un medio y un defensa (más el portero), y Escocia sacó solo seis atacantes *(ver fig. 2)*. Aun así, con catorce delanteros entre los dos equipos, ninguno de los dos consiguió marcar un gol ese día.

portero
*

defensa   defensa
*   *

medio   medio
*   *

extremo der.   interior der.   delanteros centro   interior izq.   extremo izq.
*   *   *   *   *   *

Fig. 2

El segundo delantero centro

La posición crucial para la puesta en práctica de la táctica era la del segundo delantero centro. Gracias a la reubicación de este jugador, el fútbol avanzó (o retrocedió, según se mire) durante el siglo siguiente. Los escoceses cayeron en la cuenta de que la labor de los dos delanteros centro se solapaba y se entorpecían mutuamente. Intentaron entrelazarlos para que uno jugara detrás del otro (en la zona de tres cuartos), pero con el tiempo el jugador más adelantado empezó a bajar mucho más, hasta que perdió el nombre de «delantero» y se convirtió en un auténtico «defensa central» *(fig. 3)*.

A finales de la década de 1870, el equipo de la Universidad de Cambridge comenzó a experimentar con tres medios; cuando el Preston North End ganaba la primera liga y copa del mundo en 1889 (con sus «profesores escoceses» importados), la mayoría de los equipos utilizaba una formación 2-3-5. Esa formación dominaría la táctica del fútbol en todo el mundo durante los siguientes cuarenta años. Se llamó la formación «pirámide», por razones obvias.

Fig. 3

El repliegue del segundo delantero centro hacia el medio del campo fue una «división celular» (tal como lo describió el periodista austriaco Willy Meisl). En el centro del campo, esa nueva posición número 5 requería una gran resistencia, buen control del balón e instinto de delantero. Se esperaba que ese jugador «organizara el juego» proporcionando balones a los delanteros, apoyando el ataque, marcando goles subiendo hasta el área y también atajando a los contrarios cuando presionaban la defensa. Era el tipo de papel que desempeñaba Bryan Robson en el Manchester United y en la selección inglesa en la década de 1980.

Todas las asociaciones de fútbol fueron adoptando la formación piramidal, al igual que las reglas del juego. Parecía que era la única forma en que se podía jugar al fútbol. Permitía perseverar en el ataque, pero, debido a la regla del fuera de juego de los tres oponentes aún imperante, los delanteros tenían que organizar cuidadosamente su ofensiva y ajustarla con precisión para penetrar una buena defensa.

En Hungría

Se dice que un estudiante húngaro que regresaba a su país desde Inglaterra llevó el fútbol a Hungría y que a finales del siglo XIX ya se organizaban partidos en Budapest entre los clubes más antiguos de la ciudad: el Budapesti Torna Club (BTC). (Por cierto, que Alfréd Hajós,[1] que jugó uno de ellos en 1897, vivió lo suficiente como para asesorar a los constructores del Népstadion cincuenta años después, el campo en el que el Equipo Dorado llevó a cabo algunas de sus mejores proezas, como la paliza 7-1 a Inglaterra en 1954). El fútbol ya había llegado a Austria antes de finales del siglo XIX y, quizá fuera inevitable, dada la estrecha relación que mantenían las dos naciones del Imperio austrohúngaro de los Habsburgo, que el primer partido internacional que disputó Hungría fuera contra el Viennese. Aquel fue el comienzo de la feroz rivalidad en la Europa Central.

El primer club inglés que jugó en Hungría, el Richmond FC en 1901, machacó al BTC 0-6 y a un equipo «nacional» por 0-4. El Southampton fue el primer equipo profesional que jugó en Budapest ese mismo año y marcó siete goles, sin que hubiera réplica por parte de los húngaros. Ocho años más tarde, una selección inglesa solo consiguió ganar 4-2; en 1934, los inventores del fútbol perdieron contra los húngaros por primera vez, 3-2 en Budapest.

En un primer momento, en Hungría solo se adoptó la

1. Alfréd Hajós fue un notable deportista húngaro, doble medallista en natación en los Juegos Olímpicos de Atenas en 1896, además de atleta y futbolista que finalmente devino arquitecto. (*N. del E.*)

formación pirámide. A partir de 1911 empezaron a llegar entrenadores británicos, como el escocés Robinson, que trabajó en el MTK de Budapest. Pero sin duda el entrenador británico más influyente fue el legendario Jimmy Hogan. Llegó después de pasar un tiempo en Austria, donde Hugo Meisl le introdujo en el próspero ambiente del fútbol vienés. Hogan se dio cuenta de lo rudimentarios que eran los entrenamientos que había visto en Inglaterra. Trabajó con Meisl en los primeros ejercicios de entrenamiento modernos para jugadores profesionales. El estallido de la guerra en 1914 puso a Hogan en peligro de acabar en un campo de internamiento y se le llevó a Budapest, donde comenzó una larga y fructífera colaboración con un club en particular, el MTK. Jimmy Hogan fue el iniciador de la duradera tradición de contratar entrenadores ingleses en el MTK y quien introdujo el típico ataque inglés en la revolución táctica que tuvo lugar en Hungría treinta años después. A pesar de que regresó a Viena después de la guerra, Hogan volvió al MTK en 1925, justo cuando la regla del fuera de juego con tres oponentes estaba a punto de abolirse.

La nueva regla del fuera de juego

Se aprobó en París el 13 de junio de 1925. Fueron los británicos los que insistieron en el cambio. En Inglaterra, los presidentes de los clubes temían un descenso de taquilla en los partidos de liga, tras el auge inicial de público al acabar la Primera Guerra Mundial. Se culpó a la regla del fuera de juego de los tres oponentes y algo de cierto había en la protesta de que los defensas estaban perfeccionando trampas para provocarlos. Pero ni los aficionados ni los presidentes de clubes de Europa expusieron ninguna queja, ni tampoco la hubo por parte del profuso fútbol *amateur* inglés. A pesar de todo, los miembros del comité internacional de la FIFA, en el que ocho de sus diez integrantes eran británicos, forzaron el cambio de regla que establecía (y sigue haciéndolo en la actualidad) que haya dos jugadores (normalmente el portero y otro jugador) entre el oponente y la línea de gol para que un atacante esté en posición correcta.

En Inglaterra, el aumento de los goles que se marcaron fue inmediato, mientras los defensas se afanaban por acostumbrarse a la nueva regla del fuera de juego: en la siguiente temporada (1926) se marcaron casi mil setecientos goles más, un incremento de casi el cuarenta por ciento sobre el año anterior.

Pero, por irónico que parezca, la apertura de las compuertas condujo al fútbol de «la seguridad ante todo» que plagaría Inglaterra durante lo que todavía se considera su «edad de oro». Un hombre en particular, ominosamente descrito como el «padrino» de los modernos mánagers, fue el que popularizó el nuevo enfoque defensivo: Herbert Chapman, del Arsenal.

Chapman y el nacimiento de la formación «WM»

Chapman fue un mánager que tuvo un gran éxito y consiguió títulos muy importantes en un primer momento con el Huddersfield Town. Lo ascendió de segunda división a primera, ganó la Copa de Inglaterra en 1922 y dos años más tarde consiguió el primero de tres títulos consecutivos para ese club de Yorkshire, aunque entró en el Arsenal antes de que el Huddersfield consiguiera el último en 1926. En Highbury organizó un equipo de jugadores muy caros.

Chapman era muy astuto y buen publicista, y tenía el aspecto de un gánster de la década de los treinta bien trajeado, con polainas y todo. Cuando murió prematuramente en 1934 (justo antes de que el Arsenal consiguiera un triplete), ya había legado una respuesta táctica al cambio de regla del fuera de juego que obsesionaba (y sigue obsesionando) el fútbol del país en el que había nacido.

La esencia de la reorganización de Chapman fue mover el defensa central aún más hacia atrás para que se convirtiera en el «tapón» entre los dos defensas. La defensa se apuntaló con el posicionamiento de los dos segundas puntas en el centro del campo, lo que permitía a los medios volantes (centrocampistas) concentrarse casi por completo en restringir el juego de los atacantes. Con ello se estableció la famosa formación «WM», una formación táctica 3-2-2-3.

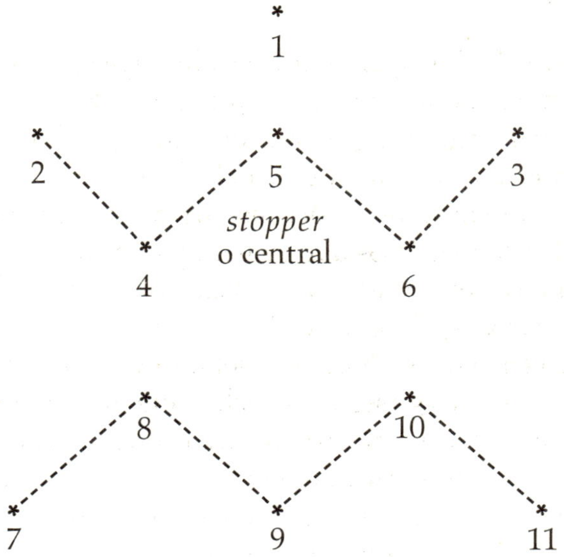

Fig. 4

Con ese sistema, la mayor parte del trabajo recaía en el cuadrado de los cuatro jugadores que estaban en el centro del campo (los números 4, 6, 8 y 10), que hacían casi todos las recuperaciones y la conducción del balón. Por supuesto, la numeración que se daba a algunos de los jugadores en ese nuevo sistema era ilógica. El n.º 5 en realidad era un n.º 3, mientras que el lateral izquierdo tendría que haber sido el n.º 4 y los medios volantes el 5 y el 6. Pero el público inglés nunca lo vio así, al menos durante los siguientes treinta años, y su confusión se vio agravada por la insistencia británica en pretender (al menos sobre el papel y antes del comienzo del encuentro) que el n.º 5, el «tapón», seguía siendo un centrocampista. Por ello, hasta la década de los sesenta, y después, los programas de los partidos y los periódicos de Gran Bretaña continuaron presentando a los jugadores en la (ahora antigua) formación de pirámide y los jugadores se alineaban así hasta que se pitaba el comienzo del partido y se colocaban en la formación 3-2-2-3. Por extraordinario que parezca, los británicos incluso presentaban a los equipos extranjeros (como el húngaro) como si jugaran con esa arcaica formación de pirámide.

En Europa

En el resto de Europa, la formación inglesa «WM» no se adoptó inmediatamente ni con entusiasmo. El arquetípico defensa central británico (un jugador alto y robusto) simplemente tenía que evitar que el delantero contrario marcara. Punto. Cuando los centros llegaban desde las bandas debía enviar el balón lo más lejos que pudiera y «librarse» de él cuanto antes. Esa posición se conocía en el extranjero como la del «policía» o «guardaespaldas», o incluso «abrigo» en Suecia, debido a que se colgaba de los hombros del número 9 contrario. A los europeos nunca les gustó ese papel, lo que no quiere decir que no pudieran hacer un juego defensivo, todo lo contrario, sobre todo en Suiza y más tarde en Italia (donde desarrollaron el sistema *catennacio* [cerrojo], con un «líbero» muy defensivo). Pero los europeos siempre esperaban que sus defensas centrales jugaran más de lo que hicieron los británicos después de Chapman, y los defensas centrales británicos a los que les gustaba jugar (como T. G. Jones en el Everton en el periodo de posguerra) a menudo perdían su plaza en el equipo.

El espectacular éxito del Arsenal con esa formación (cinco campeonatos en ocho años y dos Copas de Inglaterra) en un país que se conoce como la «cuna del fútbol» finalmente convenció incluso a atacantes naturales como los húngaros de que tenían que adoptar lo que ellos llamaban «el juego defensivo del defensa central». A finales de la década de los treinta, su uso se había generalizado (aunque el «equipo maravilla» austriaco continuó experimentando), pero los equipos europeos que adoptaron el «tapón» solían preferir mantener algunos de los elementos positivos del papel original de organizador del juego que ese, en tiempos, orgulloso defensa central había desempeñado muchos años antes.

Sin embargo, los húngaros no adoptaron esa nueva táctica defensiva hasta después de una serie de conferencias pronunciadas en Budapest por Arthur Rowe en 1940. Hidegkuti recordó el debate público sobre el sistema iniciado por Herbert Chapman.

HIDEGKUTI: «Todos leíamos periódicos deportivos y muchos alababan la formación inglesa «WM». László Feleki, un periodista húngaro, pasó meses en Highbury estudiándola. En Hungría se producían continuas discusiones a favor y en contra. Hubo quien dijo que no encajaba en el estilo y temperamento húngaro. El extraordinario delantero del Ferencváros György Sárosi predijo que el fútbol perdería su belleza y se convertiría en pura cuestión de semántica. A la mayoría de nuestros clubes les costó encontrar a los jugadores que consiguieran dominar ese sistema y hubo cierta confusión. Todos los delanteros estaban en contra (Hidegkuti & Fekete, 1965).»

Cuando Puskás debutó a los dieciséis años, en 1943, la formación «WM» se utilizaba habitualmente. Pero a los pocos años empezaron a producirse unos cambios en Hungría que marcarían un nuevo rumbo en el fútbol; una revolución en la táctica y en las formaciones que sigue utilizándose en la actualidad.

La revolución húngara

En el fútbol real, si se quiere que la táctica funcione, se ha de contar con los jugadores. Todo el mundo juega partidos perfectos en una pizarra, pero en el terreno de juego, con contrarios que intentan interceptar todas las jugadas, los que mueven el balón con los pies son los que influyen en el devenir del partido. Incluso las innovaciones clave a menudo se reducen a una sencilla ecuación: ideas futbolísticas + jugadores disponibles = estrategia táctica.

No cabe duda de que los húngaros estaban acostumbrados a pensar seriamente sobre el fútbol y cómo debería de jugarse. En el periodo de entreguerras, sus jugadores se convirtieron en modelos (casi misioneros) de un fútbol de ataque, inteligente e individualista. Los entrenadores húngaros estaban incluso más cotizados y viajaban por toda Europa y más allá. Uno de ellos, Lajos Czeizler, llegó a convertirse en entrenador de la selección italiana.

La estrategia del segunda punta y el 4-2-4

GROSICS: «En Hungría se adoptó un sistema táctico completamente diferente. El primero en ponerlo en práctica fue el MTK, en el que trabajaba el famoso entrenador Márton Bukovi. Fue una de sus ideas y en gran medida fue el encargado de desarrollarlo (K&S).»

HIDEGKUTI: «Siempre había buen ambiente con Bukovi. Cuando jugábamos partidos de entrenamiento entre semana, nos cambiaba a todos de posición y pedía a los atacantes que jugaran de defensas y viceversa. Nos animaba a no limitarnos a un estricto papel posicional incluso en los partidos de liga. El delantero centro tenía cada vez más problemas con los marcadores que estaban siempre encima de él y se le ocurrió la idea de que el número 9 jugara más atrasado, donde hay más espacio.»

VÁNDOR: «Fue idea de Bukovi, pero Sebes encontró los jugadores que la perfeccionaron en el país.»

HIDEGKUTI: «El segunda punta empezó a utilizarse en mi club, el MTK. Cuando un jugador llamado Hoffling se fue a Bélgica, otro delantero, Palotás, empezó a retrasarse hacia esa posición, animado por Bukovi y consiguió marcar muchos goles llegando desde atrás. Sebes colocó a Palotás en esa posición en la selección, pero ese jugador tenía un problema de corazón y no podía correr durante todo el partido. Por eso, a partir del encuentro contra Suiza (en septiembre de 1952, véase el capítulo 5), en el que íbamos perdiendo 2-0 (cuando Sebes me pidió que sustituyera a Palotás…, y acabamos ganando 2-4), siempre tuve esa posición en la selección, hasta 1956.»

SZEPESI: «Bukovi fue el primer entrenador que utilizó a Hidegkuti como segunda punta. Pensó que era mucho mejor tener un jugador que se internara desde detrás y distribuyera el balón a los delanteros, en vez de jugar con un delantero tradicional y unos extremos. Sebes se encargó de adaptar esa idea a la selección: Zakariás bajaba hacia la defensa y de esa forma liberaba el resto del centro del campo (en especial a Hidegkuti) para atacar (K&S).»

La nueva formación de la selección húngara era esta:

1
Grosics

2
Buzánszky

3
Lóránt

4
Lantos

6
Zakariás

5
Bozsik

9
Hidegkuti

7
Budai

8
Kocsis

10
Puskás

11
Czibor

Fig. 5

GROSICS: «El jugador que desempeñaba el papel de segunda punta tenía que coordinar la estrategia del equipo desde detrás de la línea de ataque. Ese fue el sistema que Sebes tomó prestado de Bukovi y lo introdujo en la selección. Empezamos a utilizarlo en 1950-51; cuando se celebraron los Juegos Olímpicos de 1952, ya lo habíamos perfeccionado. Nos dimos cuenta enseguida de lo revolucionaria que era esa táctica, que nadie parecía conocer de antemano; por lo tanto, le resultaba muy difícil defenderse contra ella. Si los ingleses dieron al mundo la formación "WM", nosotros podemos decir que aportamos ese nuevo sistema. Cuatro años más tarde, los brasileños le dieron un nombre que cuajó: la formación 4-2-4. Era la acostumbrada formación táctica húngara, convertida en "típicamente brasileña" (K&S).»

El regalo a Brasil

El entrenador Béla Guttmann, que había entrenado brevemente el Kispest, fue la principal correa de transmisión del sistema 4-2-4 cuando fue a trabajar a Brasil en 1956.

PUSKÁS: «Guttmann enseñó a los brasileños lo que para ellos era una táctica revolucionaria y aportó más color a su juego. No sé qué importancia tuvo en el posterior desarrollo del fútbol en Brasil, pero ganaron tres de los siguientes cuatro Mundiales. Siempre han tenido jugadores extraordinarios, pero aprendieron a llevar el balón hacia delante lentamente, con pases muy cuidados. Con Pelé necesitaban otros tres delanteros que le apoyaran; el equipo siempre estaba muy bien preparado y tenía mucha técnica, pero, al final, sea cual sea la táctica que se utilice, se necesita al jugador que consiga que esa estrategia funcione. En cualquier caso, Guttmann estuvo un par de años en Brasil y les enseñó la formación 4-2-4.»

SZEPESI: «A los brasileños les gusta atribuirse la invención del sistema 4-2-4 y, de hecho, es la formación con la que ganaron el Mundial de 1958. Fue un factor decisivo en esa victoria y dio la impresión de que sorprendieron a muchos equipos, pero era la misma que había estado utilizando Hungría desde comienzos de la década de los cincuenta. Por cierto, fue la formación que utilizó contra Brasil en el Mundial de 1954, en el que la derrotó en los cuartos de final. Tras el desmoronamiento del Equipo Dorado en 1956, los brasileños desarrollaron el sistema 4-2-4 y lo perfeccionaron. Tuvieron un cuarteto defensivo mucho más sólido que el que jamás hubiera alineado Hungría. Ese fue siempre nuestro punto más débil, tal como demostró el hecho de que mientras los delanteros húngaros marcaron seis goles en Wembley, la defensa concedió tres. Los brasileños utilizaron el sistema 4-2-4 maravillosamente y lo perfeccionaron aún más. Por eso ganaron el Mundial tantas veces y, por supuesto, por tener jugadores como Pelé, Gerson y Didí, que conseguían que funcionara.»

PUSKÁS: «El perfeccionamiento de la estrategia del segunda punta (el sistema 4-2-4 con Hidegkuti en el papel estelar) fue nuestra obra maestra. Era un excelente futbolista y sabía leer el juego a la perfección. Era ideal para ese papel, para hacer pases certeros, descolocar a la defensa y, estando adelantado en el centro del campo, hacer unas fantásticas carreras para marcar.

Poseía una tremenda capacidad para entender todo lo que se necesitaba para jugar. Sebes hizo su parte, sin duda, pero fueron los jugadores los que consiguieron que funcionara.»

HIDEGKUTI: «A pesar de que los seis atacábamos, nunca jugamos en línea. Si me adelantaba, Puskás se retrasaba. Si Kocsis se abría, Bozsik iba hacia el centro. Siempre había espacios a los que enviar el balón. Nuestro lateral derecho, Buzánszky, bajaba por la banda si Budai iba hacia el interior. En esos tiempos, nadie esperaba que el lateral derecho ocupara la posición del extremo, por lo que siempre había alguien desmarcado al que hacerle un pase. A veces Czibor abandonaba el ala izquierda y jugaba con Budai en la derecha. Cambiábamos nuestras posiciones continuamente; cómo nos colocábamos cuando se iniciaba el comienzo del partido era irrelevante. Nos dedicábamos a crear la máxima confusión en la defensa contraria. Nuestra táctica tuvo un impacto enorme, no solo en Europa, en la que los entrenadores y los preparadores viajaban a todas partes para vernos jugar (incluso los clubes húngaros atraían mucha atención), sino mucho más lejos.»

BUZÁNSZKY: «El fútbol, como todo en la vida, lo impulsan los nuevos descubrimientos. Pasa igual en la química, en la física o en cualquier campo de la ciencia. La forma en que jugábamos fue un hito en el desarrollo del juego, que después continuaron los brasileños de forma muy efectiva.»

El nuevo papel del portero

GROSICS: «El sistema "WM" concedía mucha importancia a la defensa y no daba ninguna oportunidad al portero de abandonar su línea y participar directamente en el juego. Pero el nuevo estilo húngaro exigía justo lo contrario y tuve que adaptarme a lo que se me requería. Nuestro punto fuerte eran nuestros excelentes delanteros y un plan de juego totalmente ofensivo, tal como demuestra la cantidad de goles que marcamos. Pero eso no significaba que la defensa se relajara más que las de otros equipos y diera más oportunidades a los contrarios de contraatacar cuando tenían la posesión del balón. Detrás de nuestra defensa había un espacio que se podía explotar y tuve que actuar como una especie de "líbero" extra, fuera del área, e intentar llegar antes que el contrario al balón que pasara la defensa. A veces lo conseguía; otras veces, no.

»Cuando era joven, un entrenador llamado Péter Szabó me animó a pensar de forma creativa sobre mi papel para encontrar mis propias soluciones. Por ejemplo, una de las cosas que practiqué fue enviar el balón rodando en vez de levantarlo con el pie. Era mucho más preciso (y rápido) que lanzarlo de una patada hacia delante. Se podía mandar directamente a los mediapuntas. En cuanto se daban cuenta de lo que estaba pasando, Puskás e Hidegkuti bajaban a veinticinco metros del área, para estar a mi alcance.»

Papeles cruciales

Grosics: «Por supuesto, veía al equipo principalmente desde atrás. En el centro de nuestro juego había un cuadrado vital, compuesto por Bozsik, Hidegkuti, Kocsis y Puskás. Esos cuatro puntos definían lo que podía hacerse en el terreno de juego y su movimiento y actividad descolocaba las defensas contrarias hasta el momento en el que extremos geniales como Budai y Czibor podían penetrar. Ese sistema requería un alto nivel de conocimiento técnico por parte de esos cuatro jugadores y la extraña habilidad de improvisar, algo que solo poseen los futbolistas de talla mundial. Y, no se equivoque, eran futbolistas de talla mundial.»

Buzánszky: «Cuando había empezado el partido (digamos que a unos diez o quince minutos), ya sabíamos qué ala era la más débil en el equipo contrario y dónde estaban los puntos vulnerables en su defensa. Esa información la procesaban rápidamente nuestros «ordenadores» (principalmente Puskás, Bozsik e Hidegkuti), que reorganizaban la táctica para adaptarla a esa ocasión en particular. El resto del equipo respondía inmediatamente a cualquier cambio. No nos ajustábamos estrictamente al plan inicial. Teníamos mucha suerte de contar con unos ordenadores tan buenos, más poderosos y rápidos que ningún otro.»

SEBES: «Puskás sabía perfectamente qué requisitos tácticos se necesitaban y tenía la habilidad, en cuestión de segundos, de darse cuenta de lo que hacía falta para superar un problema y resolverlo rápidamente. Poseía una tremenda concentración; era como si el partido se disputara en una habitación cerrada y nada lo distrajera: solo existían el balón, los compañeros y los contrarios. Abarcaba todo el terreno de juego con la vista y sus pases demostraban que tenía capacidad para hacerlo. Nunca fue un jugador egoísta, a pesar de su habilidad. Y no dudaba en entregar el balón a un compañero mejor posicionado. En el terreno de juego era el auténtico líder del equipo y animaba y espoleaba a los demás. Y, sobre todo, le gustaba ganar.»

PUSKÁS: «A los cinco minutos de partido, normalmente nos imaginábamos el plan de juego del equipo contrario y nos ajustábamos debidamente. Sebes no nos daba largas charlas antes de los partidos, solo una breve en la que hablaba sobre uno o dos de nuestros oponentes. Si el entrenador quería que utilizáramos una táctica en particular, la discutíamos. Pero sabíamos exactamente qué trabajo podía hacer cada uno de los integrantes del equipo. Si Kocsis se adelantaba, me ponía detrás de él; si Czibor se iba a la banda derecha, Budai jugaba más retrasado, etc. Jugábamos mucho fútbol sin el balón. No todo son regates y pases. A decir verdad, a veces, con Czibor nadie sabía lo que iba a hacer, ni siquiera él mismo lo sabía, pero si decidía pasar medio partido en la banda de Budai, entonces me iba hacia la izquierda para compensar.»

SZEPESI: «Me encantaban Hidegkuti, Bozsik y Kocsis, eran jugadores de talla mundial. Pero, en mi opinión, el mejor jugador de todos los tiempos es Puskás. Tenía tres cualidades únicas. En primer lugar, era un genio cuando nació. Segundo, era un líder nato que preparaba a conciencia todos los partidos, los jugaba en su imaginación veinticuatro horas antes de que se celebraran. Y, en tercer lugar, era un granuja adorable, un verdadero golfillo, y no hay demasiados en el mundo, y mucho menos en Hungría.»

4

Campeones olímpicos, 1952

«Durante los Juegos Olímpicos, nuestro fútbol empezó a fluir con verdadera potencia.»

El año en que se celebraron los Juegos Olímpicos en Helsinki, en Hungría se llegó al cénit de la dictadura estalinista. Mátyás Rákosi, secretario general del Partido Comunista, fue elegido primer ministro y el régimen empezó a controlar y a organizar rigurosamente todos los aspectos de la vida húngara.

Hungría no había conseguido entrar en el Mundial de 1950 (posiblemente por razones económicas), pero los principales políticos húngaros y el Ministerio de Deportes se tomaron muy en serio los Juegos Olímpicos de 1952, tal como sucedió en todos los países del bloque comunista, para los que el deporte era un arma importante en la guerra de propaganda contra el Oeste. Debido a que en el bloque del Este no estaba permitido ningún tipo de actividad comercial relacionada con el fútbol, todos los jugadores eran, aunque solo fuera técnicamente, «*amateurs*»; por lo tanto, reunían los requisitos necesarios para competir en los Juegos Olímpicos. Además de las selecciones nacionales de Europa del Este, en la competición futbolística también participaron otros magníficos equipos, como los de Suecia e Italia. La Asociación de Fútbol Inglesa, famosa por su estrechez, acababa de participar por primera vez en un Mundial, en 1950; debido a un desacuerdo sobre la definición de «amateurismo», no envió equipo alguno a Helsinki.

Sebes: «En cuanto se decidió que participaríamos en los Juegos Olímpicos llamé a los mejores entrenadores de Hungría. Quería que Gyula Mándi y Márton Bukovi estuvieran conmigo en el banquillo durante los Juegos Olímpicos. Por eso nos llevamos una sorpresa cuando descubrimos que Bukovi no estaba entre los competidores y entrenadores que se reunieron en marzo para prestar juramento ante un grupo de políticos y personalidades del deporte. No le habían invitado. Recibí una llamada de Rákosi en la que me comunicó que Jenö Kálmár había sustituido a Bukovi.

»Me preocuparon los pocos partidos internacionales que se organizaron antes de los juegos (dos fuera de casa y otro en Budapest) y solicité que se jugaran más, pero no lo conseguí.»

Sebes contaba con la ventaja de poder perfeccionar sus tácticas con la selección todas las semanas, incluso dos veces a la semana, tanto en los partidos habituales del Honvéd como en los encuentros entre semana que la selección jugaba fuera de casa. Puskás apenas notó la diferencia con su rutina habitual.

Puskás: «El invierno anterior a los Juegos Olímpicos viajamos mucho, por lo que pudimos jugar la mayor parte del año. Durante los meses fríos, en los que se interrumpían los partidos de fútbol en Hungría, íbamos a países como Egipto, donde podíamos entrenarnos en un entorno más cálido.

»Aparte de eso, la vida durante el año anterior a los juegos siguió como siempre. Vivía con mi mujer, Erzebet, e iba a los entrenamientos con el Honvéd o donde fuera por la mañana. Los días de partido, si no nos enfrentábamos a un equipo importante, iba desde mi casa en Kispest en el tranvía 43 hasta el campo, y hacía el mismo trayecto de regreso. A veces, después de que se construyera el Népstadion, jugábamos partidos de liga decisivos y, por supuesto, todos los de la selección. En esas ocasiones, nos reuníamos en unas instalaciones militares en la isla Margarita (en medio del Danubio, cerca del centro de Budapest) el viernes por la noche y volvíamos allí después del partido para cenar todos juntos el sábado.»

Visita a Moscú

Después de Austria, el equipo que más ansiaban ver derrotado los húngaros era la Unión Soviética, que representaba al ejército que había ocupado Hungría. Pero el Equipo Dorado nunca había conseguido derrotar a los rusos, al menos no hasta pocas semanas antes de la revolución de 1956. Muchos húngaros estaban convencidos de que se había instruido «políticamente» a sus chicos para que no ganaran a los soviéticos, pero ni Sebes ni Puskás ni ninguno de los jugadores supervivientes da ningún crédito a esa creencia generalizada *(véase capítulo 7)*. Aunque el arbitraje de esos partidos era otra cosa.

SEBES: «A finales de mayo fuimos a Moscú a disputar un par de partidos «no oficiales». No se los puede llamar de otro modo porque hubo un árbitro soviético en ambas ocasiones [Estos partidos no están incluidos en los registros internacionales.] Creo que muchos de nosotros pensamos que Hungría contra la Unión Soviética era como una final olímpica. En el estadio del Dinamo había cien mil espectadores y a los jugadores les impresionaron las instalaciones. Se notaba cuánto les gustaba el fútbol a los rusos, pero el encuentro debería de haberlo pitado un árbitro imparcial. Empatamos el primer partido 1-1 y no jugamos bien. Los rusos contaban con jugadores muy buenos (como el lateral derecho Salnikov, y Bobrov en la delantera), pero fue muy extraño todo lo que se les permitió hacer. Los árbitros hicieron caso omiso a que se ayudaran de las manos para saltar o hacer entradas (al parecer estaba permitido en los partidos de la liga soviética) y no nos acabamos de habituar a esa situación.

»Les pedí a los jugadores que viajaran en metro para que vieran las estaciones de mármol y las esculturas. A nuestros anfitriones les gustaba mucho todo lo relacionado con la cultura y organizaron largos paseos con los jugadores por los museos (¡en días de partido!) y una visita al ballet Bolshói. No me apetecía mucho dar esos paseos; cuando volví a casa, recibí una llamada de Rákosi, que me preguntó por qué no me habían gustado las visitas a los museos. Evidentemente, alguien le había informado sobre mis comentarios. Le contesté que los museos eran muy bonitos, pero agotadores.

»La Unión Soviética acababa de entrar en la FIFA ese mismo año. Antes no contaba con una selección nacional (solo viajaban al extranjero los clubes), así que esos eran sus primeros partidos internacionales. En el segundo encuentro jugamos aún peor y perdimos 2-1, pero ambos nos fueron muy útiles. Nos dimos cuenta de nuestras imperfecciones, sobre todo en las posiciones de defensa central y en el número 9. Quería que el juego fuera más rápido, y Grosics era nuestro hombre clave. Cuando se entretenía con el balón, le pedía que fuera más rápido con los disparos o los pases a la defensa. En los partidos de entrenamiento lo saqué de jugador de campo, de lateral, para que se diera cuenta del problema por sí mismo. Después de Moscú aún teníamos cuarenta días antes de ir a Helsinki. Había mucho que hacer.»

Preparación para los Juegos Olímpicos

SEBES: «Un mes antes de los Juegos Olímpicos disputamos un partido contra los polacos en Varsovia. No pude ir con el equipo, así que le entregué una carta al entrenador para que la abriera en el vestuario pocos minutos antes de empezar el encuentro. Solo decía: "Palotás en el número 9 no, Hidegkuti". Al parecer se produjo un momento muy embarazoso, pues Palotás ya se había puesto la camiseta con ese número e Hidegkuti estaba en el banquillo. El problema era que este se ponía muy nervioso antes de los partidos internacionales. Tenía treinta años y era un excelente jugador, en especial como interior derecho en su club, pero en esa posición se colocaba muy por detrás de los delanteros. Justo lo que quería que hiciera en la selección con el 9. Tuve que engañarle para que jugara. Lo hizo de maravilla y ganamos 5-1.»

PUSKÁS: «Diez días antes de los Juegos Olímpicos, las cosas se pusieron muy serias. Nos secuestraron y nos sometieron a un entrenamiento intensivo con charlas tácticas. Trabajamos jugadas ensayadas y pases ajustados dentro del área contraria. Hicimos gimnasia, esprints, distintos juegos con el balón y disputamos partidos de entrenamiento contra otros equipos húngaros.»

Aniko, hija de Puskás, nació poco antes de que el equipo saliera hacia Helsinki. A los húngaros normalmente les gusta viajar a Finlandia, el único país europeo que tiene un idioma relacionado con el húngaro.

SEBES: «En junio jugamos contra los finlandeses en Helsinki en una especie de ejercicio de relaciones públicas. Quise que fuera un partido entretenido con juego limpio para ganarnos a los lugareños y para que, en el caso de que su equipo resultara derrotado, nos apoyaran a nosotros (aquello funcionó en la semifinal contra Suecia). Ganamos 1-6 y volvimos a casa con mayor confianza en nosotros mismos. Antes de volver a viajar, invitamos al Austria de Viena a disputar un par de partidos en Budapest. Hidegkuti y Kocsis estaban en plena forma; este último marcó el primer gol de tijereta que hubiéramos visto jamás. Incluso los jugadores y el portero austriacos lo felicitaron.»

Partidos olímpicos

Hungría empezó bien nada más ponerse en marcha la competición futbolística olímpica en Finlandia: ganó 2-1 a Rumanía en un partido bronco y duro en el que se expulsó a Kocsis en los últimos minutos. Italia fue el siguiente equipo en caer ante el incipiente sistema 4-2-4 húngaro y se derrotó a Turquía 7-1 en los cuartos de final. En la semifinal, Hungría se enfrentó a la bien considerada Suecia y le metió seis goles. Fue la actuación (algunos comentaristas la calificaron como una de las mejores del Equipo Dorado) que colocó al equipo húngaro en el centro de atención de todo el mundo. Su táctica y su excepcional técnica causaron un gran revuelo, sobre todo por su uso de la estrategia del segunda punta.

PUSKÁS: «En aquella semifinal, practicamos un juego de ensueño. Debió de ser muy doloroso para los suecos enfrentarse a un equipo que estaba en tan buena forma. Perder una semifinal es lo suficientemente duro, pero que te metan seis es una auténtica paliza; lo sentí por ellos. Marqué al poco de que se pitara el comienzo del partido y esos goles tempranos siempre funcionaron bien para nosotros. El gol nos tranquilizó y nos permitió seguir desarrollando nuestro juego. Fue uno de esos días. En cuanto alcanzamos nuestro ritmo, fuimos prácticamente imparables. Todo lo que hacíamos parecía salir a la perfección. Como capitán no intenté orquestar nada en el terreno de juego —nos conocíamos demasiado bien para que fuera necesario—, pero di algunos gritos cuando se perdieron algunos pases (y no solo cuando no tenía el balón, tal como dijeron algunas personas).»

SEBES: «En la semifinal había miles de suecos, pero los finlandeses nos apoyaban a nosotros. Empezamos bien y Puskás marcó enseguida. Orquestábamos los ataques maravillosamente, pero a los suecos no les entró el pánico y en la segunda parte salieron con ímpetu; nunca les he visto jugar tan bien. Pero los sutiles cambios de posición en nuestra estrategia los confundieron; Lóránt en el centro de la defensa y Zakariás se mostraron firmes, y Puskás y los delanteros estuvieron magníficos. Me sentí muy satisfecho después del partido y empecé a preparar seriamente la final.»

Propuesta de un partido en Wembley

Entre los espectadores que vieron el partido contra Suecia estaba Stanley Rous, junto con György Szepesi, un comentarista húngaro, y Sándor Barcs, presidente de la Federación Húngara de Fútbol.

SZEPESI: «Fue un partido maravilloso. Cuando acabó, Stanley Rous, de la Asociación de Fútbol Inglesa, felicitó a Sebes con estas palabras: "Señor Sebes, creo que ya es hora de que organicemos un partido entre Inglaterra y Hungría"».

BARCS: «Siempre he dicho que ganar en Wembley no fue tan difícil como llegar allí. En el cénit del estalinismo en Hungría, todo se controlaba desde el centro. Por ejemplo, si una federación de fútbol extranjera nos escribía, la carta no me llegaba a mí, a la Federación Húngara de Fútbol, sino que se enviaba directamente a los funcionarios del Ministerio de Deportes, que la traducían, pedían consejo a los jefes del partido y nos decían cómo teníamos que contestar.

»En 1952, Stanley Rous y yo vimos juntos la derrota de Suecia ante Hungría. Aquella victoria 6-0 sigue siendo uno de los mejores partidos que he visto en mi vida. Después Stanley me dijo: "Tienen que venir a Londres y enfrentarse a Inglaterra. Cerremos un trato". Intenté ganar tiempo diciendo que solo era el presidente y que debía consultarlo con el comité ejecutivo. No me atreví a confesarle cuál era la verdadera situación, que ni la federación de fútbol ni el Ministerio de Deportes decidían ese tipo de temas. Solo los principales líderes políticos del país podían autorizar ese partido.

»Comuniqué inmediatamente la invitación a Sebes y al resto de los miembros del Ministerio de Deportes. Se mostraron entusiasmados con la propuesta y a la vuelta escribí un informe para los jefes políticos. No pasó nada en unos cuantos meses; después el ministro de Deportes (Gyula Hegyi) recibió la llamada de uno de los secretarios del Comité Central para preguntar si se podía asegurar la victoria en Londres. Hegyi le contestó que en el fútbol no hay nada seguro. Pasaron unas semanas más y Sebes recibió una llamada parecida. Sebes me lo contó y sabía que me llamarían a mí también. Como esperaba, lo hicieron dos o tres semanas después. Dije que nadie podía garantizar algo así en el fútbol, pero sí que podía asegurarle que sería un partido sensacional, con cobertura mediática mundial.»

Sebes: «A finales de 1952 se celebró en Suiza una reunión de los líderes de las federaciones de fútbol europeas a la que asistimos Stanley Rous y yo. Me propuso oficialmente el encuentro en Wembley, para conmemorar el aniversario de la Asociación de Fútbol Inglesa (de hecho, el partido Inglaterra contra el resto del mundo, con empate 4-4, que se jugó el 21 de octubre de 1953 en Wembley fue el que solemnizó ese aniversario). Me pareció una propuesta excelente y nos estrechamos la mano. Volví a Budapest en tren y Stanley voló a Londres para anunciar que Inglaterra se enfrentaría a Hungría en Wembley el 25 de noviembre de 1953. Cuando llegué a casa, ya había crónicas en los medios de comunicación sobre el partido; Rákosi, primer ministro y jefe del partido, me metió un buen rapapolvo. Al principio estaba muy enfadado e insistió en que el encuentro todavía no se había autorizado oficialmente. Conseguí convencerle de que sería un acontecimiento histórico incluso si perdíamos. Le dije que ningún equipo de fútbol extranjero había salido victorioso de Wembley, pero que en el fútbol nada era eterno.»

Final olímpica: Hungría 2, Yugoslavia 0

El fútbol había evolucionado rápidamente en Belgrado y los yugoslavos eran un equipo fuerte, hábil, tácticamente sagaz y capaz de poner a prueba la resistencia de un equipo húngaro del que para entonces ya se esperaba mucho y cuyos nervios comenzaban a crisparse. No eran solo los jugadores los que sentían la presión: las relaciones políticas entre Hungría y Yugoslavia también eran tensas.

SEBES: «En la charla táctica que di la mañana de la final, vi la tensión en la cara de nuestros jugadores. Subrayé el peligro que planteaba su mejor jugador, Čajkovski, a Puskás y Czibor, pero no dije nada de la llamada telefónica que había recibido de Rákosi desde Hungría. Me dijo que no toleraría una derrota. ¡Perder no estaba permitido!»

PUSKÁS: «Los yugoslavos tenían un buen equipo, pero ese día jugamos mejor que ellos. Fallé un penalti, no me gustó nada. No he desaprovechado muchos en mi carrera y ese me dolió. Cambié de idea cuando me acercaba. Pensé que iba a engañar al portero, pero me engañó él. En vez de lanzarlo hacia la escuadra izquierda, cambié hacia la derecha: se lanzó y lo detuvo. Tuve ganas de darme de bofetadas, pero se me pasó pronto [Según Sebes, Puskás se sintió tan mal después de fallar que estuvo tirándose en el área durante unos minutos intentando que pitaran otro penalti].

»En la segunda parte nos relajamos un poco (al principio de ese partido tan importante estábamos muy tensos) y empezaron a llegar los goles. Czibor marcó uno; yo, el otro. Fui una auténtica pesadilla para los yugoslavos. Nunca nos ganaron cuando jugaba con Hungría, al menos entre 1946 y 1956. Vencieron una vez después de la revolución de 1956, pero ya me había ido del equipo.»

Sebes: «Los Juegos Olímpicos mostraron nuestra reforzada defensa y la capacidad de los cinco delanteros para conseguir goles. Los equipos se daban cuenta de que no solo tenían que marcar a Puskás y a Kocsis. Pero, a pesar de que la prensa internacional nos llenara de elogios, en casa los periódicos hacían hincapié en que los mejores equipos del mundo no estaban en las Olimpiadas. Pero sabía que podíamos mejorar, estar en mejor forma y correr más. Advertí a los jugadores de que teníamos trabajo duro por delante.»

Puskás: «Gran parte de nuestro éxito se debió a Sebes y a su ayudante Gyula Mándi, por su dedicación y su genio futbolístico. Siempre estaban con nosotros en los entrenamientos y, allá donde fuéramos, nos cuidaban y hacían todo lo que podían para que estuviéramos en las mejores condiciones. Fomentaron una gran lealtad entre nosotros. Incluso después de estar imbatidos durante años, seguimos dando lo mejor de nosotros, continuamos intentando superarnos, correr más rápido, saltar más alto, pegar al balón con mayor precisión. En los Juegos Olímpicos, nuestro fútbol empezó a fluir con verdadera potencia. Era el prototipo del "fútbol total"; cuando atacábamos, todo el mundo atacaba y en defensa pasaba lo mismo.»

Sebes: «Hay que reconocer que la prensa yugoslava fue generosa con la derrota (estoy seguro de que la húngara no lo habría sido), pero cuando fui a una recepción en su embajada en Budapest era el único de nuestros líderes deportivos presente. Algo muy típico.»

El regreso

Habían sido otros excelentes Juegos Olímpicos para Hungría, en todo. Además de la medalla de oro en fútbol, consiguió otros quince oros y acabó en tercer puesto en número de medallas, después de Estados Unidos y de la Unión Soviética: un logro extraordinario para un país tan pequeño y un testimonio del talento húngaro y el compromiso político del Estado para conseguir la excelencia deportiva. Las victorias de los atletas húngaros proporcionaron a sus compatriotas la rara oportunidad de ensalzar la identidad y la cultura nacionales, algo que les resultaba muy difícil debido a la realidad política. A muchos húngaros, la selección les ofreció un breve aunque cada vez más fiable intervalo de alegría (y orgullo) durante un verdadero reinado del terrorismo estatal.

PUSKÁS: «Hicimos un excelente viaje en tren desde Helsinki con el resto de los atletas que tan bien lo habían hecho contra los mejores del mundo. Después de salir de Praga en dirección a la frontera húngara, el tren fue haciendo cada vez más paradas para permitir que las multitudes nos saludaran cuando pasábamos por las estaciones. La escena en la estación Keleti en Budapest fue increíble. En las calles cercanas se congregaban unas cien mil personas. Por supuesto, había un gran despliegue de funcionarios del partido, se pronunciaron abundantes discursos desde escenarios improvisados y nos aplaudieron mucho cuando aparecimos. Estábamos casi en éxtasis, rebosantes de alegría. Habíamos conseguido nuestra primera gran victoria y nuestros corazones todavía eran jóvenes.»

5

Inglaterra contra Hungría

«Diría que 1953 sigue siendo mi año favorito.»

Stalin murió en marzo de 1953. Tras la muerte del dictador soviético, multitudes de trabajadores en Berlín Este protagonizaron violentas manifestaciones y protestas. A comienzos de junio, veinte mil trabajadores húngaros de la gran fábrica siderúrgica Rákosi de Budapest, bautizada así en honor al dictador húngaro, se declararon en huelga para protestar por los bajos salarios y las deficientes condiciones de trabajo. En el este de Hungría se produjeron otras huelgas y se organizaron manifestaciones de campesinos en la gran llanura húngara. A las pocas semanas, Jrushchov y los nuevos líderes soviéticos convocaron en Moscú a los líderes del Partido Comunista Húngaro, entre ellos: Mátyás Rákosi, Mihály Farcas e Imre Nagy. Allí se criticó a Rákosi por permitir aquella escalada de acontecimientos en Hungría y como consecuencia se reorganizó el partido con el espíritu del «liderazgo colectivo».

El comité central húngaro publicó rápidamente unos comunicados en los que criticaba la antigua política del régimen; en julio, Nagy sustituyó a Rákosi como primer ministro y anunció el programa «nuevo rumbo» de su Gobierno, que incluía la amnistía para los presos políticos, la abolición de los campos de internamiento y reformas económicas y sociales. Sin embargo, a Rákosi simplemente se le degradó y siguió siendo primer secretario del partido. El Equipo Dorado alcanzó su mejor alineación con ese telón de fondo de esperanza y expectativas.

Preparación del partido en Wembley

SEBES: «Después de los Juegos Olímpicos, el equipo apenas descansó. La liga comenzó en agosto y en septiembre jugamos contra Suiza en Berna. Fue un partido muy importante no solo por ser el primero que disputamos como campeones olímpicos, sino porque decidió para siempre cuál era el jugador más adecuado para ocupar la retrasada posición del número 9.

»Palotás había jugado muy bien en las Olimpiadas, así que lo puse a él y dejé a Hidegkuti en el banquillo. El equipo local, que jugaba ante treinta y cinco mil aficionados suizos, se puso dos goles por delante de nosotros a la media hora y sustituí a Palotás por Hidegkuti unos minutos después. La transformación fue sorprendente. Parecía complementar la pareja Puskás y Kocsis a la perfección y empezaron a hacerse bonitos pases entre los tres. Antes de que acabara el primer tiempo Hidegkuti le había hecho dos pases de gol a Puskás y habíamos empatado.

»Durante el descanso intenté explicarles lo que nos había causado problemas en la primera parte. Los suizos estaban colocando a todos sus hombres detrás del balón y obligaban a nuestros defensas a hacer ataques arriesgados. Nuestros jugadores querían marcar a toda costa y nos arriesgábamos a los contraataques. Les dije que mantuvieran más tiempo el balón en el centro del campo e intentaran desgastar a la defensa suiza antes de atravesarla. En el segundo tiempo lo hicieron a la perfección, con Bozsik y Hidegkuti, que llegaban después para confundirlos aún más. Ganamos 2-4 y en el último partido de 1952 conseguimos un 5-0 contra Checoslovaquia. Fue un buen año: jugamos y ganamos diez partidos, marcamos 45 goles y solo nos metieron seis.»

Roma, 1953: Italia 0, Hungría 3

Hungría seguía en racha; jugó otros seis partidos antes de noviembre de 1953 (cinco fuera de casa) y llevaba imbatida tres años, con 19 victorias en 22 partidos, incluida la famosa contra Italia (0-3) en Roma en mayo de ese año.

Sebes: «En la década de los veinte, algunos buenos jugadores y entrenadores húngaros habían ido a trabajar a Italia; a pesar de que el fútbol húngaro se debilitaba, los italianos mejoraron mucho y ganaron dos Mundiales (1934 y 1938). Por supuesto, les encantaba el fútbol y cuando atravesábamos la frontera en tren antes del partido en Roma, los trabajadores ferroviarios se enteraron de quiénes éramos e insistieron en enseñarnos su nueva locomotora. Al poco, Puskás conducía el tren.

»El partido en Roma, con el que se inauguró el nuevo estadio olímpico, fue muy importante. Que nos marcaran dos goles rápidamente en el partido contra Suiza sirvió para que aprendiera mucha táctica, por lo que mantuve una defensa más cerrada y pedí que se comenzaran los ataques en el centro del campo. Puse a Hidegkuti, a pesar de que no estaba del todo en forma, porque necesitaba su excelente técnica y su sagacidad táctica para atravesar la defensa más férrea del mundo. Hacía veintiocho años que no ganábamos a los italianos, pero en aquella ocasión todo cambió: Puskás marcó dos goles e Hidegkuti uno.»

Fue una magnífica actuación de los húngaros. Mostraron una auténtica avidez de goles, evidentemente una simple victoria no les bastaba. En su retransmisión radiofónica desde Roma, Szepesi describe a Puskás pidiéndole el balón a gritos a Grosics. No quería que su portero retuviera el balón ni un segundo más de lo necesario. A pesar de jugar fuera de casa y ganar por 0-2, cuando solo quedaban veinte minutos Puskás seguía apremiando en los ataques. Al final del partido incluso los aficionados italianos aplaudieron a los visitantes.

En las grabaciones de las entrevistas radiofónicas de después del partido en el vestuario, se oye perfectamente la alegría en las voces de los jugadores húngaros. Ganar los Juegos Olímpicos en Helsinki era una cosa; ganar a Italia 0-3 en Roma, otra. No acababan de creerse aquella victoria. Sin embargo, en una entrevista, Puskás fue lo suficientemente listo como para agradecer a las «autoridades» haber permitido que el equipo se entrenara a fondo para ese importante partido. El capitán no era tonto.

SEBES: «La prensa italiana publicó innumerables alabanzas después del partido y habló del nuevo fútbol de ataque que practicábamos. Normalmente no me involucro tanto tácticamente en los preparativos de un partido (solo en los importantes de verdad) y suelo dejar que el equipo busque las soluciones. Pero tuvieron una actuación impecable, con pases cortos para atraer a la defensa italiana, y después enviando pases largos a su espalda.»

Los húngaros también tenían muy buenos jugadores jóvenes, tal como demostraron en el campeonato juvenil de 1953, en el que no encajaron ni un solo gol en toda la competición. El Equipo Dorado continuó arrasando y venció 1-5 a Checoslovaquia en Praga el 4 de octubre, y 2-3 a Austria en Viena una semana más tarde. Pero Sebes empezaba a tener problemas con algunos de sus jugadores estrella.

SEBES: «A finales de septiembre me enteré de que Budai, Kocsis y Czibor habían estado una noche de juerga después de un entrenamiento. No puse a ninguno de los tres contra Checoslovaquia (algo muy arriesgado, porque eran inmensamente populares) a pesar de las críticas que aparecieron en los periódicos. En cualquier caso, ganamos fácilmente. A Budai lo incluí en Viena porque me habían asegurado que aquel día se había ido a casa a medianoche, pero los otros dos seguían en mi lista negra. Finalmente fui a hablar con ellos por separado y les dejé muy claro cómo debía comportarse y cuidarse un deportista. Les comenté que quería que jugaran en Wembley y que si ganábamos allí nuestros nombres se convertirían en leyenda. Prometieron que se comportarían y darían lo mejor que tuvieran. Desde aquel día solo tuve un pensamiento en mi mente: el partido en Wembley.

»Unas semanas antes había ido a Wembley a ver el encuentro de Inglaterra contra el resto del mundo (empate

4-4); el día después del partido, fui a ese estadio, me puse unas botas y probé aquel famoso césped. Me di cuenta de que ni siquiera los balones lanzados alto botaban más de un metro. Medí el campo e intenté calcular dónde estaría el sol la tarde del partido. También le pregunté a Stanley Rous si podía llevarme algún balón de los que se fueran a utilizar en el partido y tuvo la gentileza de darme tres. De vuelta en Budapest, elegí un campo con las medidas lo más aproximadas a Wembley que pude encontrar y entrenamos en él tres veces por semana desde comienzos de noviembre con los balones que me había dado Stanley y con equipos que imitaban la típica formación inglesa.»

BUZÁNSZKY: «Los balones ingleses eran muy diferentes. Cuando los utilizamos por primera vez, era como si se estuviera dando una patada a algo de madera. Los nuestros eran más suaves, más sensibles. Así que intentamos acostumbrarnos a los ingleses.»

Preludio

El 15 de noviembre de 1953, diez días antes del partido en Wembley, Hungría se enfrentó a Suecia (a la que había derrotado rotundamente en Helsinki) en el Népstadion de Budapest. No fue una actuación que les infundiera confianza antes de vérselas con Inglaterra.

SEBES: «Casi me había olvidado del partido contra Suecia y no lo preparé a conciencia. Se utilizó un balón inglés, pero los jugadores todavía no habían tenido suficiente tiempo de acostumbrarse a él (aunque los suecos no tuvieron ningún problema). En el descanso, los chicos me pidieron que cambiaran el balón, pero no les hice caso. Todos intentaban no lesionarse; Puskás incluso falló un penalti, fue horroroso. Pero, en cierta forma, me alegré. La Asociación de Fútbol Inglesa había enviado a siete entrenadores y analistas al partido y, al menos, no habían visto la táctica que quería poner en práctica en Wembley.»

Puskás: «Contra los suecos jugamos terriblemente mal. Fallé un penalti, di en el poste y Hamrin remató de cabeza el gol del empate en el último minuto. Después de ese empate, la prensa y los aficionados nos pusieron a caldo. Decían: "Si no sabéis hacerlo mejor, no merece la pena que vayáis a Wembley. Los ingleses son un equipo de fútbol serio, llevan nueve años sin perder en casa, os aniquilarán". Mantuvimos la calma y contestamos a la prensa: "No os preocupéis por nosotros, sino por lo que escribís. Jugaremos y, de ser necesario, pagaremos el pato"».

Al no haber televisión en Hungría, la mayor parte de la gente dependía de la cobertura radiofónica para recibir información de los partidos de fútbol. El comentarista Szepesi seguía a la selección allá donde fuera y en el país empezaba a ser tan conocido como el propio equipo.

Szepesi: «Estaba seguro de que ganaríamos a Inglaterra y puedo demostrarlo. Si se lee el *Radio Times* húngaro de esa semana, solo hay un partido que se emitió dos veces en el mismo día; se había organizado con tres semanas de anticipación. El partido en Wembley se retransmitiría en directo por la tarde, y se repetiría a las ocho. Era el jefe de la sección de deportes e insistí en que se hiciera así porque estaba convencido de que nos íbamos a vengar del 6-2 que nos endosaron en Inglaterra en 1936.»

Sebes: «Después del partido contra Suecia, la prensa húngara nos puso en la picota. Solo vino la familia y los amigos a despedirnos a la estación. Rememoré el último partido de Hungría contra Inglaterra en 1936, en el que perdimos 6-2. Repasé mentalmente los errores que habíamos cometido en ese partido y decidí que no volveríamos a hacer la misma chapuza.

»Había escrito a algunos amigos de París, pues haríamos una escala de camino. Allí nos esperaba un grupo de gente incluso más reducido, que levantó ligeramente el ánimo del equipo. Al partido de entrenamiento que había organizado con el equipo de la fábrica Renault acudieron quince mil personas, que se pusieron de pie para ovacionarnos. Fue maravilloso.»

Puskás: «De camino a Londres paramos en París unos días y jugamos contra el equipo de la Renault, en la que Sebes había trabajado antes de la guerra. Ganamos con facilidad y marcamos trece goles, lo que nos ayudó a quitarnos el mal sabor de boca que nos había dejado el partido contra Suecia. Antes de llegar a Londres nuestra actitud había cambiado por completo.»

Sebes: «Todos los jugadores estaban en forma, solo Grosics se quejaba de una sinusitis, pero no me preocupó porque sabía lo nervioso que se ponía antes de los partidos importantes y lo achaqué a su hipocondría. Stanley Rous nos esperaba en Londres. Nos alojamos en el Cumberland Hotel y, por suerte, a la vuelta de la esquina encontramos un restaurante checo que tenía un cocinero húngaro, en el que hicimos todas las comidas. Organicé los menús con el médico del equipo. Empezaron a llegar montones de telegramas de casa, deseándonos que nos fuera bien: aquello contribuyó a elevar la moral y a preparar a los jugadores para el partido de su vida. Llevamos una maleta llena de esos buenos deseos al partido en Wembley.»

Puskás: «Nos sorprendió que no nos dejaran entrenar ni un solo día en Wembley, del que tanto habíamos oído hablar. Salimos al campo con los zapatos de calle y el césped parecía muy suave y mullido, pero solo fue una primera y breve impresión. Nos dejaron entrenar en las instalaciones del QPR (Loftus Road), que parecía estar en las afueras.

»Sebes sabía que los ingleses eran extremadamente defensivos, por lo que pensamos en algo que los desconcertara tácticamente. Por eso jugamos así en Wembley. Aunque fue una de las distintas opciones que teníamos.»

La táctica

Sebes: «Antes del partido hablamos de táctica. Propuse un plan diametralmente opuesto al que habíamos utilizado contra los italianos en Roma. Quería intensificar el ataque utilizando a los cuatro delanteros, más Hidegkuti, que con un torbellino de fluidez posicional confundiera por completo a la defensa inglesa. En la nuestra estaba Lóránt de líbero, Buzánszky y Lantos detrás, y Zakariás entre ellos, que bajaba desde el centro del campo, en el que Bozsik y Czibor operaban en tándem con Hidegkuti. Pedí que los extremos Budai y Czibor se retrasaran cuando fuera necesario para ayudar a la defensa y que Puskás, Kocsis e Hidegkuti estuvieran en todas partes, porque pensé que los defensas ingleses se sentirían obligados a seguirlos. Cuando los atrajeran, Bozsik se colaría por el hueco. Al menos, ese era el plan.»

Diagrama táctico para el partido de Wembley que aparece en el libro de Sebes:

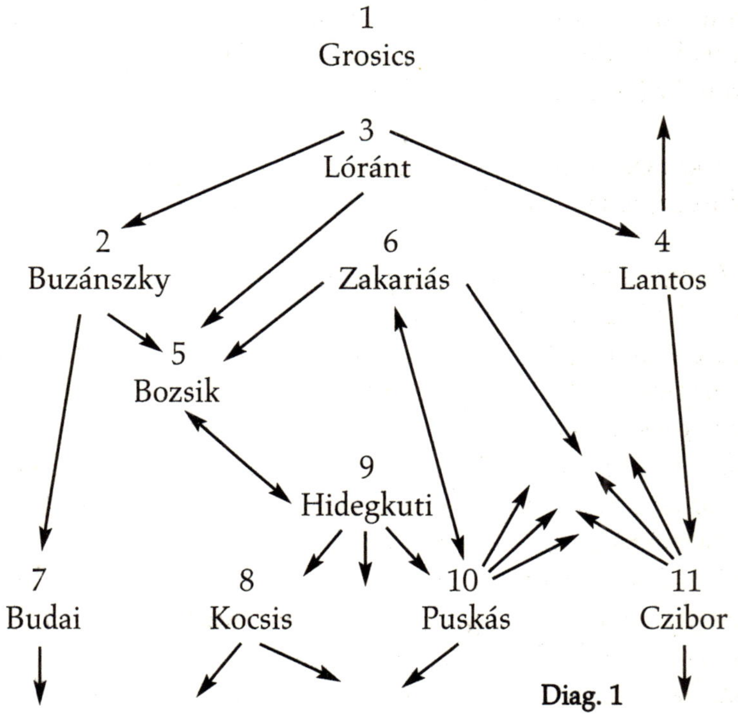

Diag. 1

Barcs: «La charla táctica antes del partido en Wembley duró unas cuatro horas. Se hizo en el Cumberland Hotel. Sebes habló sin parar y apenas entendí nada. Estaba muy emocionado, no se explicaba bien y me fijé en la preocupación que se reflejaba en la cara de algunos jugadores.»

Buzánszky: «Fuimos a Wembley en autobús; de camino alguien incluso cantó el himno nacional. Otros entonaron canciones folclóricas húngaras o no hicieron nada e intentaron relajarse. Nadie hablaba, había una gran tensión en el ambiente.»

Grosics: «Se notaba el miedo y la preocupación, por la responsabilidad de las expectativas depositadas en nosotros. El fútbol inglés era el mejor del mundo. Creo que cualquiera habría tenido miedo.»

El mánager inglés era Walter Winterbottom.

Winterbottom: «Seamos justos, creo que pensábamos que éramos buenos jugando al fútbol. Todo el mundo esperaba que ganáramos en casa. Ya sabe, se creía que nadie podía derrotarnos en Wembley y todas esas cosas (K&S).»

Inglaterra alineó su formación tradicional 3-2-2-3 (ver **diag. 2**), conocida como «WM». En ese sistema táctico, los cuatro jugadores que forman un cuadrado en el centro del campo hicieron prácticamente todo el trabajo de subir y bajar en el terreno de juego. Los húngaros los llamaban «los transportistas de pianos».

Inglaterra 3, Hungría 6

Buzánszky: «En la película del partido se percibe la tensión en la cara de Puskás durante el intercambio de banderines con Billy Wright antes del comienzo del partido. Pero, al poco, los que parecían trastornados eran los ingleses.»

Puskás: «Si dijera que el día del partido no estábamos nerviosos, estaría mintiendo. Todo el mundo estaba un poco tenso, pero en cuanto saltamos al terreno de juego se nos pasó. Hicimos todo lo posible por reírnos y olvidarnos de lo importante que era el partido. Después de ponerme el uniforme, salí al pasillo y vi a Taylor, su interior derecho, que no era muy alto. Volví a entrar en el vestuario y comenté a los compañeros: "Nos va a ir muy bien, tienen a alguien incluso más bajo que yo". Conseguí romper el hielo, pero nos vino mucho mejor salir y dar unas patadas al balón para tranquilizar la mente.»

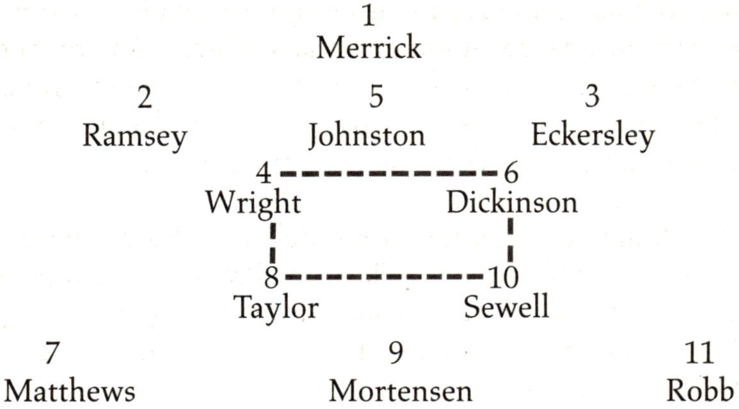

Diag. 2

Buzánszky: «Fuimos prudentes. No conocíamos a los jugadores ingleses porque la prensa occidental no llegaba más allá de la frontera austro-húngara. El agregado cultural de la embajada en Londres había hecho todo lo que había podido para informar a Sebes sobre los jugadores a los que nos íbamos a enfrentar, pero no teníamos ni idea de lo que sabía sobre fútbol. Intentamos echar una ojeada a nuestros oponentes en la zona de vestuarios. Por suerte, en aquellos tiempos el número de la camiseta indicaba la posición del jugador. No conocía a Robb (extremo izquierdo que sustituyó al lesionado Finney), pero puede que los jugadores ingleses tampoco lo conocieran, pues era la primera vez que lo seleccionaban. Lo miré de reojo. Se puede saber mucho de un jugador solo por su físico. Al verlo, se me disparó la adrenalina. Seguro que durante el calentamiento el pulso me iba a ciento ochenta.»

Ese día el capitán de Inglaterra era Billy Wright, centrocampista del Wolves. Al igual que muchos otros ingleses, esperaba acabar con la amenaza húngara.

Wright: «Al recordarlo ahora, me doy cuenta de que infravaloramos las mejoras que habían conseguido los húngaros, y no solo tácticamente. Cuando ese viernes por la tarde salimos al terreno de juego de Wembley junto al equipo visitante, bajé la vista y vi que los húngaros llevaban esas extrañas y ligeras botas, cortadas como zapatillas debajo del tobillo. Volví la cabeza por encima del hombro hacia nuestro número nueve, Stan Mortensen, que estaba detrás de mí y pronuncié aquellas palabras inmortales: "No vamos a tener problemas, Stan, no tienen la equipación adecuada". Es verdad, lo dije.»

Los húngaros se pusieron por delante a los cincuenta segundos. Bozsik liberó a Hidegkuti en el centro del campo para que avanzara, regateara y disparara desde el borde del área. Don Howe, actual coordinador técnico de la Asociación de Fútbol Inglesa, recuerda bien la sorpresa.

HOWE: «Nos aplastaron, no solamente con su habilidad técnica, sino también con su táctica. Tenían a Hidegkuti, el delantero centro (bueno, al menos llevaba el número nueve en la espalda) que jugaba retrasado desde el centro del campo. Nuestro defensa central ese día, Harry Johnston, no sabía qué hacer.»

JOHNSTON: «Estuve en el centro de ese primer huracán húngaro en Wembley. Para mí, la verdadera tragedia fue nuestra absoluta impotencia, el ser incapaces de hacer nada que pudiera alterar esa desalentadora perspectiva (Johnston, 1954, pág. 49).»

Inglaterra empató antes del primer cuarto de hora del partido, con un rápido contraataque. Johnston inció la jugada tras interceptar un balón en su área. Avanzó hasta el centro del campo, encontró a Mortensen, que inteligentemente se la pasó a Sewell para que corriera y le metiera un gol a Grosics. Sin embargo, poco antes, en uno de los momentos más fluidos y sorprendentes del partido, Czibor, Puskás y finalmente Hidegkuti habían hecho una bonita combinación para marcar un maravilloso gol que el árbitro holandés, Leo Horn, anuló misteriosamente. Poco importó. A la media hora, Hungría ganaba 1-4. Hidegkuti marcó su segundo gol en una jugada con Puskás, Czibor y Kocsis, cuyo inteligente pase permitió al nueve marcar desde cerca. En el despeje de un tiro libre de Bozsik, se consiguió el cuarto, aunque minutos antes Puskás había conseguido el tercero, un gol que instantáneamente le confirió la inmortalidad futbolística.

Puskás: «Creo que mi gol favorito de todos los tiempos fue ese tercero, la "pisada". Todo el mundo pensó que lo tenía ensayado, pero no es verdad. Fue un acto reflejo. Me situé a la derecha de la portería y recibí un pase de Czibor desde la banda derecha. Estaba de espaldas a la portería y tenía que darme la vuelta, pero vi que venía Billy Wright con intención de hacerme una dura entrada y abalanzarse sobre el balón. Esperaba que me volviera hacia adentro; si lo hubiera hecho nos habría sacado del campo al balón y a mí, y nos habría lanzado contra las gradas. Así que arrastré el balón con los tacos de la bota izquierda y lo lancé por lo alto hacia el lado más cercano del portero, donde no lo esperaba.»

Wright: «De repente, Puskás, el incomparable Puskás, estaba delante de mí con el balón. Fui a hacerle una entrada con firmeza, rápidamente y con los ojos fijos en el balón. En el noventa por ciento de las ocasiones se lo habría arrebatado, pero esa vez acabó siendo el otro diez por ciento, y mi contrario era Puskás. Arrastró el balón con los tacos y mi pierna se estrelló... contra el vacío. En ese increíble y rápido movimiento, ese gran húngaro, se dio la vuelta, su pierna izquierda salió disparada y el balón acabó tranquilamente en la red (Green, 1974, pág. 285).»

Puskás: «No sé de dónde salió ese gol. La pisada era algo que hacía cuando era niño, pero nunca la practiqué. Fue instintivo. No hacía un fútbol lleno de trucos elaborados. En el terreno de juego prefería las cosas sencillas, soluciones simples, movimientos fáciles y rápidos. Ese gol le gustó a todo el mundo (seguramente es por el que más se me recuerda), pero la verdad es que tenía que moverme rápido o Billy Wright se me habría echado encima.»

El gol fue impresionante. Y no solo por su ejecución. El movimiento con el que lo consiguió demuestra esa revolucionaria fluidez que permitía una gran libertad a los atacantes húngaros. Kocsis (delantero centro con el número ocho) recibe el balón desde lejos y se lo pasa a Czibor (extremo izquierdo), que está con Budai (extremo derecho) en la banda derecha. Czibor manda un centro a Puskás (interior izquierdo), que se ha colocado en la parte derecha del área pequeña para evitar la entrada de Wright y marcar.

Si se estudia a fondo la película, fotograma a fotograma, se ve que el primer toque de Puskás cuando recibe el balón de Czibor no es perfecto; si no, Wright no habría tenido oportunidad de entrarle. El balón se aleja de Puskás hacia la línea de fondo; de ahí que la necesidad de hacer la «pisada» y la oportunidad de intentar una entrada sean simultáneas. Pero Puskás es más rápido, física y mentalmente, que el excelente capitán inglés que le marca.

Descanso

La primera mitad acabó con un 2-4 en el marcador, porque Mortensen había conseguido el segundo gol de Inglaterra pocos minutos antes del descanso. Stanley Matthews, extremo derecho de Inglaterra, recuerda la confusión de Johnston a la hora de marcar a Hidegkuti.

MATTHEWS: «Cuando íbamos hacia el vestuario durante el descanso, Harry me dijo: "No sé qué hacer. ¿Lo sigo o me quedo donde estoy?". No sabíamos que Hidegkuti iba a jugar retrasado. Cuando se cuenta con un jugador tan habilidoso en esa posición y nadie le marca, te destruye. Lo que no quiere decir que si le hubiéramos marcado de cerca habríamos ganado. Aunque, tal como se presentó el partido, no tuvimos ninguna oportunidad.»

SEBES: «Cuando se retiraron durante el descanso, les dije que estaban jugando bien, pero también que se acordaran de que los ingleses no se rendirían nunca, que no era su estilo.»

PUSKÁS: «En el descanso comentamos entre nosotros: "Venga, ya los tenemos. Vamos a relajarnos y a seguir jugando". A Grosics le dijimos: "Si te meten otro, te daremos una buena paliza". El gol de Hidegkuti en el primer minuto había sido crucial. Fue al final de una jugada de cinco pases y nos dio una fantástica sensación de confianza en nosotros mismos. Nos permitió relajarnos y jugar; con ese estado de ánimo éramos tan buenos como cualquier equipo del mundo. Puede que antes de empezar el partido estuviéramos nerviosos, pero los ingleses también lo estaban. Nos vieron pelotear con el balón en el calentamiento (algo que hacíamos siempre antes de un partido) y aquello les inquietó, pero lo que realmente les asustó fue el primer gol.»

GROSICS: «Fue una sorpresa que Inglaterra desconociera nuestra estrategia del segunda punta. Llevábamos tiempo utilizándola y seguro que sus entrenadores la habían visto. Pero cuando empezó el partido aún nos sorprendió más que su defensa pareciera incapaz de ajustarse a ella cuando quedó claro que la estábamos utilizando. Siguieron jugando igual, lo que dejó a Johnston, su defensa central, sin nadie a quien marcar y sin saber qué hacer. También permitió que Hidegkuti estuviera libre para jugar y atacar desde el centro del campo.»

WRIGHT: «El que nos dio la paliza no fue Puskás, sino Nándor Hidegkuti. No lo marcamos, y él fue el creador, el que generaba espacios. No estoy diciendo que Puskás no tuviera una excelente actuación, sino que lo que nos destrozó fue que Nándor jugara retrasado. Lo comentamos en el descanso, pero para entonces ya habían marcado cuatro goles. En la segunda parte jugamos mejor, pero tenían futbolistas excelentes. Bozsik, el lateral derecho, era un magnífico jugador de ataque; Czibor y Budai trabajaban en las bandas y Kocsis era un extraordinario rematador de cabeza. ¡Menudo equipo!»

WINTERBOTTOM: «La idea de que la charla durante el descanso lo arregla todo y de que el mánager solo tiene que decir a los jugadores que se esfuercen es una tontería. Los jugadores ya están lo suficientemente preocupados como para que se les eche la bronca. En cuanto a la táctica, los húngaros la tenían toda. Sabían exactamente lo que estaban haciendo y en ese equipo había cinco jugadores de talla mundial: Czibor, Bozsik, Hidegkuti, Puskás y Kocsis. Excelentes todos ellos.»

HIDEGKUTI: «Ni los ingleses ni el resto de los equipos con los que nos enfrentamos parecían capaces de defenderse contra nuestra formación táctica. Si Bozsik y yo nos uníamos en el ataque, teníamos seis delanteros, todos capaces de marcar goles. De vez en cuando bromeábamos con nuestros defensas: "No os preocupéis. Si dejáis que marquen un gol, meteremos dos". Así nos sentíamos (K&S).»

Segunda parte

A los diez minutos de la segunda parte, el partido estaba acabado. Merrick rechazó un cabezazo de Czibor, pero el balón rebotó en el poste y le fue a Bozsik, que estaba fuera del área. Su tiro elevado acabó en la red antes de que Merrick tuviera tiempo de pestañear. El último gol de los húngaros fue una volea después de que Puskás le enviara un maravilloso globo a Hidegkuti. Ramsey consiguió el tercero para Inglaterra con el penalti que se señaló cuando Mortensen cayó en el área. A la mañana siguiente Geoffrey Green, de *The Times*, resumió el partido:

Se sintieron extraños en un mundo extraño, un mundo de revoloteantes espíritus rojos, pues eso es lo que parecían los húngaros cuando se movían a un ritmo devastador, con maravillosa habilidad y potente final, con sus camisetas color cereza. Ya se ha hablado de la nueva concepción del fútbol que han desarrollado los europeos y los sudamericanos. La principal crítica a ese estilo ha sido siempre la falta de finalización cerca de la portería. También se ha pensado que quizá la perfección en el fútbol habría que buscarla en otro lado, entre el contundente y abierto método inglés y este otro, con una infiltración más penetrante. Ayer los húngaros, con un perfecto trabajo de equipo, demostraron a la perfección ese punto medio.

Las estadísticas del partido muestran el agresivo ataque de los húngaros.

	Tiros	**Tiros a puerta**	**Córneres**	**Goles**
Inglaterra	5	5	3	3
Hungría	35	21	6	6

SZEPESI: «Después del partido salimos al terreno de juego para colocarnos en el lugar en el que Puskás había marcado aquel gol inolvidable. Entonces pensé en que después de una batalla histórica suelen levantar un monumento conmemorativo. Deberían poner uno allí, donde Puskás marcó el gol que derrotó a Inglaterra por primera vez.»

MATTHEWS: «Eran el mejor equipo con el que nos habíamos enfrentado nunca. Un maravilloso conjunto húngaro. Puskás, Hidegkuti y sus fantásticos compañeros. Siempre fueron los mejores (K&S).»

El lesionado Tom Finney vio el partido desde una cabina de prensa, pero al año siguiente jugó el partido de vuelta en Budapest.

FINNEY: «Sigo creyendo que eran la mejor selección a la que me he enfrentado; un maravilloso equipo con una táctica que nunca habíamos visto hasta entonces. Era como caballos de tiro contra caballos de carreras. Y eso que teníamos a jugadores como Stanley Matthews y Stan Mortensen, excelentes futbolistas, pero nos destrozaron (K&S).»

David Barr fue uno de los cien mil aficionados que estuvieron en Wembley aquel día.

BARR: «No sabía nada de Hungría, pero pensamos que ganaríamos fácilmente a esa pobre nación. Ofrecieron el fútbol más magnífico que he visto en mi vida. Fue extraordinario. Cuando consiguieron el cuarto gol, ya no nos importó si Inglaterra marcaba o no, eran excelentes. Lo recordaré el resto de mi vida. Futbolistas espléndidos como Puskás e Hidegkuti, mucho mejores que cualquiera de nuestros jugadores (K&S).»

BARCS: «El fútbol que jugó Inglaterra fue laborioso; el nuestro, puro arte.»

PUSKÁS: «Supongo que lo primero que sentí después del partido fue sorpresa y placer, sobre todo al pensar en los periodistas húngaros que seguramente estarían comiéndose sus palabras. No fue fácil vencer a Inglaterra por primera vez en Wembley. Aquel partido supuso un gran esfuerzo para todos nosotros. Empezaron a llegar telegramas de todo el mundo.»

SEBES: «Después del partido se ofrecía una suntuosa recepción y pedí a la Federación de Fútbol que invitara a Jimmy Logan. Jimmy había sido el entrenador del MTK de Budapest en la década de los veinte y había hecho mucho por elevar el nivel del juego húngaro en aquellos tiempos. Estaba mayor, pero vino a vernos. El viejo maestro me dijo: "Ese es el tipo de fútbol que soñé que jugarían algún día los húngaros".»

SZEPESI: «A la mañana siguiente hubo un encuentro muy interesante en el Cumberland Hotel, en el que se alojaba la selección húngara. Vino Stanley Rous y me uní a él y a Sebes para tomar un café en una sala de reuniones privada. Estaban hablando del partido de vuelta que se celebraría en Budapest cuando, de repente, el señor Rous abrió una maleta de considerables dimensiones y dijo: "Señor Sebes, me gustaría pagarle por el magnífico partido que jugaron ayer en Wembley. ¿Cuánta parte de la entrada quiere?". Sebes se sorprendió y rechazó el dinero, pero Stanley insistió: "Repito, caballeros, les he traído dinero, libras esterlinas, por el partido de ayer". Sebes no aceptó ni un penique. "Muchas gracias, pero no queremos ningún pago. Le estaría muy agradecido si jugaran el partido de vuelta en Budapest. Con eso bastará".»

Mientras tanto, en Hungría...

El partido contra Inglaterra (retransmitido con comentarios en directo de Szepesi) casi paralizó Hungría durante unas horas aquel miércoles por la tarde. Se habían entablado incontables debates antes del encuentro sobre el tiempo en Inglaterra, el balón inglés, la textura y las dimensiones del terreno de juego de Wembley, de Puskás y Wright, de Merrick y Grosics, o de Bozsik y Sewell. Todo el país parecía concentrado en el partido.

El día del encuentro, los vendedores de aparatos eléctricos vendieron muchísimos altavoces y amplificadores de radio, ya que los grandes comercios, los restaurantes y las tiendas proporcionaron la cobertura del partido a sus trabajadores y clientes; la anunciaron orgullosamente con carteles que rezaban: «Retransmitimos el partido del siglo».

En el momento del comienzo (las 14.15 en Inglaterra), las calles de Budapest estaban prácticamente desiertas, aparte de los lugares en los que se había reunido gente alrededor de un altavoz. Los cines proyectaron películas en salas vacías; los autobuses y los tranvías se detuvieron porque no había pasajeros. Se cambiaron turnos en las fábricas para que los trabajadores acabaran a tiempo. En las minas, los mineros, con cara tiznada, recibieron la puntuación escrita con tiza en el lateral de las jaulas que bajaban a los pozos.

A los pocos minutos de la conclusión del partido, ya había en la calle ediciones especiales del periódico *Népsport*. El victorioso equipo recibió ocho mil telegramas de felicitación, solo de Budapest. Los húngaros salieron a la calle en masa para celebrarlo. Aquel entusiasmo duró varios días.

Regreso triunfal

En Europa todo el mundo alabó la victoria húngara, como si hubiera sido una reivindicación general del progreso del fútbol continental.

PUSKÁS: «Cuando llegamos a París tuvimos que cambiar de estación de tren y la recepción fue increíble. Era como si hubieran ganado los franceses.»

SZEPESI: «Pernoctamos en un establecimiento muy elegante, el hotel Louvre. También jugamos otro partido en honor del entrenador, Gusztav Sebes. Ganamos 1-16 y nos aplaudió todo París. Había pasado lo mismo durante todo el camino desde que salimos de Wembley, la gente nos aclamaba en las terrazas. Los ingleses también nos despidieron con ovaciones en la estación Victoria. Son unos recuerdos inolvidables.»

HIDEGKUTI: «Nos permitieron quedarnos dos días en París, algo que en aquellos tiempos se entendía como una rara deferencia. Fuimos a ver un partido (creo que París contra Cannes): cuando el público se enteró de que estábamos allí, empezó a gritarnos que bajáramos al terreno de juego antes de que empezara el encuentro, y así lo hicimos. Parte de los asistentes quería que se suspendiera ese partido y que nos enfrentáramos ¡a los dos equipos! Cuando al día siguiente jugamos el partido amistoso, el estadio solo tenía capacidad para cinco mil personas. Aquel día había diez mil..., y otras diez mil se quedaron fuera. Resultó fantástico.»

Szepesi: «Al llegar a la Gare de l'Est en París, entre la multitud que nos recibió se encontraba André Kostolany, un famoso banquero húngaro. Nos llevó al Lido (el mejor cabaré de París en aquellos tiempos) y después al espectáculo del Folies, donde el público coreó el nombre de algunos de los jugadores. Al final salieron al escenario a recibir una ovación. Fue así durante todo el camino de vuelta por Europa. Había multitudes en las estaciones en las que se detenía el tren. Incluso cuando solo las atravesábamos, el jefe de estación nos saludaba. En la Westbahnhof de Viena, la aglomeración parecía incluso mayor que la de París. Había muchos húngaros que vivían allí, pero también acudieron miles de austriacos, incluida la selección austriaca y todos los medios de comunicación.

»Sin embargo, nada de ello podía compararse a lo que nos esperaba en Hungría. A partir de la frontera, la gente se colocó al lado de la vía e hizo guardia mientras pasaba el tren. Y hay que tener en cuenta que era finales de noviembre, con un tiempo frío y ventoso.»

La pequeña estación de Hegyeshalom, en la frontera, estaba llena de lugareños y de gente que había venido desde Budapest para estar entre los primeros que dieran la bienvenida al equipo. Cuando entró el tren, sonó el himno nacional. Se gritaron los nombres de los jugadores mientras las esposas y las familias del Equipo Dorado se unían a la fiesta a bordo. En Györ, Komáron, Tatabánya, allá donde el tren paraba, se producía una lluvia de flores y regalos para los héroes futbolísticos nacionales. Los aficionados intentaban retrasar la salida del tren para estar más tiempo con los hombres que habían demostrado al mundo lo que era capaz de hacer el fútbol húngaro. El régimen también hizo todo lo que pudo por demostrar un agradecimiento adecuado.

SZEPESI: «Mi sueldo como comentarista de radio eran 2.175 forintos, una buena cantidad en un tiempo en el que Puskás cobraba 4.000. La prima que recibieron los jugadores después del partido de Wembley fue la misma que la mía (¡un comentarista de radio!): 2.000 forintos. Más tarde, cuando quedó claro lo maravillosa que había sido esa victoria y se celebró en todo el mundo, aumentaron la prima de los jugadores. Creo que Puskás recibió entre cincuenta y cien mil forintos. Pero esos jugadores ganaban mucho menos de lo que la gente cree.»

GROSICS: «Para entender lo que supuso esa victoria para el pueblo húngaro hay que saber lo que pasó en Hungría desde 1949. Teníamos un régimen radical que utilizaba muchos tipos de armas para imponerse, incluida la intimidación. También intentaba minar nuestra identidad nacional y la percepción de quiénes éramos. Por ejemplo, las obras de arte patrióticas estaban prohibidas.»

Sin embargo, paradójicamente, el Estado quería fomentar el deporte como vía para proclamar al mundo el éxito del sistema socialista, y la aparición del Equipo Dorado formó parte de esa tentativa. Por irónico que parezca, nuestras victorias consiguieron que diez millones de húngaros recuperaran y celebraran su identidad nacional en una forma que el Estado difícilmente podía censurar. Mientras las autoridades políticas intentaban monopolizar y manipular nuestros éxitos para sus propios fines, el pueblo se liberaba en los noventa minutos que dura un partido: sabían cuál era su sitio, y sus almas eran húngaras.

HIDEGKUTI: «La victoria en Wembley consiguió que el Oeste nos reconociera, y no solo futbolísticamente. No se nos tenía muy en cuenta, porque solo éramos un pequeño Estado satélite del Imperio soviético. Si nuestras embajadas organizaban algún acto, nadie importante se dignaba a ir. Pero después del partido 3-6, incluso los estadounidenses enviaron delegados. ¡Las embajadas se llenaron! Un embajador nos dijo que jamás había visto nada igual. También recibimos muchas invitaciones para jugar en el extranjero. Y todo porque habíamos derrotado a los ingleses en su país. Si, por ejemplo, hubiéramos machacado a los franceses en París, nadie habría pestañeado.»

Recepción en Budapest

El Gobierno húngaro utilizó todos sus recursos para dar la bienvenida en la capital a los jugadores. Delegados del partido, organizaciones de trabajadores, los Jóvenes Pioneros, todos fueron a alabar y felicitar a los vencedores.

SZEPESI: «En la estación Keleti, la gente se subió a los árboles y a los tejados. Los jugadores tuvieron que desfilar por la calle principal de Budapest para que la multitud los aclamara.»

PUSKÁS: «En Budapest la recepción fue impresionante. En los alrededores de la estación, había más de cien mil personas, y los dirigentes del partido y los líderes del deporte pronunciaron discursos. Era una celebración nacional y, aunque estábamos cansados y queríamos irnos a casa, nos sentimos muy orgullosos (en especial yo, que era el capitán) de que el equipo hubiera jugado tan bien. Los vítores de la muchedumbre alojaron una cálida y duradera sensación en nuestro interior.»

Los políticos húngaros también percibieron esa cálida sensación.

BARCS: «El fútbol estaba totalmente politizado. Por ejemplo, en el Parlamento, el primer secretario siempre mencionaba al Equipo Dorado. Decía que era un resultado directo del socialismo.»

Pocos días después se concedió la Orden al Mérito a los jugadores, en la sala de recepciones del Consejo Presidencial en el Parlamento, como reconocimiento del momento más glorioso del fútbol húngaro. A Puskás se le ascendió al rango que los medios de comunicación británicos, con sus continuas referencias al «comandante galopante», ya lo habían elevado. La verdad es que, en realidad, en Wembley solo había sido un capitán «galopante».

PUSKÁS: «Meter seis goles a Inglaterra en Londres no es poca cosa. Fue un partido fantástico y ganó el mejor equipo. Hacía noventa años que ningún equipo europeo les ganaba en casa. Todos los que jugamos (los ingleses y los húngaros, e incluso el cuerpo arbitral) acabamos siendo buenos amigos después del partido, una amistad que ha perdurado hasta nuestros días. Siempre había sentido debilidad por Billy Wright. Sé que el partido en Wembley debió de ser una dolorosa experiencia tanto para los jugadores como para los aficionados ingleses, pero he de reconocer que fue uno de los públicos más íntegros que he conocido. Nunca olvidaré el hecho de que todas las personas con las que estuvimos en Inglaterra alabaran la victoria sin resentimiento.»

6

Mundial de 1954

> «Al final perdimos porque nos olvidamos
> de que un partido dura noventa minutos.»

El «suavizado» régimen húngaro liderado por Imre Nagy intentó poner en marcha su «nuevo rumbo». Se liberó a varios presos políticos comunistas y socialdemócratas de campos de internamiento y prisiones, pero hubo una gran resistencia a los cambios por parte de los estalinistas más acérrimos, liderados principalmente por el depuesto Rákosi, que siguió ocupando un puesto clave en el partido y en la burocracia del Estado. El profundo resentimiento por el creciente fracaso del Gobierno para liberarse de las antiguas prácticas represivas, a pesar de la muerte de Stalin, provocó las primeras chispas de revuelta entre algunos periodistas y escritores en Budapest.

Al mismo tiempo, el Equipo Dorado continuó su majestuoso trayecto, a todos los efectos campeón del mundo y preparado para la final del Mundial en Suiza en junio de 1954. La noticia de la derrota de Inglaterra se había difundido por todo el mundo e, incluso fuera de Hungría, la mayoría de los expertos esperaba que Puskás y su equipo derrotaran a todos sus contrincantes, incluidos Brasil y el campeón del mundo, Uruguay. En Hungría, las expectativas se habían desbordado.

Puskás: «En la primavera de 1953 empezamos a notar los preparativos del Mundial. Para empezar, se hablaba de él sin parar. Tras tres años imbatidos, éramos los claros favoritos y toda

Hungría estaba ansiosa porque ganáramos, se palpaba en el ambiente. Sobre el equipo no había duda. Todo el mundo sabía cuál era el mejor: quince jugadores que podían ser titulares y cuatro excelentes reservas. No sentí ningún tipo de preocupación conforme se acercaba el momento. Sabía de lo que era capaz y no tenía miedo. Sabía que estaba cerca y, en lo que respectaba al país, teníamos que ganar. Aunque, al fin y al cabo, solo es un deporte. Nunca creí que tuviera que atormentarme por ello. Habíamos jugado bien hasta llegar al Mundial de Suiza y durante él también. Lo único que salió mal fue la final.»

Sebes: «En diciembre de 1953 empezamos la preparación en serio para el Mundial. Llevé al equipo, con sus mujeres e hijos, a la casa de descanso del Honvéd en el lago Balatón; durante las primeras tres semanas, los jugadores hicieron ejercicios cuatro veces al día. Al acabar el año, con los futbolistas ya en casa, dimos comienzo a una preparación física más intensa: carreras a campo traviesa por la mañana y trabajo en el centro de entrenamiento por la tarde. Los chicos también entrenaron en sus clubes y la selección jugó un partido cada dos días, incluso en terrenos de juego helados. Tanto ejercicio físico no le gustaba a todo el mundo, pero conseguí convencerlos de que era necesario.

»En febrero de 1954, fuimos a Egipto para aprovechar su cálido clima y jugamos varios partidos contra clubes locales. Después, en abril, disputamos un partido importante (el partido internacional de Hungría número trescientos) contra el mismo antiguo enemigo con el que nos habíamos enfrentado en 1902: Austria. Arañamos un 1-0, pero no jugamos bien.»

Puskás y los políticos (1950-54)

Durante cuatro años, Puskás llevó una vida venturosa en uno de los regímenes más represivos de Europa del Este. En un país en el que incluso los políticos más veteranos y los jefes del partido estaban expuestos a cambios bruscos en su suerte, detenciones repentinas, tortura y ejecución, prácticamente solo Puskás parecía intocable.

Se mostraba al chico de oro que lideraba el Equipo Dorado como ejemplo de la sabiduría y la justicia del socialismo húngaro. Era el chaval pobre de Kispest con talento que simbolizaba la genialidad latente de la clase obrera. Equipado y provisto por el Estado para prepararse y entrenar, el equipo de fútbol que capitaneaba se atrevió con los mejores del mundo y salió victorioso. Era la joya de la corona comunista húngara; cuando se repartían medallas a los trabajadores que habían hecho más de lo que se esperaba de ellos (los estajanovistas), ¿quién mejor que Puskás, un verdadero estajanovista del fútbol, para recibir esos premios?

Por irónico que parezca, a pesar de que Puskás era el favorito de un régimen odiado y temido, la masa de húngaros que sufrían ese régimen también le respetaba y le tenía verdadero cariño. Aunque los aficionados del Ferencváros siempre se lo hicieron pasar mal a Puskás y algunos lo responsabilizaron de la desaparición de su club después de que el Honvéd se quedara con sus mejores jugadores (como Kocsis y Czibor), a la mayoría de la gente le gustaba su estilo de diamante en bruto. Mantuvo su sencillez y a menudo se le veía en la calle dando patadas a un balón rodeado de niños. Las historias de sus hazañas contrabandistas eran legendarias y, por supuesto, aquello le granjeó envidia y resentimiento. Pero, en general, la gente admiraba su iniciativa y su rechazo a someterse y llevar una vida tranquila. Puede que, sobre todo, los húngaros reconocieran algo de sí mismos en él: cierta rebeldía, espontaneidad y un profundo disfrute de la vida.

También admiraban su displicente trato con los grandes y los poderosos. Cuando estaba con algunos de los jefes políticos más temidos del país, Puskás conseguía salir indemne con un comportamiento que a cualquier otra persona le habría costado la libertad... o la vida.

SEBES: «Puskás era un diamante en bruto con un trato tan directo que desconcertaba a la gente. A veces se iba de la lengua e incluso reprendía a políticos que no estaban acostumbrados a ello. No cabe duda de que tenía coraje y de que bajo ese bronco exterior había un corazón de oro.»

SZEPESI: «Recuerdo que tras la derrota 0-3 de los italianos en Roma se organizó una cena en Budapest para celebrar el quincuagésimo partido internacional de Puskás. El anfitrión era Mihály Farkas, ministro de Defensa, y en el momento estelar de la velada entregó a Puskás una cubertería de plata para veinticuatro comensales. Cuando Puskás se levantó para contestar, sacó un jarrón de plata decorado y se lo entregó a Farkas de parte del equipo por la ayuda que había recibido del Estado. Farkas se quedó muy sorprendido y un poco desconcertado, y dijo que no podía aceptarlo. Pero Puskás interrumpió sus protestas y gritó: «Acéptalo, viejo, nunca se sabe lo que nos depara el futuro». Si se piensa en lo vulnerables que eran esos políticos de la «vieja guardia» después de la muerte de Stalin, fue un comentario divertido, pero también cargado de verdad.»

TICHY: «A Mihály Farkas le gustaba mucho Puskás, que gracias a ello se libraba de cosas que otros no podían ni imaginar. Cierta vez, el equipo estaba en la residencia de descanso de los generales (unas magníficas instalaciones en la isla Margarita) y Farkas apareció vestido de pies a cabeza con un uniforme blanco de general. Puskás se echó a reír al verlo y dijo: "Creí que por fin había llegado el chico de los helados". Todo el mundo se quedó callado. En aquellos tiempos, ese hombre tenía poder sobre la vida y la muerte en Hungría.»

VÁNDOR: «Después de las grandes victorias del Honvéd solían organizarse banquetes. Recuerdo que en una de esas cenas estaba un nuevo ministro de Defensa llamado Nógrádi. Puskás estuvo quejándose de los problemas a los que se enfrentaban los jugadores y quería que ese político los solucionara. Nógrádi se estaba cansando y dijo: "Muy bien, no te preocupes. Haré algo al respecto, ¿te parece bien?". Pero aquella respuesta no satisfizo a Puskás. Se volvió muy enfadado hacia el ministro y gritó: "¡No, no me parece bien! ¡Vaya a hacer algo al respecto, AHORA!". A veces, les hablaba así. Ni siquiera le interesaba lo más mínimo la política, para él solo era importante el fútbol.»

Este tipo de historias, que circulaban por toda Hungría, grabaron a Puskás en la mente de los húngaros como una persona «única», disparatada y con talento, a la que ni siquiera la temible policía secreta podía reprimir.

TICHY: «Puskás prácticamente dirigía el Honvéd, al menos en la parte futbolística. No tenía horario para entrenar. Normalmente iba al campo de entrenamiento antes que nosotros y se quedaba cuando nos íbamos. Trabajaba su juego, toques con el balón sobre todo. Si no le apetecía entrenar (lo que era muy raro), le decía al entrenador Jenö Kálmár: "Haz el entrenamiento por mí". Antes de los partidos, el médico decidía qué menú tomaríamos, es decir, carne asada y puré de patatas. Pero si Puskás quería estofado, eso es lo que comíamos.

»Disfrutaba de una libertad que muy pocos poseían. Recuerdo que una vez fuimos desde el campo del Kispest a la pastelería del espléndido Béke Hotel. Íbamos siete en el viejo Mercedes de Kocsis, un auténtico cacharro. Si queríamos indicar que girábamos a la derecha, Budai tenía que sacar el brazo por la ventanilla. Un policía nos vio salir del coche frente al hotel. Puskás fue el último en salir y gritó hacia los asientos vacíos, lo suficientemente alto como para que el policía le oyera: «Es mejor que los demás os quedéis dentro, hay un policía». Incluso en el extranjero salíamos de fiesta. Después de los partidos, Puskás, Bozsik y Lóránt se iban de bares y me llevaban a mí para asegurarse de que volvían a salvo cuando estaban bebidos. Si en un bar nadie reconocía a Puskás a los pocos minutos de entrar, nos íbamos al siguiente.»

Mientras lideraba un equipo invicto durante más de tres años, de camino hacia una victoria que parecía inevitable en el Mundial, Puskás fue quizás el hombre más libre de Hungría.

Preparación para el Mundial: Hungría 7, Inglaterra 1

Como preparación para el Mundial, las selecciones húngara e inglesa volvieron a enfrentarse en Budapest en mayo de 1954, en el magnífico Népstadion, todavía en construcción. Syd Owen jugó como defensa central para Inglaterra; Tom Finney como extremo izquierdo e Ivor Broadis como interior izquierdo. El pobre Gil Merrick seguía en la portería.

PUSKÁS: «El último encuentro antes de viajar a Suiza fue contra Inglaterra en Budapest. Era el partido de vuelta del que había finalizado 3-6 en Wembley; para nosotros, fue muy bonito. Jugamos muy bien y ganamos 7-1.»

OWEN: «Seguramente consiguieron que los jugadores ingleses se sintieran demasiado cómodos en el vestuario. Los del Népstadion eran los más lujosos en los que me había cambiado nunca. Había butacas por todas partes y armarios individuales para la ropa de los jugadores, pero sentarse en una butaca no es la mejor preparación para disputar un partido internacional.»

MERRICK: «Los vestuarios eran como un palacio. El principal tenía treinta metros de largo y unos quince de ancho. Estaba revestido con paneles de roble y en el centro había alfombras, sillones, sofás y mesas con bonitos jarrones con flores. De hecho, cuando entramos, creímos que estábamos en la habitación del director (Merrick, 1954, pág. 96).»

PUSKÁS: «Todo el mundo quería conseguir una entrada para ese partido. Hubo un millón de solicitudes (uno de cada nueve húngaros), pero oficialmente el Népstadion solo tenía capacidad para cien mil espectadores, aunque el día del partido entraron muchos más. Algunos incluso fueron con palomas para enviar la entrada a algún amigo. Todo el país oyó la retransmisión por la radio. Los ingleses venían de una derrota 1-0 en Yugoslavia y estuvieron en el lago Balatón con nosotros antes del partido. Aquella semana hacía mucho calor y se notaba que les afectaba mucho más que a nosotros. Volvimos a marcar un gol al principio (un tiro libre de Lantos en el minuto ocho) y después ya no parecían nada contentos. Al poco nos dimos cuenta de que ni siquiera habían cambiado de táctica desde el último partido, lo que fue una gran sorpresa. Jugaban igual; era la única forma en que sabían hacerlo y la mantuvieron. Por supuesto, sabíamos qué hacer para darles una paliza. El equipo inglés no era malo, pero con el calor y tres goles en contra desde muy pronto, empezaron a bajar la cabeza. Seguramente, Finney era su mejor jugador, pero al final solo consiguió desmarcarse de Buzánszky una o dos veces. Estábamos más en forma y éramos más rápidos que ellos. En general, estábamos en mejor condición. A los húngaros les encantó.»

SEBES: «Teníamos que demostrar que el 3-6 anterior no había sido cuestión de suerte. A pesar de que los ingleses no nos dejaron entrenar en Wembley, nosotros les permitimos hacerlo en el Népstadion. Jugamos incluso mejor que en Londres. Ajusté ligeramente la táctica y los ingleses estaban perdidos. También éramos demasiado rápidos para ellos. Después del partido, Walter Winterbottom estaba muy deprimido.»

MERRICK: «No tenían defensa central, tal como lo conocemos nosotros, sino más bien tres medias puntas. Para los ingleses, un media punta es un jugador que sube y baja el centro del campo repartiendo balones. Pero los húngaros juegan de forma muy distinta en esa posición. Son atacantes sin más. Sus extremos están en las líneas de banda mientras la defensa está ocupada, pero en cuanto el balón sale hacia delante, los extremos empiezan a cambiar y uno de ellos avanza por el centro como si fuera un delantero. Los extremos, al igual que el resto del equipo, no mantienen la posesión del balón, sino que regatean. A diferencia de los ingleses, los extremos húngaros apenas mandan centros; de hecho, solo lanzaron uno en todo el partido (Merrick, 1954, págs. 93-94).»

OWEN: «Mi forma de enfrentarme a Hidegkuti fue intentar estudiar cada situación concreta y después decidir si le seguía o me quedaba donde estaba. Pero eran tan superiores a nosotros que no pudimos contenerlos. Tenían muchísima calidad, no solo en ataque, sino también en defensa. Todos tenían una gran habilidad y talento individual (K&S).»

FINNEY: «Seis o siete de ellos merecen estar entre los mejores del mundo, aunque su brillantez quedaba siempre eclipsada por la calidad general del equipo. Lo sentí por Syd Owen, que intentó frenar valientemente el ataque de Puskás, Kocsis e Hidegkuti. Qué experiencia más terrorífica para él en su segundo partido internacional (Finney, 1960, pág. 78).»

MERRICK: «Jamás en toda mi carrera en el fútbol profesional había sacado un balón siete veces de las mallas. En Budapest era imposible pensar en otra cosa que en goles. Cuando los húngaros marcaron tres veces en cuatro minutos y se pusieron 6-0 a mitad de la segunda parte, realmente me pregunté cómo de gigantesca sería la catástrofe que nos esperaba. Nuestra defensa, batida por la velocidad de los delanteros húngaros, con unos pases admirablemente precisos, fue incapaz de hacer nada al respecto (Merrick, 1954, pág. 91).»

FINNEY: «Ivor Broadis es muy gracioso. Recuerdo que, cuando se quitó las botas después del partido en Budapest, advirtió a todo el mundo: "No las toquéis a menos que llevéis guantes, están al rojo vivo. —Después añadió—: Es la primera vez que salgo de un terreno de juego con la lengua quemada por el sol" (Finney, 1960, págs. 78-79).»

Entre los reservas de Inglaterra se encontraba un joven Johnny Haynes.

HAYNES: «Gracias a Dios, solo estuve en el banquillo. Ese día no me habría gustado estar en el terreno de juego, porque nos machacaron. No estábamos acostumbrados al ritmo que marcaron, tanto con el balón como sin él. Todos eran muy rápidos. Llevaban tres años o más jugando juntos, y sabían perfectamente qué iba a hacer el resto de sus compañeros. Tenían un equipo increíblemente bueno (K&S).»

FINNEY: «Un equipo de brujos del fútbol que parecía capaz de leer la mente de sus compañeros hechizó, desasosegó y desconcertó a los ingleses. Fue lo más parecido a la telepatía que he visto en un terreno de juego y dudo que lo vuelva a ver en toda mi vida (Finney, 1960, pág. 78).»

Malcom Allison, que entonces jugaba en el West Ham, habló con Syd Owen en Inglaterra una semana después.

ALLISON: «Jugamos contra el Luton el sábado siguiente a la derrota de Inglaterra 7-1 y fui a estrechar la mano de Syd Owen antes del partido. Le pregunté: "¿Qué tal fue la experiencia de enfrentarse a los húngaros?". A lo que respondió: "Fue como jugar contra extraterrestres" (K&S).»

Preliminares del Mundial

PUSKÁS: «Habíamos hecho algunos buenos partidos en la preparación del Mundial. No estábamos preocupados y sabía que, si las cosas se ponían feas, responderíamos. Algunos observadores dijeron que conforme se acercaba el Mundial notaron cierto miedo en el equipo. Quizás estuviéramos algo nerviosos, se esperaba mucho de nosotros.»

SEBES: «Durante la competición nos alojamos en el Krone Hotel de Solothurn, cerca de Berna. Márton Bukovi, mi ayudante, se ocupaba de observar los entrenamientos y los partidos de los oponentes. Antes de que empezara el Mundial hubo un congreso de representantes de las Asociaciones Europeas de Fútbol en el que se fundó la UEFA y la Copa de Campeones de Europa.»

PUSKÁS: «Nuestro primer partido en Suiza fue uno de calentamiento contra Luxemburgo: ganamos 10-0. En el partido inaugural del Mundial vencimos 9-0 a Corea del Sur. Por supuesto, no sabíamos nada de ellos. Por entonces acababan de empezar en el fútbol mundial (ahora son mucho mejores) y no tuvieron ninguna oportunidad.»

A pesar de que la guerra de Corea había acabado el año anterior, en 1954 no había vuelos que salieran de Corea. Los futbolistas tuvieron que sufrir seis días de calvario en carretera, tren y barco para llegar a Suiza. La mitad del equipo hizo escala en Tokio y voló a Europa en un avión militar estadounidense en el que a los pequeños coreanos, sentados en asientos pensados para la tropa aerotransportada estadounidense, les colgaban las piernas como si fueran niños. Con menos de un día de descanso se enfrentaron a los húngaros: a los veinte minutos de empezado el partido, la mitad del equipo tenía calambres.

PUSKÁS: «El siguiente partido fue contra Alemania Federal y les ganamos 8-3 con facilidad. Si se suma el encuentro contra Inglaterra en Budapest, habíamos marcado treinta y cuatro goles en cuatro partidos. En el partido contra Alemania me lesioné y me perdí los dos siguientes, contra Brasil y Uruguay, que ganamos 4-2 en ambas ocasiones. No es que el partido contra Alemania fuera especialmente duro (de hecho, fue más bien un amistoso, pues no ofrecieron mucha resistencia), pero Leibrich (un defensa alemán) me entró por detrás, se me torció la pierna y tuve que retirarme. Creo que íbamos 6-1 y acabamos con diez jugadores. No estaba nada contento. Recuerdo que en el vestuario el médico del equipo (László Kreisz) me movió la pierna de un lado para otro y dijo: "Ponte agua fría; si la mueves, no se curará".»

SEBES: «Había cincuenta mil aficionados alemanes animando a su equipo, pero el árbitro no debería de haber permitido las faltas de Leibrich sobre Puskás. La primera fue en el área, pero después no se contuvo: la tercera fue muy agresiva y dejó a nuestro capitán lesionado, con un tobillo hinchado.»

La victoria húngara sobre Alemania Federal, que no era en absoluto favorita para ganar la competición, no sorprendió a nadie. Pero Sepp Herberger, entrenador de la selección alemana, que no era cabeza de serie, tenía otra idea *in mente*, tal como recuerda su ayudante (y, posteriormente, sucesor) Helmut Schoen.

SCHOEN: «Se esperaba que Hungría ganara en 1954. En Alemania también se pensaba así. Era sin duda el mejor equipo, pero cuando Alemania jugó en la primera ronda, Sepp Herberger se dio cuenta de que podía clasificarse para los cuartos de final, incluso aun perdiendo contra Hungría, por lo que deliberadamente no sacó a su mejor equipo contra los húngaros. Fue una decisión muy inteligente porque él sí sabía la formación y puntos fuertes de los húngaros, pero Sebes no sabría la formación del equipo alemán en la final (Miller, 1981, pág. 39).»

La batalla de Berna

En el partido de cuartos de final contra Brasil, con Puskás lesionado, Sebes colocó a Czibor como interior izquierdo y a los dos Tóth (József y Mihály) en las bandas. Se expulsó a tres jugadores, dos de ellos brasileños, en un violento partido arbitrado por el inglés Arthur Ellis y presenciado por el periodista y escritor Brian Glanville.

GLANVILLE: «En los cuartos de final, Hungría se enfrentó a Brasil en un partido que estaba destinado a ser notorio. Siempre se culpó a Brasil por la «batalla de Berna», tal como se la llamó. Suyos fueron los primeros excesos en el terreno de juego; suya, la vergonzosa y brutal invasión del vestuario húngaro después del partido (Glanville, 1973, pág. 93).»

ELLIS: «Tras tener tiempo para reflexionar durante todos estos años, he llegado a la conclusión de que la «batalla de Berna» fue un enfrentamiento político y religioso. La política de los comunistas húngaros y la religión de los católicos brasileños. En ese momento, me hirvió la sangre: no porque una brasileña escupiera en una de las ventanillas de mi coche o me recibieran con gritos de "¡Comunista!". Por desgracia, el comité disciplinario de la FIFA malogró el principio del arbitraje al no tomar medidas contra los dos jugadores brasileños y el húngaro que fueron expulsados y dejar los expedientes en manos de las respectivas federaciones de fútbol (Ellis, 1962, págs. 156-157).»

Los húngaros se adelantaron a los tres minutos con un gol de Hidegkuti; Kocsis consiguió el segundo al poco tiempo. Pero Djalma Santos marcó un penalti y consiguió volver a meter a Brasil en el partido.

PUSKÁS: «Tuve que ver el partido desde las gradas, pero el equipo jugó de maravilla contra Brasil. A los diez minutos, ya íbamos 2-0; los brasileños perdieron ligeramente la cabeza. Acabó siendo un encuentro duro que exigió mucha habilidad.»

En la segunda parte, hubo momentos en los que se mostró un comportamiento inaceptable. Un penalti lanzado por Lantos puso a los húngaros 3-1, pero los brasileños se repusieron gracias a un maravilloso y prolongado regate de Julinho que acabó en gol. Bozsik respondió a una entrada de Nilton Santos y los dos jugadores fueron expulsados. Kocsis marcó el 4-2 en el último minuto, aunque aún hubo tiempo para que se expulsara al interior izquierdo brasileño Humberto Tozzi por golpear a Lóránt. Los últimos instantes del partido fueron una auténtica batalla campal.

SEBES: «Fue una batalla, un partido brutal y salvaje. El extremo brasileño Maurinho pisó la pierna de József Tóth y le desgarró un músculo. Se la vendamos, pero en realidad era un lesionado que podía caminar. Santos le dio una patada y golpeó a Bozsik; los expulsaron a los dos. El partido acabó 4-2, pero aquel no fue el final. Algunos fotógrafos y aficionados brasileños invadieron el terreno de juego y la policía tuvo que intervenir para despejarlo. Maurinho y Buzánszky se enzarzaron en el túnel y se produjo una pelea en el pasillo que llevaba a los vestuarios. Todo el mundo intervino, aficionados, jugadores y delegados. A mí me golpearon en la cara con una botella y tuvieron que darme cuatro puntos.»

El árbitro del Mundial Mervyn Griffiths presenció algunos de esos enfrentamientos desde la grada.

GRIFFITHS: «En cuanto se pitó el final del partido, llegó el caos. Los reservas y los entrenadores brasileños saltaron al campo y la poca policía que había parecía incapaz de detener las peleas. Vi que a un policía le daban una patada por detrás, pero no hizo nada. Lo peor comenzó en el túnel de vestuarios, en el que se utilizaron botellas rotas y botas de fútbol como armas (Griffiths, 1958, pág. 76).»

Corrió el rumor de que Puskás había golpeado en la cara con una botella al defensa central Pinheiro.

PUSKÁS: «El verdadero problema comenzó después del partido. Dos jugadores empezaron a pelearse en el túnel y el brasileño se llevó la peor parte. Al poco, todo el equipo brasileño se puso en pie de guerra y se produjeron unos terribles enfrentamientos. Se rompieron bombillas. Golpearon con una botella a Sebes (¿o fue un sifón?) y le hicieron un corte en la ceja; yo agarré a uno de los brasileños y lo saqué del vestuario. Estaba aterrorizado y le dejé ir. No creo que aquel incidente durara más de tres o cuatro minutos, pero fue muy desagradable».

La semifinal

Puskás: «En la semifinal contra Uruguay, jugaron Hidegkuti y Palotás. Nuestro equipo estaba un poco magullado y solo había podido descansar tres días después del partido contra Brasil. Tuvimos que jugar una prórroga, pero ganamos 4-2.»

Fue un encuentro mucho más civilizado que el anterior y el nivel de juego impresionó al galés Griffiths, que arbitró el partido; el escocés de esperanzador apellido Charlie Faultless (Intachable) actuó como uno de los jueces de línea. En el equipo húngaro, Budai ocupó el puesto del lesionado József Tóth; Palotás salió en vez de su hermano Mihály Tóth. Kocsis fue la estrella del partido y marcó dos goles de cabeza en la prórroga. (De hecho, Kocsis fue elegido mejor jugador del Mundial de 1954).

Griffiths: «Los periodistas lo describieron como el mejor partido de fútbol nunca visto y ¿quién soy yo para contradecirlos? En cuanto comenzó, presenciamos un excelente juego por parte de ambas selecciones. Y una temprana falta de un húngaro me dio la oportunidad de demostrar que no iba a tolerar ninguna tontería. A partir de ese momento, no se produjo ningún incidente que nadie pudiera objetar. En el partido hubo de todo: espléndidas carreras individuales, excelentes pases y maravillosas paradas de ambos porteros.

»En los últimos minutos y con Hungría ganando 2-1 presenciamos una escena que raramente se ve en un terreno de juego. Un uruguayo (Hohberg) marcó el gol del empate y, a pesar de que no había ningún jugador cerca de él, cayó al suelo. Evidentemente, la emoción de haber conseguido ese gol fundamental fue demasiado para él y se desmayó. Cuando señalé el final del encuentro todavía le estaban asistiendo, pero cuando comenzó la prórroga pudo jugar con el resto del equipo (Griffiths, 1958, pág. 77).»

Sebes: «A los noventa minutos, la moral del equipo estaba por los suelos. Habíamos logrado 2-0 hasta los últimos quince minutos y nos costaba entender que tendríamos que jugar una prórroga. Hice todo lo que pude por animarlos. Le dije a Palotás que jugara más adelantado y atravesara el terreno de juego mientras Hidegkuti subía y bajaba. Schiaffino era el mejor jugador de Uruguay y casi adelantó a su equipo nada más reanudar el partido. Mándi, mi ayudante, que estaba a mi lado en el banquillo, palideció. De habernos puesto por detrás, seguramente no nos habríamos recuperado.

»Después llegó nuestro momento. En la segunda parte, Budai centró y Kocsis marcó de cabeza. Cinco minutos después, Bozsik lanzó un balón alto a la cabeza de Kocsis, que remató a la red. Y se acabó. Fue muy diferente al partido contra Brasil. El capitán uruguayo vino a los vestuarios para estrecharnos la mano y felicitarnos. Aquel gesto nos sorprendió, eran verdaderos deportistas.»

PUSKÁS: «Ese día, en las gradas, me enorgulleció la actuación del equipo. Mostraron un gran coraje contra los uruguayos.»

La final: Hungría 2, Alemania Federal 3

Puskás no había jugado desde el primer encuentro contra Alemania.

GLANVILLE: «La gran pregunta antes de la final era si jugaría Puskás. Los periodistas dijeron: "Lo hará. No lo hará. Cojea. No puede hacerlo. El especialista ha dicho que había un cincuenta por ciento de posibilidades. El tobillo está mejor, pero no se recuperará a tiempo. La electroterapia ha fallado, el masaje bajo el agua propuesto por los alemanes se ha rechazado". Sin embargo, sí que jugó (Glanville, 1973, pág. 100).»

PUSKÁS: «Ansiaba estar en forma para la final. Recibí innumerables cartas y telegramas de amigos que me deseaban una pronta recuperación. Tuve que sentarme en las gradas con los dedos cruzados y me alegré de que siguieran jugando tan bien. Me examinaban la pierna dos veces diarias, pero hasta tres o cuatro días antes de la final no conseguí moverla adecuadamente y pude entrenar un poco. La víspera del partido, los médicos determinaron que podía jugar y Sebes me hizo una prueba de estado físico. Pero todo el mundo se daba cuenta de que mi pierna estaba bien. En aquel partido, que acabó siendo desafortunado para nosotros, no fui el jugador más débil. Fue contra Alemania de nuevo, a la que habíamos derrotado fácilmente en la primera ronda. Al final perdimos porque nos olvidamos de que un partido dura noventa minutos.»

Sebes: «Antes de la final, el médico, otros entrenadores y yo mismo decidimos que Puskás debería jugar. Desde su lesión, dos jugadores habían marcado a Kocsis en cada partido y sabía que Puskás atraería parte de esa atención. Me gustaba tener a Puskás, Kocsis e Hidegkuti en el centro, pero no estaba seguro de las bandas. Después de la semifinal, Budai, el extremo derecho, parecía extenuado, y József Tóth seguía lesionado. Al final decidí que Czibor jugara en la banda derecha; Mihály Tóth en la izquierda. Czibor no había jugado nunca en esa posición con la selección, pero en el Komáron solía jugar de extremo, muy pegado a la banda derecha. Quería que mantuviera ocupado a Kohlmeyer en la defensa alemana y creara espacios para que Puskás y Kocsis causaran estragos. Le dije a Hidegkuti que jugara retrasado, junto con Tóth, para que hubiera cobertura defensiva. Todo el mundo se alegró de que Puskás volviera a jugar.

»Sin embargo, la noche anterior al partido, fue espantosa. Se celebró la competición nacional de bandas de música y hubo desfiles hasta las dos de la mañana justo enfrente del hotel. El día de la final después del almuerzo, cuando los jugadores buscan dormir una hora si pueden, volvieron a tocar.

»Después llovió. Llovió todo el día anterior a la final, y torrencialmente en la segunda parte del partido. El campo estaba blando, embarrado y era agotador para los jugadores. Al principio no pudimos ni entrar en el estadio. Cuando llegamos, la zona estaba acordonada por la policía. El autobús alemán acababa de pasar unos minutos antes, pero a nosotros no se nos permitió y tuvimos que aparcar fuera y atravesar andando entre la multitud. Estaba furioso; eso fue antes de que un policía me pegara con la culata del fusil cuando intenté explicarle que éramos el equipo húngaro y que teníamos que jugar la final.»

Puskás: «Ese día jugamos con Czibor en el ala derecha porque creíamos que Kohlmeyer, el lateral izquierdo alemán, era muy lento. No tardamos en ponernos por delante con dos goles en la primera parte. Tuvimos al menos otra media docena de oportunidades claras de marcar, pero fallamos. Después nos relajamos e intentamos jugar en el centro del campo para parar el ritmo y cansar a los alemanes. Jugábamos con Hidegkuti retrasado, como siempre y, a pesar de que los alemanes (al igual que los ingleses) utilizaban la formación clásica «WM», nuestra táctica no tuvo el mismo efecto devastador que había tenido en Wembley. Los alemanes habían filmado el partido en que quedamos 3-6 y, evidentemente, lo habían estudiado a conciencia, ya que parecían saber a la perfección qué íbamos a hacer. Además, después de la serie de victorias que habíamos tenido (36 partidos internacionales, con 32 victorias y cuatro empates), habíamos aparecido en la prensa mundial y todo el mundo nos conocía y quería vencernos.»

Sebes: «Solo había cinco jugadores del equipo alemán que habíamos derrotado 8-3 un par de semanas antes. Empezamos bien y marcamos dos goles rápidamente, pero el equipo se puso muy nervioso cuando un pase hacia atrás de Zakariás permitió que nos metieran un gol. Durante el descanso, todo el mundo se quejaba del árbitro. [El inglés Bill Ling también había arbitrado el primer partido contra Alemania].»

Treinta mil alemanes habían cruzado la frontera suiza para apoyar a su equipo, mientras que a la mayoría de los húngaros no se les permitía viajar al extranjero.

Puskás: «Entre el público no había muchos aficionados húngaros, la mayoría eran alemanes o neutrales, pero cuando oímos corear a los alemanes "Adelante, Alemania", nuestros seguidores respondieron con la misma moneda. A ese nivel, cuando un equipo se adelanta pronto en el marcador hay que rebajar la intensidad y dosificar las fuerzas. Habíamos tenido varios partidos duros hasta la final, sobre todo contra Brasil y Uruguay. Los alemanes lo habían tenido más fácil. Tras el chaparrón (que no favoreció en absoluto nuestro juego), el campo se volvió muy lento y se embarró. Permitimos que nos marcaran dos goles ridículos: el primero cuando Zakariás intentó pasarle el balón hacia atrás a Grosics, nuestro portero, y el balón se quedó parado en un charco. Grosics y Lóránt dudaron sobre quién tenía que despejar el balón y Rahn marcó a cinco metros de distancia.»

En la segunda parte, los húngaros hicieron todo lo que pudieron para recuperar la ventaja. Hidegkuti tiró un balón al poste; Kocsis, al larguero; Kohlmeyer salvó un balón en la línea, y Turek, el portero alemán, hizo una inspirada y espectacular serie de paradas. Cuando solo faltaban seis minutos, Rahn marcó su segundo gol, un potente disparo que adquirió velocidad sobre el campo mojado. Los húngaros atacaron con mayor ímpetu: a solo dos minutos del final, creyeron que habían igualado el marcador.

Puskás: «Marqué el gol del empate en el último momento, pero Griffiths, el juez de línea galés que había arbitrado el partido contra Uruguay, lo anuló por fuera de juego, a pesar de que el árbitro inglés, Bill Ling, lo había dado por bueno. Cuando levantó la bandera, ya estábamos en el círculo central. No se lo perdonaré jamás. No protestamos (al menos en el terreno de juego) y los alemanes ganaron. Agachamos la cabeza. ¿Qué íbamos a hacer? No podíamos pegarle al juez de línea, eso seguro, pero yo estaba muy enfadado.»

Griffiths: «Cuando el tiempo se agotaba, Hungría luchó desesperadamente por empatar. Marcaron, pero como había levantado la bandera por fuera de juego, el gol no subió al marcador. Puskás se me acercó y me lanzó una mirada asesina (Griffiths, 1958, pág. 79).»

Puskás: «Nos lo merecimos. No deberíamos de habernos relajado cuando ganábamos por dos goles; tendríamos que haber presionado para marcar el tercero y finiquitar el encuentro. La derrota no tuvo que ver con nuestro entrenamiento o preparación. Fue culpa nuestra: creímos que habíamos ganado el partido, concedimos dos goles ridículos y les dejamos que volvieran a entrar en el partido.»

»Mi forma física no decayó, ni siquiera por el barro; marqué un gol y el que anularon al final. No podía creer que se señalara fuera de juego, como tampoco lo creyeron millones de personas cuando lo vieron. El juez de línea levantó el banderín casi un minuto después de la jugada; creímos que volvíamos a tener posibilidades. Lo habría matado, fue uno de los peores momentos en mi carrera y nos sentó fatal a todos. Perder el Mundial por una decisión así no era justo. Algunos compañeros pensaron si habría alguna mano negra detrás, pero finalmente perdoné al juez de línea y le estreché la mano cuando lo vi en Inglaterra unos años después.»

SEBES: «En los noventa minutos, los alemanes tiraron ocho veces y marcaron tres goles; nosotros tiramos veinticinco y marcamos dos y otro que anularon. ¿No es extraño que siempre tengamos árbitros británicos?»

GROSICS: «Tuve (y todavía la tengo) una enorme sensación de pérdida; de que algo se había ido de mi vida, algo que no he recuperado en las décadas siguientes. Incluso ahora, cuando me preguntan por esos años con el Equipo Dorado, siempre lo tengo presente. Y no podemos hacer nada al respecto. No podemos volver a jugar ese partido para demostrar que éramos mejores. Ese día nos ganaron; con ello quizá pusieron en evidencia cierto engreimiento oculto en el equipo que nunca se había manifestado. Cuando nos marcaron el segundo gol en el minuto ocho, pensamos que todo había acabado.

»El partido lo perdimos nosotros, no lo ganaron los alemanes. Fue el día más triste del fútbol húngaro. Hizo añicos el mito (nuestro legendario estatus) y ni los expertos ni el público en sus casas podían aceptarlo. Han pasado más de cuarenta años, pero si alguien me despertara mañana y me recordara ese partido, me echaría a llorar (K&S).»

7

Secuela

«Si no hay amistad, no es fútbol.»

La derrota en el Mundial provocó una minirrevuelta en Budapest, un pequeño ensayo general de lo que sucedería quince meses después. Nadie esperaba que el resultado de la selección tuviera semejante impacto, pero casi nadie se había planteado la posibilidad de que Hungría perdiera, y mucho menos contra Alemania Federal.

SEBES: «De vuelta a casa, estábamos muy nerviosos, pero hicimos todo lo posible por disimular y los jugadores se comportaron con disciplina y deportividad. Si nos hubiera ganado un equipo mejor, no me habría importado quedar en segundo lugar, pero la verdad es que no creía que la derrota exaltara a los húngaros tanto como a los brasileños. Si alguien me hubiera dicho en Suiza lo que iba a encontrar a la vuelta, no le habría creído. Se me culpó de poner demasiadas excusas y hacer una mala selección del equipo. Tengo unos recuerdos muy tristes y dolorosos del regreso. Todo el mundo esperaba que ganáramos, y eso suponía una pesada carga para los jugadores.»

BARCS: «En ese momento había caído en desgracia y no me permitieron asistir al Mundial. Tuve que quedarme en casa y oír a Szepesi en la radio. Cuando perdimos había hombres hechos y derechos llorando en mitad de la calle. Yo era uno de ellos.»

SEBES: «No sabíamos nada de lo que estaba pasando en Budapest. Pero vimos que tras quedar en tercer lugar, treinta mil aficionados esperaban el regreso de la selección austriaca, nuestro gran rival. En la estación de Viena, los aclamó una gran multitud. Pensaba que no habría ninguna delegación oficial esperándonos en la frontera, pero la había. Nos dijeron que no volviéramos a Budapest, sino que fuéramos a un campo de entrenamiento en Tata para cenar con un grupo de representantes gubernamentales. Sabía que los jugadores estaban deseando llegar a casa y ver a sus familias.»

BARCS: «Me enviaron a Viena para acompañarlos en el viaje de vuelta, no era lo suficientemente bueno como para ir a Suiza, pero sí para ser una «víctima». Hubo gente que pensó que alguno de los jugadores podría desertar.»

SZEPESI: «En la frontera húngara nos esperaba Zoltán Vas (un alto funcionario). Nos llevaron a todos al campo de entrenamiento de Tata, jugadores, entrenadores y periodistas como yo. En el campo nos esperaban Rákosi y Farkas. Nos ofrecieron una lúgubre cena y un corto discurso de Rákosi. Todo el mundo estaba absolutamente decaído.»

SEBES: «En la mesa, el ministro del Interior se sentó a mi lado. En un momento dado, dijo: "¿Está nervioso? No se preocupe, defenderemos a su familia y a su casa de los ataques". Cuando me dijo que había habido manifestaciones en todo el país y sobre todo en la capital, que se habían convertido en disturbios contra el Gobierno, con miles de personas frente a las oficinas de *Népsport* y la oficina de prensa del partido, se me hizo un nudo en el estómago.»

VÁNDOR: «Hungría jamás se había sentido tan decepcionada en toda su historia. No eran solo los aficionados al fútbol, todo el país parecía al borde del colapso por el peso de la derrota. Si hubieran ganado, de haber querido, Puskás podría haber sido primer ministro. En vez de ello, se le echó parte de la culpa. Por la noche, la multitud empezó a volcar tranvías en el centro de Budapest.»

SZEPESI: «Pusieron vigilancia en mi piso durante unos días. Se acusó a los jugadores de haber recibido dinero por perder.»

PUSKÁS: «El equipo no mereció lo que pasó en Hungría después. El país parecía un funeral. Hubo grandes aglomeraciones para despedirnos cuando fuimos a Suiza, pero pocas personas vinieron a recibirnos. El aficionado medio húngaro no sabía mucho de fútbol internacional. Pensaban que íbamos a ganar forzosamente el Mundial, aunque Sebes siempre intentó hacer hincapié en que la victoria no estaba garantizada. La prensa húngara tampoco alivió la situación, pero después de cuatro años sin derrotas era natural que todo el mundo pensara que ganaríamos.

»Tras la final, nuestros seguidores se unieron al coro de la decepción e hice todo lo que pude por no prestar atención; si no, me habría vuelto loco. Corrieron innumerables rumores e invenciones paranoicas: que habíamos vendido el partido por un Mercedes para cada uno y cosas así (en la actualidad, todavía hay gente que lo cree). ¿Cómo puede nadie pensar que un equipo puede vender la final de un Mundial? Los jóvenes y los borrachos intentaban provocarnos en público. Cuando todo va bien, cantan; cuando va mal, insultan. Lo habíamos experimentado en otras situaciones, pero jamás de forma tan dolorosa.»

SEBES: «Durante las semanas posteriores me insultaron en público y recibí cartas amenazantes. Al principio, intenté explicarme enviando cartas, pero fue inútil. Al menos, la prensa fue más razonable.»

PUSKÁS: «La policía y los militares nos pidieron que no saliéramos en unos cuantos días hasta que la situación se calmara un poco, así que no nos dejamos ver. Era como si nosotros también estuviéramos de luto, asimilando la derrota. Para ser sincero, todo fue caótico durante un tiempo, pero enseguida las aguas volvieron a su cauce. En Hungría, las cosas solo duran hasta que la gente se desahoga.

»Mi lesión (y la decisión de que me sacaran en la final) causó revuelo. Hubo quien dijo que no debería de haber jugado, que pedí salir solo para asegurarme de que levantaría la copa. No era verdad. Si no les hubiera demostrado que estaba en forma al médico y a los entrenadores, no me habrían dejado jugar. Pero ¿qué vas a decir? No tiene sentido discutir con gente que está convencida de que lo sabe todo. Lo más extraño no es que perdiéramos un partido, sino que lográramos ganar tantos. La verdad es que ese día en el equipo había un par de lesionados y todos estábamos cansados. Cuando cayó la lluvia torrencial, las condiciones de juego cambiaron radicalmente y siempre hay a quien le va mejor ese tipo de terreno. Los alemanes parecían fortalecerse en el campo mojado. No deberíamos de habérselo puesto fácil después de ir dos goles por delante. Cuando se adelantaron, nos resultó muy difícil volver a entrar en el partido.»

Szepesi: «Creo que Sebes necesitaba que Puskás jugara en la final y no fue culpa del jugador que perdiéramos. Puede que hubiera un problema en que el entrenador, el médico y los preparadores solo estuvieran preocupados por la forma física de Puskás y si debería o no jugar. Quizá se olvidaron del estado de los demás. Llegué al campo de entrenamiento el miércoles por la noche. El jueves no hubo entrenamiento y el viernes solo uno muy suave. El sábado se dedicó a ver cómo Puskás probaba la pierna. Creo que fue un error poner a Czibor por la derecha, tendría que haber estado Budai.»

Barcs: «La gente dijo que había sido Puskás y no Sebes el que había elegido la banda. En la derecha tendría que haber jugado Sándor, el extremo del MTK, en vez de Czibor.»

Vándor: «Hubo quien pensó que a Puskás solo le preocupaba levantar la copa. Pocos lo dijeron en público, pero esa idea flotaba en el ambiente. La verdad es que marcó un gol, le anularon otro y no fue el peor jugador húngaro ese día. Pero corrieron todo tipo de desaforados rumores: que habían estado bebiendo y con mujeres antes del partido y cosas así. Y hubo gente que pensó que Puskás estaba tan a cargo del equipo como Sebes.»

Tras el Mundial, Puskás fue objeto de continuos abucheos

en los partidos fuera de casa del Honvéd, hasta el punto de que en uno de ellos abandonó el terreno de juego (simplemente se fue) en señal de protesta (un incidente que no apareció en la prensa húngara). Como era de esperar, los peores insultos los recibió de los aficionados del Ferencváros; Kálmán Vándor recuerda que en una ocasión Puskás se bajó los pantalones como respuesta a los silbidos. El Honvéd lo retiró durante unos cuantos partidos para evitar problemas, al igual que Sebes, aunque insistió en que Puskás seguía jugando bien, pero que podía perder la seguridad en sí mismo debido a esos insultos. Grosics, que tenía antecedentes de ser una persona «poco de fiar» en política, tuvo problemas mucho más graves.

Arresto de Grosics

GROSICS: «Pocos meses después del Mundial, en noviembre de 1954, me arrestaron por segunda vez como sospechoso de espionaje y traición. Pocos minutos antes del comienzo de un partido de liga (estaba calentando en el terreno de juego), recibí el aviso de que tenía que volver al vestuario, donde se me dijo, sin ningún tipo de explicación, que ya no podía jugar al fútbol en Hungría.

»Sigo sin saber quién me denunció a las autoridades. Pasaron dos meses hasta que me comunicaron los cargos. Se me "investigó"» durante quince meses y en dos ocasiones se me llevó a Fö Utca, la calle en la que se hallaba el centro de interrogatorios y la cárcel de la AVH. Allí había otros "sospechosos"; nunca se sabía si alguien te iba a acusar para salvar el pellejo.

»Fue una experiencia terrible y aterradora. Nadie que no haya vivido esa época podría entenderla. En aquellos tiempos, se hacían «juicios farsa», se forzaban las confesiones y se hacían ejecuciones sumarias. Si quería, la AVH podía matarte a golpes y nadie se enteraba. El miedo durante los interrogatorios (incluso cuando no se recibían malos tratos físicos) era horroroso.

»Ni que decir tiene que no se me permitió jugar al fútbol durante ese periodo de tiempo. De hecho, ni siquiera podía entrar en un campo de fútbol. Pero al cabo de quince meses se me eximió oficialmente de toda sospecha con la escasamente entusiasta frase de: «Falta de pruebas». Cuando volvieron a seleccionarme, me había perdido veintitrés partidos internacionales. Un mes después de la exoneración, siguiendo órdenes de los jefes políticos, se me comunicó (sin consultarme) que entraría en el club de mineros Tatabánya, donde permanecí siete años. Para mí era un exilio, pero con el tiempo disfruté de la compañía de sus habitantes y agradecí el sencillo calor humano que me procuraron después de lo que había pasado. Mi familia tuvo que permanecer en Budapest, por lo que hacía continuos viajes de ida y vuelta para verles.»

VÁNDOR: «Después de Puskás, Grosics era el más bocazas. Para los tiempos en los que vivíamos, hablaba mucho. Criticaba abiertamente al régimen y eso acarreaba problemas. Por eso se le «desterró» a Tatabánya.»

En esa ocasión, ni Puskás ni Sebes pudieron cambiar la decisión de las autoridades. La estrella de ambos estaba debilitándose y sus conexiones políticas agotándose.

GROSICS: «Durante mi arresto me evitaron incluso mis mejores amigos. No me resultaba fácil ponerme en contacto con nadie. Mi casa estaba vigilada y nadie se atrevía a acercarse a ella. Estuve prácticamente bajo arresto domiciliario durante quince meses. No podía salir de Budapest. No podía recurrir a nadie. Creo que algunos jugadores intentaron interceder por mí, pero la AVH les advirtió que no era asunto suyo. Sigo creyendo que me delató uno de los jugadores, seguramente como alguien que se relacionaba demasiado fácilmente durante los viajes al extranjero. Fueron tiempos terribles, difíciles de resistir.»

Consecuencias para Puskás y Sebes

PUSKÁS: «Perder el Mundial (el primer partido que habíamos perdido en cuatro años) fue una experiencia traumática. Algunos compañeros estaban muy deprimidos, pero ese equipo tenía gran capacidad de recuperación y, tras un par de cambios, nos repusimos y tuvimos otra buena racha de dieciocho partidos consecutivos sin perder. Aquello hizo callar a los que habían protestado y muy pronto empezamos a jugar como siempre, ante cien mil entregados aficionados en el Népstadion. La gente es muy rara y no le gusta admitirlo.

»Recobramos la seguridad y la confianza, y llevamos una vida tranquila por un tiempo. Mantuvimos los experimentos tácticos, cambiando de posición constantemente y siendo muy fluidos. Incluso los pequeños ajustes podían operar grandes cambios y plantear nuevos problemas a nuestros oponentes. Que Hidegkuti jugara retrasado fue nuestra mayor innovación táctica (la que pilló totalmente desprevenidos a los ingleses), aunque se redujo a atrasar la posición del nueve unos diez metros, la verdad es que fue algo muy sencillo. Continuamos experimentando con esas formaciones tácticas en prácticamente todos los partidos.»

Pero la situación nunca volvió a ser como antes. Puskás intentó atenuar el recuerdo de esos aciagos días de 1954-55 viéndolo como algo que pasó rápidamente y se olvidó pronto. Pero si se le presionaba, confesaba que durante los meses siguientes a la derrota en el Mundial, en Budapest había un ambiente absolutamente vengativo, en especial contra Sebes.

PUSKÁS: «Todo el mundo intentaba encontrar a alguien a quien echar la culpa. En la calle me miraban como si estuviera enfermo. Hay mucho idiota, ¿verdad? Sebes se llevó la peor parte, porque era el más vulnerable. Nosotros solo éramos jugadores, pero él era el mánager. Mucha gente se ensañó con él y eso le dolió. En unas semanas envejecimos años. Durante un tiempo nos tuvieron que proteger en público y teníamos que llevar un par de policías para que cuidaran de nosotros. Si no hay amistad, no es fútbol.»

TICHY: «La derrota en el Mundial fue muy traumática para Sebes. En ocasiones, se le veía al borde de la desesperación y las heridas mentales le dejaron cicatrices. Además, a su hijo le dieron una paliza en el colegio.»

Partidos contra Escocia y Honvéd contra Wolves

En diciembre de 1954, la selección húngara jugó contra Escocia en Hampden Park. Los escoceses se tomaron el partido muy en serio, ansiosos por hacer un mejor papel que los ingleses. Escocia jugó tres partidos de entrenamiento contra equipos del país para preparar su encuentro contra la selección de Hungría, a la que todo el mundo seguía como la mejor del mundo. Como siempre, los húngaros empezaron bien y marcaron dos goles en la primera media hora. Al acabar la primera parte, iban 1-3. En la segunda mitad, los escoceses se esforzaron a conciencia y más tarde se les criticó por sus «duras entradas», en especial la de Lawrie Reilly sobre el jugador que había sustituido a Grosics, el portero Faragó. Lo dejó sin sentido.

PUSKÁS: «Cuando nos enfrentamos a ellos ese año, nos sorprendió lo duro que jugaban los escoceses. No eran jugadores técnicos en absoluto, aunque ponían un gran entusiasmo y lo daban todo. Tuvimos dos enfrentamientos muy duros, pero les ganamos 2-4 y 3-1 en el partido de vuelta en Budapest.»

Pocos días después del partido en Escocia, el Honvéd jugó contra el Wolves, cuyo mánager era Stan Cullis (hizo los deberes e inundó el terreno de juego). Al igual que pasó en la final del Mundial, los húngaros se adelantaron, pero perdieron 3-2.

PUSKÁS: «Como siempre, cuando llegamos con el Honvéd, en Inglaterra llovía. El terreno de juego del Molineux estaba totalmente empapado y, a pesar de que ganábamos por dos goles, el Wolves consiguió empatar en la segunda parte y ganó gracias a un dudoso penalti cuando el partido se estaba acabando. ¿Saben quién fue el árbitro de ese encuentro? El mismo juez de línea galés que nos anuló el gol del empate en la final del Mundial. A pesar de todo, me alegré de ver a Billy Wright. [Los recuerdos de Puskás de ese partido son erróneos. Con aquel penalti, los Wolves empataron el encuentro (lo marcó Johnny Hancock) y el árbitro fue Reg Leafe, y no el «juez de línea galés», Mervyn Griffiths].»

El partido de vuelta contra Escocia se jugó en mayo de 1955. Los escoceses tuvieron muchos problemas para entrar en Hungría, estuvieron retenidos largo tiempo en la frontera y después el ejército los escoltó el resto del trayecto hasta Budapest. Al extremo izquierdo Billy Liddell, le sorprendió todo aquel lío.

LIDDELL:« Dos soldados vinieron con nosotros en el autobús y esperaron hasta que los agentes de aduanas revisaran nuestro equipaje al llegar a Budapest a eso de las nueve de la noche. La habitación del hotel en la que se llevó a cabo esa comprobación estaba decorada en color rojo y había fotografías y, por todas partes, bustos de líderes rusos de ese momento y antiguos. Antes del partido se nos invitó, junto con los jugadores húngaros, a una recepción en la embajada británica, en la que conocimos y charlamos (a través de intérpretes, claro está) con estrellas famosas como Ferenc Puskás, Nándor Hidegkuti, József Bozsik, Sándor Kocsis y otros. Al principio lo que más me sorprendió fue lo bien que vestían todos los jugadores húngaros, algo que destacaba aún más si se comparaba con la apagada vestimenta del ciudadano medio de la ciudad (Liddell, 1960, pág. 79).»

Los escoceses jugaron con más mérito que los ingleses el año anterior. Liddell falló un penalti en la segunda parte y su equipo presionó para rebajar la diferencia 3-1. Al final, los aficionados húngaros los vitorearon.

Evolución política

La situación política en Hungría se estaba deteriorando rápidamente. En marzo de 1955, el comité central denunció la política del nuevo rumbo de Imre Nagy y a las pocas semanas se destituyó al primer ministro de todos sus cargos en el partido. András Hegedüs sucedió a Nagy, pero los que lo controlaban todo seguían siendo Rákosi y sus seguidores ultraestalinistas.

En mayo se firmó el Pacto de Varsovia; Hungría fue uno de los miembros fundadores. Jrushchov y Bulganin fueron a Yugoslavia y admitieron que las alegaciones de Stalin contra Tito eran inventadas. Esa admisión amenazó la posición de Rákosi y otros partidarios de la línea dura en Hungría, porque habían estado implicados en la persecución (y ejecución) de personas como László Rajk y sus compañeros. Aquello había sucedido en 1949, durante el periodo de las complicadas intrigas de Stalin contra Tito después de la guerra, pero la viuda de Rajk seguía viva en Hungría y exigía justicia contra los que habían asesinado a su marido.

Se suprimía toda crítica pública contra Rákosi. A finales de 1955, se expulsó del partido a Nagy, el antiguo primer ministro. Con ello se frenó el proceso de desestalinización, que seguramente habría progresado más en Hungría que en la mayoría de los Estados de Europa del Este.

SEBES: «Después del Mundial saqué conclusiones y seguí buscando jóvenes talentos para reemplazar a algunos de los miembros de mayor edad del equipo [Fenyvesi sustituyó a Czibor en la banda izquierda, Zakariás cedió su puesto a Szojka o Kotász, y Várhidi entró por Lóránt]. Tenía que planearlo adecuadamente. El Equipo Dorado no se creó por casualidad. En 1955 empecé a preparar a conciencia el Mundial de 1958, pero reclutar a jóvenes no era fácil porque en la selección todos los jugadores se conocían bien; en ocasiones les molestaba que hubiera recién llegados.»

En mayo de 1955, el Equipo Dorado volvió a tener una buena racha y marcó treinta goles en cinco partidos (al mismo tiempo, Alemania Federal, campeona del mundo, jugó seis partidos, ganó dos y perdió cuatro). Pero los buenos resultados ya no bastaron para proteger a Sebes y a otros miembros del equipo.

SEBES: «Entre bastidores continuaron los ataques contra uno o dos jugadores y contra mí. Justo antes de salir hacia Suiza en otoño de 1955, el ministro de Deportes decidió que el seleccionador nacional no debía viajar siempre con el equipo y se designó a Sós Károly para que fuera a Suiza. Él se sentó en el banquillo y yo tuve que ver el partido desde las gradas.

»De forma gradual, el «colectivo» que había formado para dirigir la selección nacional se fue deshaciendo sistemáticamente. A finales de año, acudí a una sesión plenaria de la UEFA y se me eligió presidente de la comisión que supervisaría el desarrollo de un Campeonato de Europa de equipos nacionales. Pero cuando regresé a Budapest habían despedido a mi secretario y se había dispersado a los entrenadores que formaban el núcleo de mi "comité asesor"». Se envió a Pál Titkos a Egipto; a Gyula Mándi a Brasil y a Gusztav a Nigeria.

»También se suprimieron los antiguos "incentivos". El contrabando empezó a causar cada vez más dolores de cabeza. Encontré a uno de los jugadores arrestado en una comisaría de policía tres días antes de un partido contra Italia (que se jugó el 27 de noviembre de 1955 y en el que Hungría ganó 2-0). Grosics no estaba disponible y perdí a otro portero por cargos por contrabando. Czibor empezaba a ser cada vez más impredecible y tuvo una discusión sin sentido con Tichy en el viaje de regreso de una gira por Oriente Próximo. En ese momento, decidí que el brillante extremo, poseedor de un ritmo y toque fantásticos, no volvería a jugar nunca para mí. Me había hartado.»

En enero de 1956, el Honvéd hizo una gira por Egipto; el mes siguiente, Turquía venció a Hungría en Estambul 3-1. Aparte de la derrota en la final del Mundial, era la primera vez que perdía desde la primavera de 1950. Con todo, la derrota más devastadora se produjo unos meses después un día muy lluvioso de mayo en el que el Equipo Dorado perdió por primera vez en el Népstadion de Budapest 2-4 contra Checoslovaquia. Nunca jugaron bien con lluvia. Puskás sufría semejantes abucheos en Hungría que Sebes ni lo seleccionó para el partido.

SEBES: «Creo que los jugadores estaban cansados de la gira anterior. No me atreví a sacar a Puskás en el Népstadion porque le atacaban continuamente y yo tenía los nervios de punta. Habría sido una carga. El equipo empezaba a perder confianza. Poco antes creíamos que podíamos ganar todos los partidos.

»Se notaba una gran diferencia entre cómo nos trataban en casa y la bienvenida que nos brindaban en el extranjero. En Budapest se nos seguía atacando. Hubo quien dijo que se había propiciado el "culto a la personalidad" en el terreno de juego; que la atención se centraba siempre en Puskás,

Bozsik y Kocsis; que tenían residencia permanente en la selección nacional y que no se prestaba atención a los jóvenes. Pero no era verdad.

»En las fronteras se hacían controles exhaustivos a los jugadores. A veces se registraban sus casas sin motivo alguno. Los políticos estaban encantados de distraer la atención pública de sus privilegios. Al fin y al cabo, el contrabando estaba oficialmente autorizado, todo el mundo lo sabía. Pero solo se nos atacó por ello después de perder el Mundial.»

De todos los jugadores, el que se llevó la peor parte fue Puskás. Su influencia en la selección nacional (en tiempos considerada benéfica e inteligente) se juzgó agobiante, una señal de la debilidad de Sebes.

SEBES: «Puskás nunca intentó decirme a quién debía de elegir para el equipo, como mucho hablaba conmigo sobre la labor de algunos jugadores. Nunca discutimos sobre la selección porque sabía que siempre trabajaba por el bien del equipo. Incluso cuando era estricto con él, estaba seguro de que no le importaba. Había gente que decía que teníamos una relación "demasiado buena".

»Puskás no malgastaba saliva; cuando hablaba, merecía la pena escucharle. Sabía que tenía un puesto asegurado en el equipo y creo que eso le permitía relajarse mucho más que si no lo hubiera tenido. Eso sí, se preocupaba mucho por quién jugaba con él en el equipo, aunque no dudaba de mis decisiones.»

Problemas de peso de Puskás

A pesar de la continua lealtad de Sebes, el aspecto de Puskás se iba deteriorando (no era de extrañar teniendo en cuenta los ataques en público a los que se enfrentaba), además de su forma física y su movilidad. Tenía problemas para perder peso, pero era un jugador tan habilidoso y genial (capaz de marcar un buen ritmo en las distancias cortas), y estaba rodeado de jugadores igual de hábiles tan a menudo que podía permitirse tener barriga a temporadas. Pero conforme empezó a envejecer sin que su apetito disminuyera, y sobre todo ante la mirada crítica del pueblo húngaro después de 1954, cada vez era más evidente que se consentía en exceso. El periodista deportivo Kálmán Vándor recordó:

Vándor: «Cuando era joven, no tenía fama de beber y comer demasiado. Empezó a hacerlo en la década de los cincuenta, después de las victorias del Equipo Dorado en los Juegos Olímpicos y contra Inglaterra e Italia. Supongo que pensó que como era una gran estrella podía hacer lo que quisiera. Con todo, la bebida no era el mayor problema. Quizás en ocasiones bebía más de lo que debería hacerlo un deportista, pero nunca se emborrachaba. Sin embargo, la comida... la tomaba en grandes cantidades. Y, por supuesto, cuando ganaba peso, los aficionados y los medios de comunicación lo notaban inmediatamente.»

Resulta tentador establecer el origen del heroico apetito de Puskás en los hambrientos tiempos de su niñez en la década de los treinta, cuando jugar a cambio de un trozo de salchicha picante del tío József era una de sus más memorables actividades. Cuando entró en el club de fútbol local, los jóvenes prometedores del Kispest recibían raciones extra para fortalecerse. Quizás el fútbol y la comida se entrelazaron inextricablemente durante sus años formativos y el éxito en el fútbol le condujo a ingerir más comida. Tenía gran apetito por ambas razones.

Barcs: «Tuvimos muchos problemas para hacerle perder peso. Le encantaba la grasienta comida húngara. En los buenos hoteles, en las comidas en público solo tomaba sopa. Pero cuando subía a su habitación pedía un menú completo: salchichas, salami, beicon y dos kilos de pan. También le encantaban los cacahuetes. Recuerdo haber ido al cine con él en España..., debía de llevar los bolsillos llenos, pues estuvo masticando toda la película.»

Geoffrey Green aporta una anécdota que le contó Billy Wright sobre los ingentes hábitos alimenticios de Puskás en aquellos tiempos.

Green: «Después del partido entre el Wolves y el Honvéd en el Molineux en diciembre de 1954, Wright se quedó pasmado con el desmesurado apetito de Puskás en el banquete con el que concluyó el día. Era tan grande como su capacidad de trabajo en el terreno de juego. Incluso al final de la cena, cuando la mayoría de los invitados estaban saciados, Puskás seguía comiendo. Wright observó fascinado al capitán húngaro mientras se tomaba otra docena de galletas (exactamente una docena) cubiertas con mantequilla y queso azul danés. Miró a los ojos a Puskás mientras iban desapareciendo las galletas y señaló su cintura al tiempo que meneaba la cabeza reprobatoriamente. Puskás se limitó a sonreír y siguió comiendo (Green, 1974, págs. 286-287).»

Despido de Sebes

A principios de julio de 1955, el Ministerio de Deportes y la Federación Húngara de Fútbol mantuvieron una reunión en Budapest. Llegaron a la conclusión de que había sido un error dejar la organización y el control de la selección nacional en unas manos, las de Sebes. También dictaminaron que los largos años de éxito habían propiciado una enfermiza y excesivamente indulgente relación entre el entrenador y algunos de los jugadores, y que el entrenador les consentía demasiado. Los futbolistas, continuaba la declaración, tienen demasiados privilegios en comparación con otros deportistas.

Sebes: «Cuando jugábamos en el extranjero, mi familia esperaba asustada el resultado. Mis hijos estaban aterrorizados. ¿Qué pasaría si el equipo volvía a perder? ¿Nos asesinarían? Me rogaron que dimitiera, pero me negué a hacerles caso.»

En marzo de 1956, Hungría perdió otro partido, fuera de casa contra Bélgica 5-4, después de ir ganando 1-3 en la primera parte. El Equipo Dorado mostraba una creciente posibilidad de ceder el liderato. Sebes estaba a punto de perder su trabajo.

Sebes: «Finalmente, la Federación Húngara de Fútbol y el Ministerio de Deportes decidieron dejar el asunto de la selección nacional y de los equipos juveniles en manos de un comité formado por cinco personas. Bukovi me sustituyó como mánager de la selección absoluta, con Károly Sós, Lajos Baróti, Károly Lakat y Jenö Vincze como asesores en la selección de jugadores y la dirección de los equipos juveniles. Todos tenían un sueldo mensual, algo que yo nunca tuve, aunque el Ministerio de Deportes pagaba mi trabajo.»

Sin embargo, Sebes continuó siendo presidente del Comité Olímpico durante un tiempo y propuso un equipo lleno de jugadores jóvenes para los Juegos Olímpicos de Melbourne en invierno de 1956. El comité le informó de que no se autorizaría a ir a ese equipo porque no se había preparado adecuadamente. Bukovi volvió a poner a Czibor en el primer equipo y se permitió que volviera Grosics. Esos fueron los únicos cambios en la selección que había estado entrenando Sebes.

La primera mitad del año había sido muy provechosa para el Equipo Dorado. Tras la derrota en casa contra Checoslovaquia y en Bélgica, Hungría empató fuera de casa contra Portugal (2-2), ganó con facilidad a Polonia en Budapest (4-1) y a Yugoslavia en ese país (1-3), con Grosics y Czibor de nuevo en la selección. Después hubo un partido importante en el estadio Lenin de Moscú.

Puskás: «Los partidos que los húngaros siempre estábamos deseando ganar eran contra los rusos. En otoño de 1954 empatamos 0-0 en Moscú y después (septiembre de 1955) 1-1 en casa. En Hungría se comentaba que no se nos permitía ganar a Rusia, que era una decisión política. Si lo era, a mí nadie me dijo nada. Aparte de un amistoso en Moscú en 1950, nunca habíamos perdido contra los rusos, y con el Honvéd ganamos 3-2 al Spartak de Moscú en el partido inaugural del Népstadion, y 1-0 en nuestro campo, gracias a un penalti que marqué en el último minuto.»

Barcs: «Nunca se nos advirtió que no ganáramos a los rusos. Al contrario, recuerdo que una vez el secretario del partido vino al campo de entrenamiento de Tata antes de un encuentro contra ellos y dijo a los jugadores: "Marcad tanto como podáis, todo queda en familia"».

Puskás: «En cualquier caso, al final ganamos a los rusos en Moscú (0-1), justo un mes antes de que comenzara la revolución de octubre. No era consciente de que en Hungría hubiera tanta gente que quisiera ganarles… y no solo en el fútbol.»

8

1956: la revolución húngara de octubre

«Resulta conmovedor que durante la revolución
los gamberros de Ferencváros crearan una ética de la nada...
Fueron auténticos héroes.»

La gestación

En febrero de 1956, en el vigésimo congreso del Partido Comunista de la Unión Soviética, Jrushchov pronunció el «discurso secreto» que denunciaba a Stalin. Poco a poco, comenzó el proceso de «rehabilitación» de algunas de las víctimas más destacadas de las purgas asesinas del dictador ruso en varios países del bloque del Este.

El proceso de rehabilitación de las víctimas de las conjuras y purgas de Stalin amenazó a muchos de los antiguos jefes políticos de Europa del Este, algunos de los cuales estaban implicados directamente en esos crímenes. En marzo de 1956, el dictador estalinista de Hungría, Mátyás Rákosi, declaró que el célebre comunista húngaro László Rajk, ejecutado junto con otros camaradas en 1949 por ser titoístas, era inocente de todos los cargos. Pero Rákosi (el mejor discípulo húngaro de Stalin), en vez de asumir su responsabilidad, echó la culpa de la muerte de Rajk a los líderes de las fuerzas de seguridad del Estado. Sobre todo a Farkas. A pesar de todo, se pidió que dimitiera.

En abril se liberó a más presos políticos en Hungría y hubo una serie de debates entre escritores e intelectuales sobre hasta dónde debería llegar el proceso de desestalinización. En junio,

Júlia, viuda de László Rajk, que había estado dos años haciendo campaña, en ocasiones sola, exigió públicamente la rehabilitación de su marido y el enjuiciamiento de sus asesinos. También hubo quien pidió que se pusiera en el poder al destituido primer ministro Imre Nagy y, conforme aumentó la presión, Rákosi dimitió como secretario del partido en julio y lo sustituyó Erno Gerö. No se le devolvió el cargo a Nagy, pero otros políticos «centristas» como János Kádár entraron en el politburó.

Al mismo tiempo, en otros países del bloque del Este, los nuevos vientos que soplaban desde Moscú, la confesión de los excesos de Stalin, desestabilizaron cada vez más a los antiguos estalinistas. En Polonia, el ejército reprimió las manifestaciones de obreros en Pozna; en Hungría, varios grupos de trabajadores expresaron su descontento convocando huelgas y ocasionando altercados. En septiembre de 1956 se publicaron numerosos artículos críticos e incendiarios en los periódicos y revistas húngaros en los que se atacaba al régimen.

El segundo funeral de Rajk

El 6 de octubre se produjo un acontecimiento en Budapest que expresó públicamente lo profundo y generalizado que era el descontento del pueblo. Se dio permiso a la viuda de Rajk para que volviera a enterrar el cuerpo de su marido. Se hizo en un momento en que los líderes del partido se preparaban para ir a Yugoslavia como gesto de buena voluntad hacia el mariscal Tito. Esperaban que fuera un acto discreto en Budapest que pasara inadvertido para la población en general. Pero varias personalidades, tanto de dentro como de fuera del partido, forzaron a los líderes para que organizaran una ceremonia pública con una oración fúnebre oficial. El funeral se anunció abiertamente, pero el 6 de octubre ni siquiera los más optimistas entre los opositores al régimen esperaban el alcance de la respuesta pública.

El domingo por la tarde, una manifestación como jamás había presenciado la ciudad tomó las calles de Budapest. Algunas fuentes dijeron que había doscientas mil personas. En el cementerio Kerepesi, en el que están enterrados la mayoría de los escritores y políticos famosos, orador tras orador exigieron saber por qué había muerto László Rajk siendo inocente; uno de ellos, un compañero de cárcel de Rajk, gritó: «¡No olvidaremos!». Por la noche, los miembros de la oposición, y también los líderes del partido, estaban atónitos porque se hubiera movilizado tan fácilmente a tanta gente (Lomax, 1976, pág. 45).

Al cabo de una semana se volvió a admitir a Imre Nagy en el Partido Comunista. El 21 de octubre se eligió primer secretario de Polonia a Gomułka, a pesar de la oposición de Moscú, un cambio que animó a varios miembros del movimiento de oposición húngaro. Al día siguiente, las asambleas de estudiantes de casi todas las facultades de la Universidad de Budapest estaban en sesión permanente. Los estudiantes y el profesorado redactaron una lista de reivindicaciones que incluía la retirada de las tropas soviéticas de Hungría, la libertad de prensa y las elecciones libres. Se convocó una manifestación multitudinaria solidaria con la expresión de independencia de Polonia para el día siguiente: 23 de octubre de 1956. Sin quererlo, se convirtió en el comienzo de la revolución húngara.

La revolución: primera fase

La mañana del martes 23 de octubre, los estudiantes enviaron delegados a repartir panfletos en las fábricas de Budapest, en las que recibieron un apoyo entusiasta por parte de los trabajadores. Sin embargo, los estudiantes rechazaron la oferta de que hicieran una huelga solidaria, que habría permitido a los trabajadores unirse a la manifestación. Todavía no tenían interés en provocar al régimen; en ese momento, reinaba la confusión entre los principales miembros del partido respecto a si desautorizar la manifestación o no. *Szabad Nép* (Pueblo Libre), el periódico del partido, había alentado fervientemente la manifestación de los estudiantes en la edición matinal.

Miles de alumnos de los institutos de la ciudad se unieron a los estudiantes durante la marcha, e incluso cadetes de la Academia Petöfi del ejército húngaro engrosaron las filas de manifestantes, junto con innumerables trabajadores. Avanzada la mañana, el Ministerio del Interior anunció que prohibía la manifestación, pero los estudiantes estaban demasiado concentrados en sus planes para enterarse. A primera hora de la tarde, unas diez mil personas se habían reunido en la plaza Petöfi con banderas húngaras y polacas, así como pancartas que rezaban: «¡Viva la juventud polaca!» y «¡Creemos en Imre Nagy!». No era una concentración anticomunista. Algunos estudiantes portaban una gran fotografía de Lenin y cantaban *La internacional*.

Se recitó *Levantaos, húngaros*, el poema nacionalista de Petöfi; el estado de ánimo de la multitud cambió cuando pasó por la avenida Stalin, en la que hubo quien pidió a los trabajadores que destrozaran la enorme estatua del dictador. Conforme avanzaba la manifestación, se fue uniendo la gente que regresaba a su casa; cuando los manifestantes cruzaron el Danubio para ir a la plaza Bem, los soldados del cuartel Bem colgaron la bandera húngara para saludarlos. Se agitaban muchas banderas, la mayoría con el emblema soviético, insertado a la fuerza en la bandera nacional húngara, recortado. A las seis, un cuarto de millón de personas se había concentrado en la plaza del Parlamento para pedir la restitución de Imre Nagy como líder de un nuevo Gobierno socialista húngaro.

Estatua de Stalin

Otros grupos se dirigieron a la estatua de Stalin, en la que se había colocado un cartel en el cuello con un mensaje para las tropas rusas: «Llevadme con vosotros cuando os vayáis». Unos obreros armados con sopletes cortaron el enorme monumento por las rodillas. Se llenó de gasolina la cabeza; al prenderle fuego, salían llamas por la boca del antiguo dictador. Al otro lado de la ciudad, la multitud que se había congregado frente a la emisora de radio insistía en que sus exigencias se retransmitieran a toda Hungría. En vez de ello se emitió un discurso del primer secretario Erno Gerö en el que calificaba de alborotadores a los manifestantes y en el que no hacía ninguna concesión. En el interior de la emisora, agentes armados de la odiada policía secreta, la AVH, se preparaban para lo peor.

Quizás el primer disparo fue accidental; sin embargo, en cuanto empezaron los tiros, la multitud se armó y tomó la emisora por asalto al grito de: «¡Muerte a la AVH!». A las diez, la batalla campal estaba en su apogeo. Se corrió la voz de que la

AVH estaba disparando a la gente y se consiguieron armas pesadas, unas robadas y otras entregadas a los manifestantes por los soldados. Esa noche, el Gobierno húngaro pidió tropas y tanques rusos para sofocar los disturbios.

Al día siguiente se anunció que se había nombrado primer ministro a Imre Nagy. La batalla continuó, sobre todo entre la multitud y los miembros de la AVH que encontraban. Se linchó a uno o dos oficiales de la AVH, que fueron colgados en farolas, con el resguardo de su sueldo prendido en la solapa (un salario diez o veinte veces superior al de un trabajador medio). Algunas tropas rusas también se implicaron en la refriega, pero al principio muchos estaban confundidos y pelearon a favor del pueblo húngaro. Para la mayoría de ellos estaba claro que aquello no era una «contrarrevolución fascista», sino una genuina expresión del deseo del pueblo húngaro de cambiar el liderazgo y la dirección (aunque no la ideología fundamental) de su Gobierno. Sin embargo, el 25 de octubre, en una fraternización masiva con las tropas rusas en la plaza del Parlamento, alguien (seguramente la AVH) abrió fuego con metralletas contra la multitud y masacró a rusos y húngaros. La situación explotó. Cuando el ejército soviético quiso detener la revolución, comenzó un intenso enfrentamiento, no solamente en Budapest, sino en todo el país.

Los futbolistas

Al principio se alejó al Equipo Dorado húngaro de esos dramáticos sucesos, y no solo físicamente.

PUSKÁS: «No tenía ni idea de lo que se estaba cociendo en Hungría en 1956. Puede parecer increíble, pero los futbolistas llevábamos una vida de ensueño; estábamos como en una burbuja, que nos protegía del mundo exterior; podíamos llevar una existencia muy creativa en la que se nos quería y recompensaba. Por supuesto, la gente normal sabía que algo iba a pasar, pero nosotros no éramos "normales"».

GROSICS: «Acabábamos de jugar en Belgrado, después en Moscú y luego en París: habíamos ganado los tres partidos. La última parada fue Viena, donde vencimos a los austriacos 0-2. El 22 de octubre volvimos a Hungría y fuimos directamente al campo de entrenamiento de Tata (K&S).»

HIDEGKUTI: «La mañana del 23 nos estábamos preparando para un partido contra Suecia, nuestro quinto partido en cinco semanas. Llevábamos un tiempo sin pasar por Budapest.»

GROSICS: «Tras el partido de entrenamiento de la tarde, alguien encendió la radio. Informaban de una extraña confusión en una manifestación en Budapest. Al principio estaba permitida, después prohibida y, luego, repentinamente, permitida de nuevo. En esa manifestación (con decenas de miles de participantes) se demolió la estatua de Stalin. Los combates empezaron poco después.»

HIDEGKUTI: «Recibimos una llamada telefónica en la que se nos comunicó que se estaban produciendo manifestaciones multitudinarias y que el próximo partido podía no jugarse. El funcionario que nos llamó nos dijo que no nos moviéramos y que esperáramos a ver cómo evolucionaba la situación. Aseguró que nos mantendría informados. Después recibimos otra llamada en Tata en la que se nos comunicó que el partido contra Suecia se había suspendido y que debíamos ir a casa.»

BARCS: «Telefoneaba a los jugadores todos los días. Entonces tenía muchos problemas con el Ministerio de Deportes, no eran capaces de tomar ninguna decisión. Todas tenían que dejarse en manos del partido. El ministerio se reducía a un intercambio telefónico y en el partido reinaba el caos.»

GROSICS: «Nos quedamos unos cuantos días más en Tata escuchando la Radio Libre de Europa porque ya no se hacía ninguna emisión desde Budapest. Estaba claro que el partido contra Suecia no se iba a celebrar; todos teníamos ganas de ir a casa para ver si nuestras familias estaban bien. El tren a Budapest paró en los suburbios de Buda, en Kelenföld. A partir de ahí tuvimos que seguir a pie. La imagen que ofrecían las calles era absurda: en algunos sitios, la gente cantaba y vitoreaba; en otros, había muertos y heridos.»

PUSKÁS: «El 28 de octubre volví a Budapest. Creo que la mayor parte de los enfrentamientos había cesado para entonces. Al salir de la estación con Cucu Bozsik, tuvimos una espeluznante sensación: no había tráfico y tuve que ir a pie a casa con dos kilos de pan bajo el brazo. No había transporte público y, como vivía en Pest, tuve que cruzar uno de los puentes sobre el Danubio. Oí algunos disparos a lo lejos, pero en el centro de la ciudad apenas pasaba nada.»

GROSICS: «Creo que la liga se suspendió el día 25, por lo que no era necesario que permaneciera en Tatabánya. En esos tiempos, mi familia tenía una casa cerca de la colina Gellért (una zona de la ciudad que los revolucionarios intentaron apoderarse) y participé en una multitudinaria manifestación en la que se colocó una corona en la estatua de san Imre antes de que empezaran a dispararnos desde los edificios cercanos. Los revolucionarios vinieron varias veces a casa. Les dimos comida y bebida y un lugar donde dormir antes de que fueran a combatir otra vez. Más tarde, en noviembre, volvieron, dejaron todas las armas y tuve que desembarazarme de ellas para no meterme en un buen lío.»

Puskás dado por muerto

En Budapest reinaba la confusión y las noticias que se daban de Hungría eran dispares y dudosas. En Londres (y en todas partes), la BBC anunció que Puskás había muerto en los tiroteos. Pero, de hecho, se estaban haciendo preparativos para alejar a la mayoría de los jugadores de la selección del peligro más inmediato.

PUSKÁS: «Cuando comenzó la revolución, hubo una reunión de urgencia en el Honvéd con funcionarios que tenían una carta de la UEFA en la que se nos advertía que, de no disputar el partido de ida de nuestra eliminatoria contra el Bilbao (en casa), se nos prohibiría jugar durante dos años en la nueva competición, la Copa de Europa, que entonces solo iba por su segunda edición. Así que decidimos jugar primero en Bilbao y, con gran optimismo, planeamos el partido de vuelta en Budapest al cabo de unas semanas. Conseguir pasaportes y permisos para ir no fue muy complicado (bastó una visita al Ministerio de Defensa y el Ministerio de Deportes) y dejaron venir con nosotros a otros deportistas, jugadores de tenis de mesa, creo, con los que pasamos la frontera.»

Los directores del «segundo» club de Hungría decidieron también sacar el equipo fuera.

Hidegkuti: «Al principio me quedé en casa, pues no podía entrenar con mi equipo, el MTK. Una noche recibí una llamada en la que se me pidió que hiciera la maleta porque debía ir a Austria. "¿Cómo vamos a salir? —pregunté—. Para empezar no tenemos ni documentación." Pero me contestaron que todo estaba arreglado. Todo el equipo del MTK fue a la frontera en un convoy de seis coches. Los revolucionarios que había en la frontera no querían dejarnos pasar porque nuestros permisos estaban expedidos por las "antiguas" autoridades, pero les explicamos que nos habíamos comprometido a jugar en Austria y Alemania. Era una pequeña mentira: solo habíamos firmado que jugaríamos unos amistosos cuando llegáramos a Viena. El primero fue contra el Linz, en el que ganamos 1-6 en un estadio lleno de gente.»

Puskás: «El último día de octubre fuimos a Viena en autobús. En la frontera austriaca, unos tipos me miraron extrañados, pues los periódicos habían publicado que estaba muerto. Pasamos cuatro días en Viena antes de proseguir viaje; en el último de ellos, recibimos la noticia de que había más tanques y refuerzos soviéticos cruzando la frontera húngara. Los rusos no se iban a ir sin más.»

La revolución: segunda fase

Los combates en las calles de Budapest continuaron durante cinco días hasta que, el 28 de octubre, las fuerzas soviéticas empezaron a retirarse de la ciudad. Dos días antes, Imre Nagy (el primer ministro elegido por el pueblo) formó un nuevo Gobierno con algunos miembros no comunistas en el consejo de ministros. El 28 de octubre, Nagy ordenó el alto el fuego y prometió que los soviéticos se retirarían y la AVH se disolvería. El 30 de octubre, el primer ministro anunció el abandono del sistema unipartidista.

A comienzos de noviembre, el Gobierno húngaro proclamó su neutralidad y anunció su intención de salir del Pacto de Varsovia. El Partido Comunista de Hungría se había disuelto y uno de los ministros de Nagy, János Kádár, informó de la creación de un nuevo partido, que se llamaría Partido Socialista Obrero Húngaro. Al poco, Kádár desapareció misteriosamente de Budapest.

El 2 de noviembre llegaron noticias a Budapest de que fuerzas soviéticas rodeaban ciudades húngaras y lugares estratégicos, así como que más tropas y divisiones de tanques entraban en Hungría desde Rumanía y Checoslovaquia en grandes cantidades. Los pocos estalinistas que seguían en el Gobierno de Nagy dimitieron y se formó un gabinete de coalición. Comenzaron las negociaciones con los rusos para la retirada progresiva de sus tropas, pero la madrugada del 4 de noviembre cientos de tanques y unidades acorazadas entraron en Budapest en un ataque a gran escala. Imre Nagy y otros políticos se refugiaron en la embajada yugoslava. János Kádár reapareció y anunció la formación del nuevo Gobierno únicamente comunista requerido por el ejército soviético para restaurar el orden. Hubo violentos combates en pueblos y ciudades de todo el país. En partes de Budapest, se mantuvo a raya a los rusos durante más de una semana.

El papel de la juventud

A pesar de que los estudiantes universitarios (y varios grupos de escritores e intelectuales que formaban la «oposición» en Hungría) habían provocado la revolución, cuando llegó la hora de luchar fueron los obreros de Budapest y de toda Hungría los que defendieron la revolución con verdadero arrojo. En los barrios de clase obrera de la capital, en especial Újpest y Csepel (apodado «Csepel Rojo»), fue donde las tropas soviéticas encontraron una resistencia más intensa. También fue allí donde hubo el mayor número de muertos. Mineros, obreros de la siderurgia y todo tipo de trabajadores llegaron desde fuera de Budapest para unirse a las filas de los combatientes revolucionarios. También hubo héroes desconocidos.

Los que más abundaban entre los que se enfrentaron a los tanques soviéticos fueron los rudos jóvenes de clase obrera de los suburbios de Budapest, los tipos duros, los «proletas» vestidos con cazadoras de cuero y los gamberros de Angyalföld y Ferencváros (barrios de Budapest). Muchos jóvenes incultos, burdos y a menudo antisemitas se unieron por la sed de aventura y su espíritu luchador. Los estudiantes comentaron esos acontecimientos con una extraña mezcla de vergüenza y admiración. Por ejemplo, uno de ellos dijo: «Resulta conmovedor que durante la revolución los gamberros de Ferencváros crearan una ética de la nada». Otro añadió: «Por doloroso que resulte admitirlo, no deja de ser verdad que fueron auténticos héroes» (Lomax, 1976, pág. 111).

Entre los gamberros de Ferencváros seguramente había muchos de los hinchas violentos que nutrían la multitud que acudía a los partidos de fútbol y que tan indisciplinada contra el régimen había demostrado ser en el pasado. No era de extrañar que Sebes no hubiera podido considerar la posibilidad de que el mayor club de Hungría, con su herencia nacionalista, albergara su equipo dorado.

El alzamiento húngaro fue una revolución en la que lucharon mayoritariamente los jóvenes y fueron ellos sus bajas más inmediatas. La pobreza y la desesperanza, y no ninguna ideología elevada, fueron sus motivaciones. Tal como le dijo un joven a un médico que le estaba curando las heridas cuando le preguntó por qué luchaba: «¿Merece la pena vivir por seiscientos forintos al mes?».

En Viena, donde el MTK esperaba el desarrollo de los acontecimientos, era imposible saber qué estaba sucediendo en Hungría después de la invasión soviética del 4 de noviembre.

Hidegkuti: «Todo era muy confuso. Escuchábamos emisoras de radio extranjeras que tenían que traducirnos, pero todos los días a las ocho nos sentábamos en círculo para oír las noticias en húngaro desde Budapest. La situación parecía catastrófica. La televisión austriaca mostraba imágenes de Budapest en ruinas y cada vez nos preocupaban más nuestras familias y amigos. No hubo contacto telefónico hasta primeros de diciembre, mucho después de que saliéramos de gira. A pesar de todo, nuestras familias no lo pasaron mal. Se enteraban de los resultados de los partidos y sabían que estábamos bien.

»En esos tiempos había un director del Ferencváros llamado Lajos Ónódy que era un entusiasta del deporte. También era el jefe de una gran empresa de suministro de comidas y ayudó a mi familia y a muchas otras repartiendo alimentos durante esos momentos difíciles. Llamaba a mi gente todos los días para asegurarse de que estaban bien. Mi mujer aún dice que jamás ha vuelto a comer tan a gusto.»

Para el 11 de noviembre, el poder de los tanques y las tropas soviéticas había aplastado a la mayor parte de la resistencia armada. Unos cien mil húngaros se dirigieron hacia Austria, donde los rusos todavía no habían cerrado la frontera. Pero la resistencia no terminó con los combates. Los consejos de trabajadores que se habían creado de forma espontánea durante la revolución no desaparecieron y recibieron el Gobierno de Kádár, apoyado por la Unión Soviética, con la única (aunque muy efectiva) arma de que disponían: la huelga general. El 21 de noviembre, el Consejo Central de Trabajadores convocó una asamblea general de delegados en el gigantesco Népstadion de Budapest. Esa mañana, cuatrocientos tanques rusos rodearon el estadio en el que el Equipo Dorado había conseguido tantas victorias y sellaron todos los accesos. No se permitió que el pueblo húngaro entrara en el «Estadio del Pueblo», pero la reunión se llevó a cabo en otro lugar.

Un mes después de que comenzara la revolución, todo Budapest permaneció en silencio durante una hora. Nadie salió a la calle, nada se movía. Once días más tarde, el 4 de diciembre (un mes después de la segunda invasión soviética), se organizó una manifestación para conmemorar a aquellos que habían perdido la vida en los combates. A pesar de los intentos de los tanques y de las tropas rusas por dispersarlos, una procesión silenciosa de mujeres vestidas de negro que portaba flores fue hasta la tumba del soldado desconocido. Tal como se había planeado, aquella noche se prendieron luces en prácticamente todas las ventanas de Budapest, a pesar de los malintencionados intentos del régimen por retirar todas las velas de las tiendas de la ciudad. El reinado del terror volvería a comenzar muy pronto.

De gira en Europa

El Honvéd y el MTK empezaron a hacer giras de partidos «amistosos» en Europa para conseguir dinero sobre la marcha. Había una gran demanda de los dos equipos para disputar partidos prestigiosos. El MTK hizo una gira en Austria, Alemania, Bélgica e Inglaterra. El Honvéd también tenía que jugar un encuentro de la Copa de Europa.

PUSKÁS: «El grupo del Honvéd salió de Viena en dirección a Alemania, donde jugamos un par de partidos amistosos, sobre todo para conseguir algo de dinero en efectivo. Habíamos abandonado Hungría a toda prisa y no se sabía cuánto tiempo estaríamos fuera. De allí fuimos a París y después a España, para el partido de ida de la Copa de Europa contra el Bilbao, que perdimos 3-2. Jugamos otros tres amistosos, para ganar dinero, pero también para mantenernos en forma. Creo que uno de ellos fue en Madrid para una institución benéfica, organizado por la mujer de Franco, y los otros en Italia.»

El partido en Madrid (un empate 5-5) fue contra un once elegido entre los dos equipos de la ciudad y se jugó el 29 de noviembre. Di Stéfano jugó contra el equipo de Puskás; el presidente del Real Madrid, Santiago Bernabéu, lo vio desde las gradas. Antes de irse de España, el Honvéd jugó contra el Barcelona y el Sevilla en las primeras semanas de diciembre. Durante un tiempo, Grosics volvió a estar junto a sus antiguos compañeros del Honvéd.

GROSICS: «Hacia finales de noviembre recibí un telegrama desde España que decía que los dos porteros del Honvéd estaban lesionados y que el club debía cumplir una serie de compromisos. ¿Podía reunirme con ellos en España? Después me llamaron por teléfono para darme instrucciones: al día siguiente tenía que esperar en la puerta de casa a una hora determinada, en la que me recogería un vehículo. Comenté que no tenía documentos para viajar, pero planeé llevar a parte de mi familia, al menos hasta Viena. No reconocí a nadie de los que nos recogieron y fue muy inquietante que nos siguieran policías soviéticos de paisano durante todo el trayecto. Tuvimos que bajar del coche poco antes de la frontera porque había una trampa para tanques en la carretera; acabé pasando la frontera a pie. Allí me esperaba otro coche. Ese día llegué a Viena y me entregaron un billete de avión. Al día siguiente, volé a Barcelona y jugué por la noche.»

Osterreicher y la gira sudamericana

Emil Osterreicher, el secretario de finanzas del club entre 1954 y 1956 viajó con el Honvéd durante la gira. Su trabajo consistía en organizar y planificar los partidos del equipo.

OSTERREICHER: «Después de la derrota 3-2 contra el Bilbao, hicimos una gira por Italia; entre otras victorias, ganamos 1-2 al Inter en San Siro. Luego fuimos a Bruselas para disputar el partido de vuelta contra el Bilbao, porque era imposible hacerlo en Budapest. Empatamos 3-3 y fuimos eliminados de la competición.

»Llevábamos el dinero en bolsas de papel; no teníamos ni idea de lo que iba a pasar en Hungría, pero las noticias no eran buenas y no sabíamos cuánto tiempo tendríamos que estar de viaje. En Bélgica recibimos una oferta del presidente del club Flamengo en Brasil: diez mil dólares por partido más los billetes de avión por hacer una gira. Era una buena oportunidad para el equipo. Muchos compañeros querían jugar en Sudamérica, pero ninguno se mostró muy contento porque no teníamos permiso de la Federación Húngara de Fútbol. Nos reunimos en el vestíbulo del Cosmopolitan Hotel para votar. Bozsik comentó que deberíamos regresar a casa, pero la mayoría no conseguía encontrar sentido a volver al caos de Budapest. No teníamos ningún contrato escrito con los brasileños, pero pensamos que mantendrían su palabra (Zsolt, 1989).»

TICHY: «Hubo discusiones y riñas. El equipo se dividió en tres bandos: el primero, en el que estaban Puskás y Czibor, estaba a favor de Osterreicher; el segundo, incluidos Budai, otros compañeros y yo, estaba en contra. El tercero dudaba entre los otros dos (y seguramente incluía a Bozsik y Grosics). Los tres grupos discutían continuamente sobre qué iban a hacer. En un momento determinado, en un avión, Grosics dijo: "Estoy deseando ir a casa". Puskás se enfadó mucho con él y le contestó: "Entonces, ¿por qué te molestaste en escapar?". A lo que Grosics replicó: "Porque me gusta jugar al fútbol y no podía hacerlo en casa. No lo hice para viajar de forma ilegal por todo el mundo"».

Al mismo tiempo, el MTK había vuelto a Austria. Sándor Barcs (veterano aficionado del club y presidente de la federación de fútbol) se brindó para ir a Viena y negociar su regreso. Se ofreció un «caramelito».

BARCS: «Les dije a los miembros del partido que aceptaría la responsabilidad de llevar al MTK de vuelta a Hungría. Los jugadores no querían regresar y tuve que organizar una reunión en Viena con todo el equipo. Dije: "Soy un hombre del MTK; lo he apoyado toda mi vida, incluso durante el régimen fascista, cuando se decía que era un club liberal". Les dije que había dado mi palabra de que regresarían, que las fronteras estarían abiertas y no habría registros en la aduana. Volvieron. Viajé en coche al lado de Hidegkuti. Pasamos trece coches por la aduana sin que se hiciera ningún control. Detrás del asiento de Hidegkuti había montañas de equipaje.

»El único miembro del MTK que no regresó fue el hombre que tenía a su cargo el equipo, el director de una enorme fábrica de cartuchos de Hungría y también un consumado comunista. Se instaló en Alemania y sigue viviendo allí. Curioso, ¿verdad?»

El Honvéd (los defensores de la patria) se niega a regresar

El 4 de enero de 1957, algunas noticias en Budapest aseguraban que el Honvéd volvería a Hungría si la Federación Húngara de Fútbol les aseguraba que podrían hacer la gira sudamericana más adelante. La federación empezaba a mostrar su consentimiento. Habían pedido a la FIFA que prohibiera la gira, pero esta, a pesar de «tomar nota» de las objeciones de la federación húngara, anunció que no podía prohibir la gira e informó de su decisión por carta a las federaciones de Hungría y de Sudamérica.

El 7 de enero de 1957, Puskás y Osterreicher mantuvieron una entrevista telefónica con Budapest. En ella declararon que los jugadores estaban decididos a hacer la gira. Cuando se les preguntó por qué no regresaban a casa antes, contestaron que los jugadores ya no confiaban en las autoridades que habían hecho promesas en el pasado y no habían cumplido. Puskás insistió en que todos volverían el 31 de marzo, excepto Czibor, que posiblemente aceptaría una oferta para jugar en España. Uno de los entrenadores del Honvéd, Jenő Kalmar,* añadió: «Haré lo imposible porque vuelvan todos los jugadores, por el bien del fútbol húngaro, pero, de momento, en su estado de ánimo, no puedo contenerlos».

Puskás: «He de confesar que nunca estuve comprometido ideológicamente, a diferencia de, por ejemplo, Bozsik, en cierta medida [Bozsik era, al menos nominalmente, diputado del Parlamento húngaro], o Sebes. En la burbuja del mundo futbolístico, en la que jugaba, entrenaba y llevaba una vida feliz con mi familia, la política no me interesaba en absoluto. Pero, evidentemente, los acontecimientos que estaban teniendo lugar en Hungría me preocupaban. Por suerte, la mayoría de las mujeres de los jugadores que estaban de gira habían podido salir durante el periodo de tiempo en el que

* Jenö Kalmar fue más conocido en España por el nombre de Janós Kalmar. Entrenó al Sevilla, Granada, Real Valladolid, Málaga (en dos ocasiones), Español, Zaragoza y Hércules, antes de fallecer el año 1990 en la capital malagueña, donde residía.

estábamos fuera jugando los partidos contra el Bilbao. No sé cómo se organizó el resto de los jugadores; todo se hizo por separado, sin demasiados problemas.»

Quizá Puskás no tuvo problemas para sacar a su mujer del país, pero otros sí los tuvieron. A finales de noviembre, algunas de ellas tuvieron que salir ilegalmente en grupos, acompañadas por mediadores contratados por Osterreicher. A estos se les pagó con el dinero ganado por los jugadores en los partidos de prestigio de la gira. Hubo discusiones sobre la gestión de Osterreicher de esos fondos y algunos jugadores le acusaron de quedarse con parte del dinero.

PUSKÁS: «Nos pusimos en contacto con Sebes en Hungría y le pedimos permiso para ir a Sudamérica. El entrenador de la selección vino a vernos con instrucciones de la federación y las autoridades políticas, y nos dijo que la gira no estaba autorizada y que sería ilegal que siguiéramos adelante con ella. Le contestamos (le llamábamos "tío" Guszti) que no tenía sentido volver a casa para enfrentarnos a que nos dispararan en la calle y que queríamos seguir jugando al fútbol. Sabíamos que la liga se había interrumpido y que no comenzaría antes de la primavera. No nos dijo que no fuéramos, sino que no podía darnos permiso para hacer la gira. Volvimos a intentarlo: «Ven con nosotros y después volveremos todos cuando las cosas se hayan calmado», pero no quiso saber nada del asunto y regresó a Budapest. Tras más discusiones entre nosotros, decidimos ir a Brasil.»

En el Ministerio de Deportes, en Budapest, reinaba una comprensible sensación de pánico. No solo estaban en el extranjero muchos miembros de la selección nacional (en la gira del Honvéd), sino que también lo estaba toda la selección sub-21, jugando una competición de la UEFA en Bélgica (además, muchos atletas húngaros de talla mundial estaban aún más lejos, en Melbourne, Australia, compitiendo en los Juegos Olímpicos de 1956). Sándor Barcs escribió a Osterreicher.

BARCS: «Me envió una carta con unas cifras que indicaban la cantidad de dinero que Puskás y los demás estaban ganando en Hungría y el que les habían ofrecido el Real Madrid y el Barcelona. Acababa diciendo: "Tú decides. ¿Qué hacemos?". Bueno, esa decisión no estaba en mis manos. Enseñé la carta de Osterreicher a los políticos de mayor rango y les dije: "Perdonen, ¿qué debo hacer?". Al menos a mí no me pasó nada, gracias a Dios. Al final perdimos más de doce mil jugadores federados. ¡Imagine!»

En diciembre se citó a Sebes en el Parlamento húngaro; los políticos de mayor rango le ordenaron que fuera a Ginebra, donde se alojaba la selección sub-21, y después a ver al grupo del Honvéd en Bruselas para convencerlos de que volvieran a Hungría (Sebes había pedido que se delegara ese cometido en otra persona).

Barcs: «Propuse al ministro de Deportes que enviara a Sebes para que los trajera de vuelta. Sabía que se llevaba bien con los jugadores y que estos le respetaban. En un principio querían enviarme a mí, pero yo no podía abandonar Budapest.»

Sebes: «Primero fui a Zúrich a ver a un ejecutivo de la FIFA con la petición de que no se permitieran giras o contratos sin previa autorización de la Federación Húngara de Fútbol. Después fui a ver a los juveniles a Ginebra, pero no llegamos muy lejos en las conversaciones. Cuando el 20 de diciembre llegué a Bruselas para ver a los jugadores del Honvéd, decidí no mostrarme muy duro al principio. Me limité a decirles cómo se estaban desarrollando los acontecimientos en casa y que todo se había calmado. Les recomendé que regresaran después del partido contra el Bilbao y les aseguré que hasta el momento no habían hecho nada malo en lo que respectaba al Ministerio de Deportes y el partido. Entonces me hablaron de la oferta de hacer una gira en Sudamérica.

»Puskás dijo: "Tío Guszti, ven con nosotros, dirige el equipo y te juro que después volveré contigo". He de confesar que lo medité un momento. Siempre había deseado ir a Sudamérica para ver de dónde procedían todos esos maravillosos jugadores. Pero al final les dije a los chicos que no podía ir, que no tenía permiso del ministerio.»

TICHY: «Sebes quería que la federación autorizara la gira en Brasil. Hizo todo lo que pudo por convencer al ministro de Deportes de que lo aprobara, pero no concedió su permiso. ¿Puede creerse que ese mismo tipo (Marcell Nagy) que se negó a dar el permiso fue una semana más tarde a los Juegos Olímpicos de Australia y desertó?»

SEBES: «Vi el empate 3-3 con el Bilbao en Bruselas (que dejó fuera de la competición al Honvéd) y me dio la impresión de que los jugadores no querían ganar, pero que jugaron porque, si no, tendrían que haberse replanteado seriamente la gira por Sudamérica. Entonces supe que jamás volvería a ver a esos excelentes jugadores del Equipo Dorado en una misma formación.»

9

Crisis del Equipo Dorado

«Fue terrible dejar tantos amigos en Hungría.»

La mayoría de los integrantes del Honvéd, incluidos Grosics y otros jugadores importantes (Lantos y Sándor del MTK y Szusza del Újpest entre ellos) viajaron hasta Casablanca para esperar los visados y continuar los preparativos de la gira en Sudamérica.

OSTERREICHER: «Antes de salir, llegamos a un acuerdo económico. Los jugadores se dividieron en tres grupos, de los internacionales para abajo. Al final jugamos siete partidos y ganamos setenta mil dólares. Puskás se llevó tres mil seiscientos, pero mientras estuvo allí llamó todos los días a su mujer y a su hija.»

PUSKÁS: «Nuestro antiguo entrenador, Bela Guttmann, estaba viviendo en Viena cuando pasamos por allí antes de ir a Brasil. Había vuelto brevemente al Kispest en la década de los cuarenta y, tras pasar una temporada en Israel y Portugal, había decidido trasladarse a Austria. Era un entrenador experimentado y con mucho talento, le pedimos que viniera con nosotros a Sudamérica y aceptó. Cuando volvimos a Europa se quedó en Brasil y fue allí donde introdujo algunos de los elementos del sistema 4-2-4 que había desarrollado, con dos medio volantes de ataque intercambiables con los delanteros, y la defensa presionando para estar cerca del ataque.»

El equipo húngaro que salió de gira hacia Brasil tuvo una fantástica recepción en Río de Janeiro el 9 de enero de 1957. Los jugadores estaban entusiasmados con un viaje que siempre habían deseado hacer. Los húngaros habían planeado hacer una gira por Sudamérica en 1954, después del Mundial, pero la «batalla de Berna» los convenció de que no era aconsejable. Al igual que Sebes, los jugadores húngaros se veían como los «brasileños» del fútbol europeo (aunque quizá tendría que haber sido al revés) y hacía tiempo que querían visitar el país del que procedían tantos excelentes futbolistas. El equipo húngaro regresó a Europa en dos grupos diferentes debido a los problemas con los visados y el 23 de febrero se reagruparon en Austria.

PUSKÁS: «Después de la gira hicimos un complicado viaje de vuelta a Europa. La mitad de los jugadores volvió por los Países Bajos y la otra mitad por España. Al final nos reunimos en Viena. Se enviaron autoridades desde Budapest para que nos recibieran y se celebró un «juicio» en Viena. Se nos comunicó que debíamos regresar inmediatamente a Hungría para enfrentarnos a una serie de "castigos", de los que el más severo me aguardaba a mí por ser el capitán (pregunté: "¿Por qué yo? ¿Pasa algo por ser el que decide qué cara de la moneda elegir?"). Tras una acalorada discusión les dije que preguntaran a la federación qué quería decir exactamente con «castigos» y que me llamaran al día siguiente. Entonces me informaron de que se me iba a prohibir jugar al fútbol durante dieciocho meses.»

VÁNDOR: «La culpa fue del presidente de la Federación Húngara de Fútbol que había reemplazado a Sándor Barcs. Se llamaba Márton Nagy. Creía que era un "tipo duro" y que tenía que aplicarnos una sanción inflexible para impresionar a los soviéticos. «Si no vuelven en cuarenta y ocho horas, están todos suspendidos», dijo. Por eso no regresaron. Desde entonces siempre he querido encontrarme a Nagy, para darle su merecido. Fue un mensaje terrible para nuestros mejores jugadores.»

Ofertas en el extranjero

Mientras el Honvéd y el MTK viajaban por el extranjero recibieron muchísimas ofertas por jugadores de ambas formaciones, sobre todo por los que pertenecían al Equipo Dorado. Los clubes españoles e italianos estaban especialmente interesados. Lajos Tichy, delantero centro del Honvéd, regresó a Budapest antes de que el resto del equipo viajara a Sudamérica y contó lo que había pasado antes del primer partido contra el Bilbao.

TICHY: «Antes siquiera de abrir las maletas ya teníamos un enjambre de agentes encima. No hubo ni un solo jugador que no recibiera algún tipo de oferta. A Kocsis y Czibor les hicieron las mejores: unos ciento veinte mil dólares. No sé cuánto le ofrecerían a Bozsik.»

Hidegkuti y la mayoría de los integrantes del MTK habían regresado a Budapest antes de Navidad. También les habían abordado agentes de varios países.

HIDEGKUTI: «Mientras estuvimos de gira en el extranjero, recibimos muchas ofertas, pero tenía mujer y dos hijos en casa. Mis suegros también vivían con nosotros y a él acababan de amputarle una pierna. No podía irme de Hungría. Era su único sustento.

»Pensé seriamente en la gira por Sudamérica. Sándor, un compañero del MTK, me llamó desde Viena para avisarme, pero para entonces las fronteras ya estaban cerradas. Era absolutamente imposible salir en esas circunstancias, y todo un riesgo intentarlo, así que me quedé. Pensé que muchos jugadores desertarían y que se me partiría el corazón si tenía que elegir entre quedarme con mis compañeros o volver a casa. Pero me dolió perderme esa gira por Sudamérica, quería ver Brasil. Después me contaron lo bien que lo pasaron. Me perdí aquella ocasión. Con el tiempo le dije a Sándor que si me hubiera llamado antes, me habría quedado en Viena y habría ido directamente desde allí a Brasil. Al fin y al cabo, Brasil era el otro gran equipo del mundo, ¿no?»

Puskás y Bozsik

En Viena, después de la visita de los delegados de la Federación Húngara de Fútbol, Puskás y otros jugadores tomaron distintas decisiones. La situación entre Bozsik y Puskás era desgarradora. Eran buenos amigos desde la niñez y su fútbol había florecido en una relación casi simbiótica hasta llegar a lo más alto del fútbol mundial. Habían estado juntos en los mismos equipos toda la vida, desde los partidos que jugaban descalzos en Kispest hacía un cuarto de siglo. Pero esos amigos tenían personalidades muy distintas, encaminadas en direcciones completamente opuestas. Bozsik (serio, introvertido, miembro del partido y diputado del Parlamento húngaro) volvía a casa; Puskás (siempre rebelde, espontáneo, extrovertido y egotista) elegía otro destino.

PUSKÁS: «No intentamos convencernos el uno al otro sobre regresar o quedarse. Conocíamos nuestra situación y no necesitábamos darnos explicaciones. Para mí era una cuestión relativamente sencilla. Mi mujer y mi hija estaban conmigo en Viena. Cucu y yo pasamos muchos días juntos antes de que él volviera a Budapest. Tenía muchas dudas sobre su decisión y durante un tiempo estuvo tentado de quedarse en el Oeste [Osterreicher había conseguido un trabajo de entrenador para Bozsik en el Atlético de Madrid], pero su madre y sus cuatro hermanos estaban en Hungría y acababa de perder recientemente a su padre. Creo que sintió que debía volver a casa, pero no le vi nada entusiasmado. Hay que tener en cuenta que éramos oficiales de alto rango del ejército húngaro, lo que implicaba que, si no volvíamos, seríamos técnicamente "desertores". Aquello nos sometía a una tremenda presión.

»En la última reunión con los delegados de la Federación Húngara de Fútbol en Viena les di un ultimátum: si cambiaban de idea sobre la prohibición, volvería; si no, me iría. Les pedí que volvieran a hablar con el ministro de Deportes. Para cuando recibí la respuesta (negativa), Kocsis y Czibor ya se habían ido de Austria, uno hacia Italia (Czibor) y el otro a Suiza. Lo habían decidido el día anterior.

»En ese momento de mi vida futbolística, con casi treinta años, pensé que aquella sanción era una sentencia de muerte en mi carrera. Quizá ya no volvería a jugar nunca más en una competición seria. Les dije que lo sentía, pero que no, gracias. Unos días más tarde, volé a Italia con mi mujer y mi familia.»

Las cosas no pintaban bien para Puskás. La Federación Húngara de Fútbol quería ampliar la sanción a través de la FIFA para que los jugadores que estuvieran en el extranjero no pudieran jugar al fútbol profesional. Sin embargo, Kocsis entró enseguida en el Barcelona, donde se le unió Czibor cuando la Federación Italiana de Fútbol no permitió que le fichara la Roma. Ambos recuperaron sus carreras profesionales con gran éxito, después de cumplir un año de sanción en el extranjero. Pero Puskás recibió pocas ofertas y las que le llegaron no le gustaron.

TICHY: «Me sorprendió que no le hicieran buenas ofertas a Puskás. Le llegó una de Portugal para ser entrenador. Se puso furioso. "Todavía no soy lo bastante viejo para ser entrenador —protestó—. Quiero jugar".»

PUSKÁS: «Al final resultó que mi situación parecía peor que si hubiera vuelto a Budapest. Había abandonado mi club, el Honvéd, sin permiso, lo que me convertía en un simple *amateur* que no podía jugar profesionalmente en un año. Después la Federación Húngara de Fútbol solicitó a la FIFA que aumentara la sanción otro año. Aquello suponía dos años. Algunos clubes italianos todavía seguían interesados en ficharme y se pidió a la FIFA que anulara la prohibición. Finalmente, recortaron seis meses y acepté empezar a contar desde el segundo partido contra el Bilbao (del 19 de enero de 1957 al 19 de julio de 1958).»

La decisión de Puskás de no regresar a su país tuvo una gran repercusión en el mundo futbolístico húngaro. En el pasado había recibido ofertas muy generosas que siempre había rechazado. A algunos de sus mejores amigos les resultaba difícil creer que no volvería a Budapest.

HIDEGKUTI: «No me sorprendió que Czibor se quedara en el Oeste. Siempre tuvo una vida caótica y creo que incluso tomó parte en alguna de las manifestaciones antisoviéticas. Todos sabíamos que no regresaría. Que no volviera Kocsis sí que me extrañó, pero no creo que estuviera casado en esos tiempos, por lo que en ese sentido era libre para irse. No esperaba que Puskás se quedara en el extranjero. Todos creímos que al final volvería a casa. Ni siquiera ahora sé por qué se quedó en el Oeste.»

GROSICS: «Sabía que algunos compañeros no volverían a Hungría. Fue el final de la era del Equipo Dorado. Jugadores como Puskás, Kocsis y Czibor eran irreemplazables, no solo entonces, sino siempre. Cuando "Öcsi" no regresó en la primavera de 1957, supe que Hungría no volvería a tener un equipo así.»

Oferta del Real Madrid

PUSKÁS: «Al final me prohibieron jugar trece meses desde el momento en que llegué a Italia. Tenía más esperanzas de que alguien me fichara cuando estuviera disponible. El Inter de Milán me hizo una oferta enseguida y empecé a ir a los entrenamientos del equipo (tres meses), pero había engordado mucho: dieciocho kilos de más. Unos dos meses antes de que finalizase la sanción, el Inter me comunicó que no podía ficharme porque su federación requería fichar a los jugadores en una fecha concreta, y conmigo no era posible porque todavía no era libre.»

BARCS: «Todavía guardo una carta de Puskás. Está fechada el 5 de octubre de 1957. Me pide que intente librarle de la sanción para poder fichar en un club. Por supuesto, no podía hacer nada. Era una decisión del partido.»

PUSKÁS: «En ese momento empecé a inquietarme más por lo que me deparara el futuro. Los meses de la sanción habían sido muy deprimentes y solo los soporté porque la perspectiva de jugar en el Inter parecía buena. Ni siquiera podía entrar en un terreno de juego de verdad ni ir a ningún campo de entrenamiento profesional. En Bordighera, Italia, había un modesto club en San Remo cuyos jugadores entrenaban por la tarde, así que durante los primeros meses de la sanción iba allí por las mañanas. Tras el revés de la oferta del Inter, no perdí totalmente la esperanza, pero cuando me enteré a través de Emil Osterreicher de que Santiago Bernabéu, presidente del Real Madrid, quería verme, me alegré.»

Cuando Osterreicher volvió a Viena desde Brasil, decidió no enfrentarse tampoco al «castigo» que le esperaba en Hungría y se fue a España, donde finalmente encontró trabajo en el Real Madrid. Osterreicher había conocido a Bernabéu cuando el Honvéd jugó contra una selección de los dos clubes de Madrid en diciembre de 1956; el presidente del Real Madrid le invitó a entrar en el club como «director técnico».

OSTERREICHER: «Mi primer trabajo consistió en encontrar y proponer jugadores para reforzar el equipo. Por supuesto, ya había pensado en Puskás, pero Bernabéu no parecía muy interesado. Lo había visto en aquel partido en Madrid y no le había convencido. Además pensaba que discutía demasiado con los árbitros. Así que aparqué la idea durante un tiempo. Finalmente, cuando el Inter no pudo ficharlo, Bernabéu me permitió ponerme en contacto con Puskás. Nos vimos en Bolonia.»

PUSKÁS: «Osterreicher estaba en Italia para estudiar al AC Milan, con el que el Real Madrid iba a enfrentarse (lo derrotó) ese año en la final de la Copa de Europa. Me dijo que Bernabéu quería que jugara en el campeonato europeo. «Estoy muy gordo, no podré hacerlo. Necesito tiempo para perder peso», le dije. Me contestó que no me preocupara, que me subiera en el siguiente avión y fuera con él. Al día siguiente estaba en Madrid, con una barriga como un globo, a punto de estallar, manteniendo una extraña conversación con Bernabéu. No teníamos intérprete. Él parloteaba en español, y yo, en húngaro. Después intentó decir algo en alemán y le contesté con las pocas palabras que sabía en español. Al final levanté los brazos y le hice un gesto. «Mire, todo esto me parece muy bien, pero ¿me ha visto? Tengo dieciocho kilos de sobrepeso, como poco». A lo que Bernabéu contestó: «Ese es su problema, no el mío». Aquello fue todo. Era jugador del Real Madrid, aunque uno muy gordo.»

Osterreicher: «Puskás recibió cien mil dólares (en pesetas) por un contrato de cuatro años, más el sueldo y las primas. No era mucho por un Puskás en forma, pero sí por un Puskás gordo.»

Puskás: «Bernabéu me dio cinco mil dólares inmediatamente, que me vinieron de maravilla. Volví a Italia con mi familia y les di la noticia. Hicimos las maletas y fuimos a Viena primero, donde habíamos dejado parte de nuestras pertenencias; desde allí volamos a Madrid. Me puse a trabajar (duramente) y perdí esos dieciocho kilos en seis semanas. Fue un esfuerzo titánico, pero sabía que merecería la pena. No comí pan ni probé el alcohol, y le dije a mi mujer que no quería ni ver un plato de espagueti.»

Szepesi: «Creo que si Puskás hubiera vuelto a Hungría en 1956, su carrera habría acabado. Estaba gordo, bajo de forma y rondaba la treintena. Me sorprendió mucho que jugara otros diez años en el Real Madrid. Necesitaba el desafío que representaba España. En casa podía relajarse, «desaparecer» de un partido, hacer lo que quisiera. Nadie le presionaba. En el Real Madrid no fue así.»

Sándor Barcs visitó a Puskás en España; para él fue una experiencia reveladora.

Barcs: «Fuimos a comer juntos en Madrid, en algún momento de 1958. Puskás pidió marisco, algo que no le había visto hacer nunca. También pidió para mí y no pude comérmelo. "Öcsi, ¿qué es esto? ¿Qué comes ahora, por Dios?", le pregunté. Se limitó a sonreír y contestó: "Ahora soy un profesional, ya sabes"».

El declive del Honvéd

Sin tres de sus mejores jugadores, el Honvéd sufrió en la temporada siguiente a la deserción de Puskás, Czibor y Kocsis. El club iba a descender, pero las autoridades lo salvaron de ese triste destino ampliando la primera división. Hubo quien dijo que después de su regreso se detuvo e interrogó a Bozsik y a otros jugadores durante días (se prohibió jugar a Bozsik seis meses), pero también hay quien insiste en que a Bozsik no le pasó nada. Como era de esperar, Grosics tuvo el comité de bienvenida más hostil.

GROSICS: «Cuando volví a Hungría en mayo de aquel año, me estaban esperando en la frontera con un furgón celular. La sombra de la sospecha nunca desapareció. Para la AVH era un personaje del que no se podían fiar y necesitaba atención especial. Incluso ahora me pregunto si hice bien en volver. Sigo sin saberlo.»

HIDEGKUTI: «El Honvéd intentó compensar la pérdida de Puskás y del resto de los jugadores atrayendo a futbolistas jóvenes, «reclutándolos» en el equipo del ejército. Pero en los siguientes años su trayectoria decayó, ya que los jugadores tenían más libertad para elegir otros equipos y los jefes políticos de los clubes se negaban a entregar a sus mejores jugadores al "ejército". Por supuesto, la pérdida de Puskás, Kocsis y Czibor en la selección fue enorme, y también la de toda la selección sub-21, que desertó. Por eso perdimos rápidamente nuestro poderío en el fútbol. Mi generación se estaba haciendo mayor, pero la flor y nata de la juventud también se fue.»

En Hungría, el régimen de Kadar había dejado de andarse con miramientos con los consejos de obreros y con todo tipo de oposición. A principios de 1957 se amplió la pena de muerte a los trabajadores que se pusieran en huelga o incitaran a hacerla. Se reformó la AVH y la pena de muerte abarcaba, prácticamente, toda crítica contra el régimen.

PUSKÁS: «La única familia cercana que dejé en Budapest fue a mi madre y mi hermana. Vivían en la casa que les había comprado en la ciudad y sabía que de ser necesario podrían cuidar del lugar y de sí mismas. Ambas tenían mucho carácter, eran mujeres muy capaces y se las arreglaban muy bien. Al final, mi amigo Bozsik regresó a Budapest, a pesar de que su mujer había conseguido salir del país. Podían haber huido juntos, pero ella volvió y él la siguió. Fue su decisión. No imaginaba que nunca volvería a ver a mis amigos en suelo húngaro.»

Manchester United

El 6 de febrero de 1958, la ciudad de Mánchester (y buena parte de Gran Bretaña) se vistió de duelo. En el accidente aéreo de Múnich, el United perdió siete jugadores, incluidos Duncan, Edwards, Tommy Taylor, Roger Byrne y David Pegg, todos internacionales.

Puskás: «Durante la sanción que nos impusieron a Czibor, Kocsis y a mí, el United nos pidió «prestados» a la FIFA hasta que finalizara la prohibición de jugar. Andaban desesperadamente escasos de jugadores después del terrible accidente de Múnich. El club propuso pagarnos un sueldo básico, pero ni la FIFA ni la Federación Inglesa de Fútbol lo permitió, aunque tardaron seis semanas en decidirse. Al final no pudo ser debido a cuestiones legales.

»El año anterior, el Real Madrid había jugado contra el Manchester en la semifinal de la Copa de Europa (en 1957, el Real Madrid ganó el partido de ida 3-1 y empató 2-2 en el Old Trafford) y seguramente habría tenido que jugar contra él la final al año siguiente de no haber sido por aquel terrible accidente. Cuando me enteré de la noticia, diez minutos después de que sucediera, estaba en Italia. La conmoción fue tremenda, solo aliviada ligeramente cuando supimos que Matt Busby y Bobby Charlton habían sobrevivido. Busby me gustaba mucho. Era un gran futbolista. Todos los jugadores caímos en la cuenta de que podría habernos pasado a cualquiera. El United se estaba convirtiendo en un buen equipo. Era asombroso ver jugar a Duncan Edwards, tan joven y con semejante intensidad. Tenía una enorme presencia física en el terreno de juego y siempre trabajaba para el equipo. Fue una gran pérdida para su club y para el fútbol. Un tiempo después del accidente, cuando jugaba en el Real Madrid, fuimos a Inglaterra para disputar un amistoso benéfico contra el United en el Old Trafford. Ganamos 1-6.»

Tío Guszti

PUSKÁS: «Fue terrible dejar tantos amigos en Hungría, sobre todo al entrenador que había sustentado mi carrera internacional. Sebes era un hombre muy inteligente, calmado y esencialmente bueno. Era imparcial, nunca hizo daño a nadie y siempre estaba dispuesto a prestar ayuda, de estar en su mano, a todo el que se la pidiera. Todos los jugadores lo respetaban. La verdad es que nos quería, no solo a Bozsik y a mí, sino a todo el Equipo Dorado. Es una de las personas más auténticas y honradas que he conocido; al echar la vista atrás, no encuentro nada que decir en su contra.

»En su juventud había sido un excelente internacional. Después de la guerra, cuando se le nombró entrenador de la selección (y también viceministro de Deportes), fue el cuerpo y el alma del Equipo Dorado. Era muy serio, muy profesional, pero también tenía sentido del humor y nos divertíamos mucho. Ni que decir tiene que nos encantaba contar chistes sobre él, pero nos conocía bien, sabía lo que necesitábamos para triunfar y se aseguraba de proporcionárnoslo.

»Era un comunista convencido que nunca perdió la fe. Desempeñó un papel esencial en la creación del Equipo Dorado, pero después de la revolución de 1956 y la consecuente pérdida de jugadores como Kocsis, Czibor y yo, su situación se complicó. Se inició una búsqueda de chivos expiatorios que Sebes sufrió en sus carnes y que impidió que el fútbol húngaro progresara. Además, algunos jóvenes que se habían ido se negaron a regresar después de 1956; muchos de sus entrenadores en Budapest se desmoralizaron. Algunos jugadores del Equipo Dorado íbamos cumpliendo años y se necesitaba un nuevo aprovisionamiento de jóvenes talentos para mantener el nivel. A pesar de la presencia de Grosics, Buzánszky, Budai, Bozsik e Hidegkuti en el equipo que fue al Mundial de 1958, este no se parecía en nada al de siempre. Además, para entonces habían perdido a Sebes, al que habían despedido de sus cargos como seleccionador nacional y viceministro de Deportes.

»Cuando renunció a su puesto en el ministerio, en enero de 1957, Sebes alegó que le era imposible seguir trabajando allí. En los años posteriores entrenó al Újpest y al Honvéd; muchos lo identifican como el padre del «fútbol total». Con todo, su mayor creación fue el Equipo Dorado. Lo había construido principalmente centrado en Puskás y sin él no podía mantenerse en pie.»

HIDEGKUTI: «Desde que Puskás se fue del país, la selección nacional no volvió a ser la misma. A partir de entonces jugué a menudo en su posición, pero no conseguí cubrir su ausencia. No solo era un gran jugador y el capitán, sino también un "jugador-entrenador". Lo veía todo, imponía disciplina en el equipo y era capaz de analizar cualquier tipo de situación futbolística sobre la marcha. Unas breves instrucciones por su parte en el terreno de juego solucionaban todos nuestros problemas.»

10

Años en el Real Madrid, 1958-67

Primera parte

«El entrenador dijo que no era suficientemente bueno para jugar en el barro.»

Mucha gente, tanto del mundo del fútbol como de fuera de él, creía que Puskás estaba acabado como jugador, al menos como un jugador extraordinario. Cuando llegó al Madrid, tenía treinta y un años, no estaba en forma y no había jugado profesionalmente desde hacía dieciocho meses. El Real Madrid era un club difícil para él, sobre todo para alguien acostumbrado a ser capitán y a tener influencia en los asuntos del equipo. En el Madrid, Alfredo di Stéfano, sin duda el mejor jugador del mundo en esos tiempos, era el jefe en el terreno de juego y muchos aficionados veían con escepticismo la forma física de Puskás y su habilidad para «congeniar» con su gran estrella. Cuando empezó la temporada, al principio los seguidores pensaron que era lento y pesado: ciertamente, el fútbol liguero español era más rápido que el estilo húngaro de «conseguir que solo el balón fuera rápido». Pero lo único que necesitaba Puskás era jugar partidos y acabó siendo el segundo mayor goleador (con un gol menos que Di Stéfano) de la liga española (1958-59).

Puskás: «Llegué a Madrid en el verano de 1958, un par de meses antes de que comenzara la temporada. Entrené con el equipo seis semanas y después fuimos a Argentina (debuté en el Real Madrid en Buenos Aires) y a continuación a Uruguay, antes de regresar a España a tiempo para empezar la liga. En el segundo partido de liga (contra el Sporting de Gijón, el 21 de septiembre) ganamos 5-1 y marqué tres goles, uno de cabeza, algo que no fue fácil, ya que el terreno de juego estaba embarrado y apenas se podía saltar. Me encantó el ambiente del estadio, en el que había cien mil espectadores a pesar de la lluvia.

»Tuvimos muy buenas críticas en los periódicos, pero, en el siguiente encuentro (en Vigo), el entrenador, Carniglia, me llevó aparte y me dijo: «Te dejo fuera de este partido porque el terreno está pesado y mojado y sé que no te gusta». Le contesté que me parecía bien. ¿Qué otra cosa puede hacer un jugador? Ganamos 2-4. Al regreso, el presidente, Bernabéu, me preguntó por qué no había jugado. Dije que solo se pueden sacar once jugadores y el entrenador añadió que yo no jugaba bien en el barro: por eso me había dejado en el banquillo. El presidente no dijo nada, pero a la semana siguiente estaba en el equipo.»

OSTERREICHER: «Puskás no le cayó bien a Carniglia desde que llegó. Por supuesto, no estaba en forma e, incluso después de comenzada la liga, Puskás estuvo corriendo durante un tiempo mientras sus compañeros jugaban. Pero se limitó a bajar la cabeza y a esforzarse. Al poco, el resto de los jugadores (un tanto distantes al principio) empezaron a llevarse muy bien con él y su juego convenció a Bernabéu rápidamente.»

PUSKÁS: «La liga española era mucho más rápida que la húngara; también más competitiva. No era como el Honvéd y el MTK en una división que siempre ganaba uno de los dos. Pero decidí no pensar en ello y tomé la decisión de hacerlo lo mejor posible y triunfar. Seguramente, fue el momento de mi carrera en el que demostré más determinación. Sabía que no podía esperar el mismo trato que había tenido en el Honvéd o en la selección húngara, y no lo recibí. No contaba con un Bozsik con el que había jugado desde que tenía tres años y al que solo tenía que decir "¡Ahora, Cucu!" para recibir el pase perfecto en el momento adecuado.

»Al principio no conocía a nadie en el club. Solo hablaba con los jugadores en el terreno de juego, y no mucho porque mi español se limitaba a «buenos días» y «buenas noches». No podía mantener una conversación. Me costó unas seis semanas empezar a controlarlo; mi mujer aprendió también, y a mi hija, que jugaba a todas horas con niños españoles, no le costó nada hablarlo. Compré una bonita casa a unos tres kilómetros del estadio. El club me pagaba el salario y las primas, pero la casa corrió de mi cuenta.

»Me pusieron en la misma posición de interior izquierdo en la que había jugado en Hungría e hice todo lo que pude por ser un buen complemento del equipo. En esa temporada marqué veintiún goles; Di Stéfano, veintidós. Pero después fui el máximo goleador de la liga española durante cuatro años seguidos. Mi forma de jugar era distinta, pero me acostumbré pronto a la suya. Si Gento tenía el balón en la banda izquierda, sabía que, como era tan rápido, si no corría a toda velocidad no habría nadie cuando lo centrara. También tuve que encontrar mi puesto entre los mejores jugadores del mundo de aquellos tiempos: Di Stéfano, Kopa, Rial y demás.»

El Real Madrid no siempre había sido el gigante en el que se estaba convirtiendo cuando entró Puskás. Santiago Bernabéu se hizo cargo del club en 1943, cuando en el estadio apenas cabían dieciséis mil espectadores; era un equipo de segunda clase. Reorganizó completamente el club y construyó un nuevo estadio con dinero recaudado en parte con un sistema en el que los socios tenían acciones y se les permitía utilizar el resto de las instalaciones: piscinas, pistas de tenis, gimnasio e incluso un hospital. El Real Madrid se convirtió en el club europeo modélico, con un estadio vanguardista y un equipo a juego que ganó la Copa de Europa en sus cinco primeras ediciones.

Puskás: «Al poco, los cien mil espectadores que abarrotaban el estadio Bernabéu eran mis mejores amigos. Les gustaba mucho, pero la verdad es que creo que lo merecía. Durante el tiempo que jugué allí, además de las victorias en la Copa de Europa, ganamos muchos trofeos, incluidos cinco títulos de la liga consecutivos de 1960 a 1965, una hazaña sin precedentes en el fútbol español. Nunca defraudé a esos aficionados y di lo mejor de mí mismo por ellos siempre que pude. Sentía realmente su cariño y su respeto, y sin duda por eso viví tan bien en España y guardo tan buenos recuerdos de aquellos tiempos.»

Regreso a Hungría

Después de 1956, Puskás pasó de ser un héroe nacional a no existir en su país de origen. En Hungría apenas se informaba oficialmente sobre su carrera en España, a excepción de las noticias que llegaban a través de los futbolistas.

TICHY: «Cuando Puskás empezó a jugar en el Real Madrid, prácticamente solo nos enterábamos de los resultados de los partidos. El pueblo culpaba a los líderes políticos por haberle obligado a él y a otros jugadores a irse de Hungría. Por eso no podían mencionarse sus nombres. Por supuesto, todos queríamos tener noticias, en especial de Puskás; nos aferrábamos a todo lo que encontrábamos. Oímos rumores de que había adelgazado y nos moríamos por saber qué tal estaba jugando.»

Alfredo di Stéfano

No se deberían infravalorar los retos que tuvo que superar Puskás en el Real Madrid. Además de sus penurias para recobrar la forma física adecuada (algo que con el paso del tiempo le resultaba cada vez más difícil), también necesitaba la actitud mental apropiada. Puskás había dirigido todos los equipos en los que había jugado, casi desde que era adolescente. Había capitaneado el Honvéd, el mejor club de su país, y la selección nacional, la mejor del mundo. Lideraba esos equipos en el terreno de juego; estructuraba las tácticas de juego; prácticamente elegía a los jugadores y, tal como decía Tichy: «Si Puskás quería estofado, eso era lo que comíamos».

En el Real Madrid había entrado en un equipo en el que alguien ocupaba ya la privilegiada posición de la que había gozado él durante toda su vida futbolística. En Madrid, Di Stéfano era la gran estrella, capitán y líder de sus hombres. Era el primero que saltaba al terreno de juego, dominaba la vida del club y era el principal foco de atención. En España podía haberle salido todo mal a Puskás, pero demostró ser muy inteligente y tener una férrea determinación por triunfar. Fue prudente y no intentó competir con Di Stéfano. Observó y escuchó, y estudió al gran argentino hasta que creyó que le entendía.

Puskás: «A pesar de que desde fuera pudo parecer una situación difícil, nunca tuve verdaderos problemas con Di Stéfano. En Hungría, tanto en los clubes como en la selección siempre salía el primero al terreno de juego porque era el capitán, así que en Madrid hice todo lo contrario y adopté la costumbre de salir el último. Me dediqué a estudiar a Di Stéfano a fondo y me propuse conocerlo tan rápidamente como pudiera, como jugador y como persona.»

Osterreicher: «En el último partido de esa temporada, Puskás y Di Stéfano estaban empatados como máximos goleadores. En un partido contra el Granada, el Madrid estaba atacando. Puskás tenía el balón en el pie (y el gol a su merced), pero se lo pasó a Di Stéfano para que marcara él.»

Puskás: «Los dos habíamos marcado veintiún goles. Pensé que, si anotaba ese, no volvería a hablarme en la vida. Fue lo mejor que pude hacer. Esa temporada fue el máximo goleador; yo, el segundo. Nos hicimos muy amigos.

»Di Stéfano no era un hombre fácil y podía ser relativamente impredecible. Un desmesurado deseo de ganar y ser el mejor a cualquier precio dominaban su vida. Si algo amenazaba esas dos aspiraciones, podía ser tan testarudo y cruel como un niño. Era igual de implacable consigo mismo; si no estaba totalmente en forma (nos puede pasar a cualquiera), lo compensaba con energía y entusiasmo, y puro esfuerzo de ser necesario. Quería lo mismo de todo el mundo. No le gustaban los extraños; si alguno se le acercaba, se cerraba y parecía muy antipático, pero si alguien que conocía le presentaba a un amigo o a un aficionado, se mostraba encantador y acogedor.»

Didí

En el verano de 1959, el Real Madrid fichó al centrocampista brasileño Didí (Valdir Pereira), que jugaba en el Botafogo. A principios de la década de los cincuenta, en su anterior club, el Fluminense, había perfeccionado el disparo «banana», con el que curvaba la trayectoria del balón por encima de una barrera de jugadores para meterlo en la portería. Había sido la estrella del equipo que había conquistado el Mundial de Brasil en 1958 y se le había elegido mejor jugador del mundo, algo por lo que nunca se ganaría la simpatía de Di Stéfano. Corrían rumores de que existía un «choque de personalidades» entre el nuevo brasileño y el capitán argentino del Real Madrid. Al final, Didí no duró mucho en el club.

PUSKÁS: «Cuando Didí perdió su puesto en el Real Madrid, muchos lo achacaron a las críticas de Di Stéfano, pero no creo que tuviera mucho que ver. Didí estaba muy delgado cuando llegó al Madrid y se movía muy bien. Solo estuvo unos dieciocho meses en el club y me temo que engordó y se volvió lento; dio la impresión de que había ganado los kilos que yo había perdido. Un jugador lento no tiene ninguna oportunidad en ese equipo.»

Se cedió a Didí al Valencia; en 1960, se le volvió a vender al Botafogo. Se fue diciendo que Di Stéfano le había boicoteado para desestabilizar su puesto en el Real Madrid.

PUSKÁS: «Di Stéfano no daba órdenes a los jugadores en el terreno de juego, aunque a veces se le oía quejarse a lo lejos y le contestábamos con más quejas. En cierta forma no era muy diferente a la situación que había en el Honvéd (no se hacían recriminaciones en el vestuario después de los partidos), pero quizás en Hungría manteníamos una amistad más firme. Al fin y al cabo, allí nos conocíamos desde adolescentes y habíamos crecido juntos en muchas formas.

»En cualquier caso, Di Stéfano tenía motivos para rezongar si quería: era un extraordinario jugador y veía cosas que otros eran incapaces de ver. Ningún partido es perfecto, siempre se cometen errores. Pues bien, Di Stéfano memorizaba todos los que se habían cometido: tal o cual no se había desmarcado lo suficientemente rápido; alguien tenía que haberle visto en la posición en la que se había colocado, pero no le había pasado... Nunca me importó. Seguramente fue el mejor delantero centro del mundo en ese tiempo. Conocía perfectamente el fútbol y siempre estaba preparado, física y mentalmente. Creo que hice una pequeña contribución a su juego: le gustaba estar muy retrasado, casi en la defensa; a veces le costaba incorporarse al ataque. Le animé a que ocupara una posición más adelantada, similar a la de Hidegkuti como segunda punta en la selección húngara, en la que marcamos muchos goles entre los dos. En ese sentido no era inaccesible. Alfredo y yo éramos buenos amigos, y lo seguimos siendo. Estuvo llamándome "Pancho" durante mucho tiempo.

»Pasamos una semana juntos en el Mundial de Estados Unidos (1994). Se habían escrito un montón de tonterías sobre él, sobre lo frío y distante que parecía a los que no lo conocían. Pero yo sé por lo que pasó. Ese tipo de fama es un auténtico lastre, incluso en aquellos tiempos en los que los medios de comunicación no estaban tan enloquecidos como hoy en día. Al cabo de un tiempo, entendí por lo que estaba pasando. Intenté ser accesible, el "buen chico" siempre afable y sonriente. Pero hay gente que consigue ser realmente odiosa.»

Tradiciones en el Real Madrid antes de un partido

PUSKÁS: «En España, los partidos se jugaban los domingos. Los viernes por la noche antes de un partido fuera de casa íbamos a la ciudad anfitriona o nos alojábamos en un hotel de camino. En los partidos en el Bernabéu, siempre íbamos a una especie de complejo turístico a unos cuarenta kilómetros de Madrid, en la montaña. Lo pasábamos bien. Estaba instalado en un lugar muy tranquilo, la comida era excelente y contaba con todo lo que se pudiera desear. En esos tiempos, el Real Madrid podía presumir de ser el club más importante de Europa (quizás incluso del mundo) y de tener una magnífica organización. Me preocupé de comportarme bien y no molestar a nadie dándomelas de "estrella". Ya había demasiadas en ese equipo.

»El sábado por la noche, el entrenador iba a ver a todos los jugadores. Había dos en cada habitación, por las que pasaba para hablarnos del equipo contrario: hay que tener cuidado con esto o con lo otro, intentar hacer esto o lo de más allá... Tardaba unos cinco minutos. En el vestuario, justo antes de un partido, repetía brevemente las instrucciones: eso era todo. Después nos poníamos en marcha. Quizá se hablaba más de lo que estaba acostumbrado en el Honvéd, pero en ese equipo conocíamos a todos los contrarios húngaros e incluso a sus padres. Al cabo de estar unos meses en España sabía lo que podía hacer cualquiera de nuestros oponentes. Nuestro juego era muy sencillo: sabíamos que con Gento contábamos con el instrumento más rápido sobre dos piernas que existía en la banda izquierda; Alfredo comenzaba las jugadas desde atrás y abría el juego si podía; yo estaba arriba con Rial y Kopa, arrimado a la banda derecha. Más tarde, Mateos desempeñó ese papel; luego Del Sol. Eso cambió ligeramente nuestra formación; entonces jugábamos prácticamente dos «segundas puntas». El juego de Di Stéfano era más enérgico que el de Hidegkuti, corría más que lo que lo había hecho nunca "Nandi" y cubría todo el terreno de juego.»

Gento

Francisco Gento fue el extremo más rápido de Europa, con una excelente mentalidad futbolística, a la altura de su velocidad. Ganó seis veces la Copa de Europa durante sus impresionantes ochenta y ocho apariciones en la competición; finalmente fue capitán del Real Madrid (cuando se fue Di Stéfano) y de la selección española. Comenzó su carrera en 1952, entró en el Madrid en 1953 y aún seguía jugando en él en la final de la Recopa de Europa, contra el Chelsea, en 1971.

Puskás: «Gento y yo fuimos grandes amigos. Compartimos habitación durante nueve años allá donde fuéramos con el club. Le gustaba contar la historia de que me lanzaba el jabón a la ducha y yo lo recogía con el pie y lo mantenía en el aire un rato. Era verdad.

»Tenía un aspecto algo raro, era bajo y tenía el pelo negro y ensortijado. Era muy reservado. Llegó al Madrid desde Santander antes que yo, y creo que al principio no lo pasó bien, pero después no tuvo ningún problema. Además de su impresionante rapidez, tenía un extraordinario toque de balón. Nos enseñamos muchas cosas y practicábamos jugadas en los entrenamientos. Solía decirle: "Paco, pásame el balón al pie. Si me haces correr, me cansaré". Nos gastábamos muchas bromas. Tenía un disparo muy potente, pero en ocasiones era muy poco preciso y molestaba a los pájaros que había en los árboles alrededor del campo de entrenamiento. Después nunca encontrábamos el balón. Era un hombre encantador, un excelente futbolista y siguió ligado al club después de retirarse.

»Cuando lo comparo con el otro magnífico extremo izquierdo con el que jugué, Czibor, he de confesar que Gento era un atacante siempre peligroso. Czibor se tomaba la vida menos en serio y lo entendía con mayor facilidad. Tenía una personalidad menos estable (la imprevisibilidad formaba parte de su encanto), y en ese equipo húngaro podía permitirse tener más libertad.»

Vida en Madrid

PUSKÁS: «Nadie me hizo sentir "extranjero" en Madrid y nunca tuve necesidad de esconder mi origen húngaro, aunque tampoco habría podido. Tampoco critiqué a mi patria. Me hice amigo de húngaros que vivían en la ciudad o de gente que venía a verme desde Hungría. Pero los medios de comunicación nunca mencionaban mi nacionalidad. Jugué limpio con todo el mundo y recibí tanto como di.

»Al principio intenté olvidar Hungría. Era muy doloroso recordar que tantos buenos amigos seguían en una situación tan impredecible. Sabía que tenía que empezar una nueva vida en España (aprender el idioma y conseguirme un puesto en el equipo) y eso acaparó toda mi atención y mi determinación. Así que durante un tiempo dejé de leer los resultados en los deportes húngaros o cualquier tipo de noticia, para evitar la nostalgia y el desconsuelo. La verdad es que tardé tres o cuatro años en aceptar con calma la situación; si un equipo húngaro venía a la ciudad, iba a verlo y a hablar con sus integrantes. En ese momento, empecé a reconectar con lo que pasaba en el deporte húngaro.»

Tras la revolución húngara y la huida de unas cien mil personas, había grupos de expatriados húngaros en todas las ciudades de Europa.

Puskás: «Fuera donde fuese con el Real Madrid, siempre había grupos de húngaros esperando para darme la bienvenida. Se identificaban conmigo por el hecho de que, como ellos, me había sido imposible permanecer en Hungría después de 1956. Cuando el equipo saltaba al terreno de juego en distintos países europeos, incluso oía el grito: «*Hat három!*», que significa «seis-tres», en referencia al partido en Wembley en 1953. Me alegraba oírlo, pero siempre me tocaba hacer el papel de intérprete, presentar el equipo a esos grupos y decir algunas palabras sobre cada jugador. Los compañeros se cansaban y me decían: "Venga, a ese ritmo no acabamos hasta mañana".

»Durante una temporada tuve que firmar miles de fotografías, banderas, camisetas o cualquier trozo de papel y presionar al resto de los jugadores para que me siguieran. Creo que a menudo les parecía muy aburrido, era gente completamente desconocida para ellos. Pero me buscaban para que los ayudara. Muchos habían crecido viéndome jugar en el Honvéd o en la selección húngara, e hice todo lo que pude para no olvidarlo. A veces no fue fácil. En ocasiones pensaba que no podía más, pero ¿cómo iba a desatender a un compatriota teniendo una historia como la nuestra? ¿Cómo no iba a hacer caso cuando me hablaban en húngaro? Por muy cansado que estuviera, no habría sido humano pasar de largo.

»Me mantuve en contacto (por carta y por teléfono) con amigos y familiares en Hungría, aunque con mi madre lo hacía casi exclusivamente por teléfono porque estaba perdiendo la vista y me decía que ya no podía leer mis cartas. Pero le envié postales desde todas partes del mundo y vino a Madrid (y después a Grecia) para pasar temporadas conmigo y la familia. Era una buena mujer, trabajadora, realista. La quería mucho.»

Problemas con el entrenador Carniglia

PUSKÁS: «Me desconcertó que me dejara en el banquillo ese segundo partido. Nunca me sentí realmente a gusto con Carniglia. En 1959, al final de mi segunda temporada, cuando jugamos contra el Reims en la final de la Copa de Europa en Stuttgart, llegamos a un punto crítico. Sin embargo, antes de eso, habíamos tenido una serie de partidos emocionantes contra el gran rival del Madrid, el Atlético de Madrid. En el primer partido marqué un gol de penalti. No había jugado especialmente bien, ni tampoco muchos otros de mis compañeros. Quince días después volvimos a enfrentarnos y empatamos de nuevo, así que tuvimos que jugar un tercer partido y marqué el gol de la victoria (con la pierna derecha). Habían corrido rumores de que no me sacarían en el segundo partido, pero no les presté atención.

»Jugué otro partido de liga contra el Bilbao antes de ir a la final en Stuttgart. El entrenador no me había dicho nada en absoluto durante los días que entrenamos en Alemania, pero una hora antes del partido vino a decirme que estaba «lesionado» y que no jugaría. No pude hacer nada. El entrenador creyó que no estaba en forma. Además, en esos tiempos no había reservas. Me desanimé. Habría sido mi primera final en la Copa de Europa (y nadie sabía que estaríamos allí al año siguiente). Pero nunca me dura el malhumor y vi el partido desde las gradas. El Madrid jugó bien y ganamos 0-2. Incluso nos concedieron un penalti (normalmente los tiraba yo) y mi sustituto lo falló. Después del partido, los directivos felicitaron a los jugadores y el presidente se sentó a mi lado y me preguntó por qué no había jugado. Le expliqué que Carniglia me había dicho que estaba «lesionado». "¿Recibiste un golpe en los entrenamientos?", me preguntó. Le contesté que estaba bien, pero que era mejor que hablara con el entrenador.

»Volvimos a Madrid y nos dieron treinta días de vacaciones en las que me alejé del fútbol. En nuestro primer día de entrenamiento, el presidente vino al vestuario a estrecharnos la mano y a preguntarnos qué tal estábamos. No dijo nada más, volvió a su oficina y escribió una nota a Carniglia en la que le daba las gracias por su trabajo en el club y le informaba de que no iba a renovarle el contrato. Eso fue todo, no se lo dijo a nadie, nos enteramos más adelante. Estoy seguro de que la impredecible actitud de Carniglia hacia mí le costó el puesto. Tampoco creo que le cayera excesivamente bien a Bernabéu, a pesar del éxito del equipo. Carniglia era un tipo muy extraño, pero muchos años después acabé llevándome bien con él. De hecho, al volver a ver unas viejas fotografías, descubrí sorprendido que había jugado contra él en la gira del Ferencváros de 1947 en México. Cuando lo conocí en Madrid en 1958, su cara me sonaba, pero nunca caí en la cuenta de por qué. Jamás lo mencionó mientras fue entrenador del Real Madrid.»

11

Años en el Real Madrid, 1958-67

Segunda parte

«Era fantástico volver a estar en un equipo dorado.»

El Real Madrid se convirtió en el mejor club del mundo. El fichaje de Puskás por parte de un equipo que ya contaba con Di Stéfano, Kopa, Gento y Santamaría elevó el juego del Madrid a un nivel excepcional. Alcanzó su mayor esplendor en la final de la Copa de Europa de 1960 en Glasgow, un partido que muchas personas consideraron (y siguen haciéndolo) el mejor encuentro de equipos europeos de todos los tiempos. Puskás formaba parte de ese equipo y su presencia pareció catalizar una especie de perfección futbolística. No fue un caso aislado en su carrera, sino todo lo contrario. Todos los equipos en los que había jugado, del Honvéd al Real Madrid pasando por la selección húngara, habían sido los mejores del mundo. Es una de las particularidades de su vida que lo alzaron a la esfera de los futbolistas extraordinarios. Prácticamente pasó toda su carrera (más de veinte años) no solo en lo alto, sino en la cúspide de su profesión. Nunca bajó de esa cima. Todo lo que tocó en el mundo del fútbol se convirtió en oro.

Puskás: «Fue maravilloso estar en otro equipo dorado. En el Real Madrid reinaba la camaradería, quizá no tanta como en el Honvéd, pero era comprensible. Creo que todo buen equipo necesita que se establezcan buenas relaciones personales entre sus jugadores. Al menos esa ha sido mi experiencia toda mi vida. Los extranjeros del Madrid se llevaban especialmente bien. Kopa (medio francés y medio polaco), Alfredo y yo organizábamos partidas de cartas cuando viajábamos y desplumábamos a los jugadores españoles, que no eran tan buenos como nosotros. Kopa tenía un excelente sentido del humor, pero Alfredo se enfadaba mucho si perdía (y solo apostaba las monedas más pequeñas que encontraba).

»Cuando llegaban jóvenes jugadores, encajaban a la perfección; los "mayores" (con diez o doce años más que algunos de ellos) hacíamos todo lo posible para que se sintieran relajados y como en casa. Se animaba a las mujeres y a las novias de los futbolistas a que se conocieran, a sentarse juntas para ver los partidos y cosas así. Una vez al mes, los jugadores y sus familias se reunían en algún acto social, que favorecía el trato de amistad. Prácticamente no había cotilleos ni murmuraciones. Todos los jugadores del equipo siempre comían juntos el día después del partido, normalmente los lunes. En la actualidad se sigue haciendo lo mismo. Si estoy en Madrid el primer día de la semana, sé perfectamente dónde están los antiguos jugadores que continúan en el equipo: a las doce y media en el sitio de siempre. No tengo que preguntar.

»Esa es la razón por la que éramos un equipo tan bueno: la relación entre nosotros era excelente. En la actualidad es muy difícil conseguir algo así en el nivel superior del fútbol. Por ejemplo, hoy en día, en Hungría no existe una sensación compartida de amistad y cariño entre los jugadores, no hay nada parecido a lo que sentíamos en el Honvéd. Los futbolistas llevan una vida mucho más independiente, un rasgo característico de la vida moderna. Pero los conjuntos que se construyen con buenos jugadores y relaciones armoniosas (como el Honvéd y el Real Madrid en sus mejores momentos) son muy difíciles de vencer. En esos equipos había calidad. Casi siempre podíamos ganar si queríamos, tal como demuestran los datos.

»Supongo que la principal diferencia en el entrenamiento entre el Madrid y el Honvéd era la dureza. En el Madrid se hacía una intensa pretemporada: corta, pero agotadora. Teníamos mucho cuidado de no lesionarnos durante esos entrenamientos, que incluían el desarrollo de la fuerza, subir y bajar una colina, y mucho trabajo con el balón. También entrenábamos cómo estar cerca unos de otros durante un partido para que los pases solo tuvieran que recorrer distancias cortas y pudieran hacerse con precisión. En 1961, tras ganar cinco Copas de Europa consecutivas, estábamos atravesando otra época dorada y hacíamos entrenamientos sencillos, sin sorpresas. Entonces el entrenador era Miguel Muñoz. Había dejado de jugar en el Real Madrid poco antes de que llegara yo, había sido el capitán y un buen jugador. Era consecuente y permaneció en el club trece años; incluso fue el entrenador de la selección española (1968-69). Cuando se le hizo un partido homenaje y el São Paulo nos visitó para la ocasión, fue la primera vez que jugué contra Pelé, que entonces tenía diecisiete años.»

Dinero

PUSKÁS: «Al Madrid no le costé nada en traspasos. En toda mi carrera nunca me compraron ni me vendieron. En Hungría era oficialmente un jugador *amateur* que había abandonado su club (y el Ejército). Pero en cuanto cumplí el castigo que me impuso la FIFA, volví a ser libre para ir adonde quisiera.

»El sueldo en el Madrid era bueno, aunque no como el actual, y nos daban primas por las victorias en los campeonatos. Jugar amistosos fuera de temporada (el Madrid estaba muy solicitado en todas partes) nos daba la oportunidad de ganar un buen dinero extra. El trato era así: en los amistosos se nos permitía apostar a ganar, lo que añadía cierto estímulo a nuestra actuación después de una larga y dura temporada. También nos llevábamos una parte del dinero que hubiera ofrecido el club anfitrión. Cuando volvíamos, nos lo pagaban en pesetas, dividido en partes iguales entre los jugadores, normalmente a los pocos días del partido. Aquello no eran obligaciones contractuales del club, simplemente hablábamos con el cajero y este atendía nuestras peticiones.

»En el club, todo estaba muy bien organizado. Antes de salir de viaje se daban insignias y banderines del club a los jugadores para que los regalaran. Los viajes eran también muy relajados. Nos reuníamos en el club antes de salir y todo el mundo recibía los papeles necesarios, pasaporte, moneda extranjera y cosas así. Siempre nos daban una copia del itinerario con la dirección del hotel y números de teléfono para que las familias supieran exactamente dónde estaríamos en cada momento. Nadie tenía que preguntar nunca: "¿A qué hora sale el vuelo de vuelta?".

»En cuanto a hoy en día, imagino que hay mucho dinero en el fútbol detrás de unos pocos buenos jugadores. Aunque a veces el futbolista adecuado para un equipo cuesta una fortuna, merece la pena si se consiguen éxitos en Europa, que en la actualidad siempre van acompañados de recompensas económicas. A los grandes clubes les gusta comprar «nombres»; los pequeños han de depender del desarrollo de los talentos del futuro.»

La vida en el terreno de juego

Puskás: «Todos los equipos de la liga española sacan un par de jugadores solo para repartir candela. Reconocer a los más fuertes (a los que se les veía llegar y podías apartarte) no era muy difícil. Me preocupaban más los inteligentes. Campara, un defensa del Sevilla, era muy astuto y tan duro como la suela de un zapato, y el Espanyol tenía un par de jóvenes que creían que el fútbol era como la lucha, a juzgar por las patadas y puñetazos que pegaban. Parecía que los habían educado para ese papel, pero al menos eran predecibles y no me dieron muchos problemas.

»En el Madrid me expulsaron varias veces, normalmente por maldecir ante el árbitro porque no estaba recibiendo la protección que debía procurarme (de joven era mucho peor, entonces sí que tenía problemas para controlarme). Como es natural, las ocasiones que mejor recuerdo son aquellas en las que me expulsaron injustamente. Creo que la peor fue una vez que el Real Madrid jugaba en Viena (en los cuartos de final de la Copa de Europa contra el Wiener Sport-Club en 1959). Estábamos atacando e iba a adelantar al defensa Barschandt en la línea de banda derecha. No consiguió pararme; cuando lo sorteé, me agarró las piernas por detrás. Caí de cabeza: cuando mis botas bajaron, lo hicieron en la cabeza de Barschandt. El árbitro suizo me expulsó directamente. Con diez hombres, el Madrid consiguió empatar 0-0.

»Por supuesto, no pude jugar el partido de vuelta. Se le dio mucha publicidad a la expulsión, por lo que el club me envió al aeropuerto con el grupo que iba a dar la bienvenida a los austriacos, para que les entregara unas flores. Y, sin duda, en el estadio Bernabéu les dimos una excelente bienvenida. Los machacamos 7-1. Sin problemas.»

Amistad y rivalidad con el Barcelona

Puskás: «La mayor rivalidad entre ciudades de España es la de Madrid y Barcelona, y el Barça era el mayor contrincante del Madrid (incluso ahora). ¿Y quién estaba en el Barça entonces? No solo Czibor y Kocsis, sino también Kubala.»

La vida futbolística de Lázsló Kubala se desarrolló casi paralela a la de Puskás; sin duda, puede establecerse una gran analogía entre los dos. Kubala era un jugador húngaro con un talento excepcional que tuvo una complicada carrera internacional en los tiempos en los que se podía jugar consecutivamente en más de una selección nacional. Nacido en Budapest el mismo año que Puskás (1927), jugó en el Ferencváros y tres veces en la selección húngara, hasta que en 1946 su familia se fue a Checoslovaquia, con cuya selección jugó once partidos internacionales. Regresó a Hungría, fichó por el Vasas de Budapest en 1950 y jugó tres partidos más con Hungría antes de desertar durante una gira por España. A pesar de las vehementes protestas de la Federación Húngara de Fútbol, los españoles aceptaron su afiliación: en 1951 entró en el Barcelona, con el que ganó cuatro títulos de liga y cinco copas durante su ilustre carrera en ese club. Jugó diecinueve veces en la selección española hasta convertirse finalmente en el seleccionador nacional en 1969.

Puskás: «Los tres jugadores húngaros estaban ya instalados en Barcelona cuando llegué a Madrid. Al mismo tiempo que ganábamos la Copa de Europa en 1959 y 1960, el Barça ganaba la liga dos temporadas consecutivas. Tenían un equipo excelente y parecían capaces de ganarnos cuando quisieran. En ese tiempo, los húngaros de allí me tomaban el pelo sin piedad e incluso me telefoneaban para restregármelo en la cara. Fuimos subcampeones de liga las dos temporadas que ganó el Barça; la segunda se decidió por diferencia de goles.

»Pero nos vengamos. Después ganamos cinco campeonatos consecutivos y se le dio la vuelta a la tortilla. Entonces fui yo el que hizo llamadas telefónicas. Cuando jugaban contra nosotros, no parecían poder tocar el balón, sobre todo en el Bernabéu. Cuando jugaba en Barcelona, siempre nos veíamos en casa de Czibor o de Kocsis después del partido, pero en Madrid nunca los veía al acabar el encuentro.»

Muerte de Kocsis

PUSKÁS: «Creo que Kocsis jugó en el Barcelona hasta 1966, Czibor se fue antes. Kocsis tuvo unos años muy buenos allí y llegó a querer profundamente al club. Tenían un equipo extraordinario. Vi a Kocsis por última vez a mediados de los años setenta, en un partido benéfico en Offenbach, Alemania. También jugó Di Stéfano, Uwe Seeler, Bobby Charlton y otros grandes jugadores. Czibor había venido desde Barcelona con Kocsis, aunque tenía problemas con una pierna y no pudo jugar; Czibor lo llevó a un famoso ortopedista alemán y le encargó unos zapatos especiales para él.»

Kocsis se quedó en Barcelona después de retirarse, abrió un café y dedicó su tiempo a otro juego que le apasionaba: el ajedrez. Empezó a tener problemas físicos en 1974 tras un accidente doméstico en España; le cayó un armario pequeño encima del pie. A pesar de que la herida no curaba, Kocsis no fue a ver a ningún médico; cuando lo hizo, tuvieron que amputarle el pie. Más o menos al mismo tiempo le diagnosticaron un cáncer de estómago y le sometieron a varias operaciones. Kocsis sufrió una gran depresión y empezó a beber, en serio. En 1976 volvió a Budapest por primera vez y después hizo otro viaje al cabo de tres años. Murió en Barcelona (casi seguro que por voluntad propia) en julio de 1979.

PUSKÁS: «Lo que le pasó a Kocsis fue muy triste. A finales de los años setenta se puso muy enfermo. Tenía cáncer. Le operaron y se recuperó durante un tiempo. Recuerdo que le impusieron una dieta muy estricta y que volvió a Hungría para hacerse más revisiones. No creo que los médicos le dijeran lo grave que estaba, volvió a enfermar y tuvieron que hospitalizarlo en Budapest y en Barcelona. Tenía intensos dolores y alguien dejó una ventana abierta cerca de su cama. A pesar de que casi no podía moverse, consiguió arrojarse por esa ventana y poner fin a su vida. ¿Quién puede culparle? Solo tenía cincuenta y un años.»

VÁNDOR: «Estuve con Kocsis en un hospital de Budapest. Creo que fui la última persona que le entrevistó. Estaba muy deprimido; cuando me iba, me pidió que cerrara la puerta. Aquello me dejó muy preocupado y le pedí a un celador que dejara la puerta abierta y lo vigilara. Entonces no se mató, pero después (en el hospital de Barcelona) alguien debió de cerrar la puerta y aquello le procuró la oportunidad de acabar con su vida.»

PUSKÁS: «Siempre he sentido un gran respeto por él. Fue un magnífico delantero, con un historial que habla por sí solo. Tenía rarezas y se mostraba muy reservado cuando estaba con gente que no conocía bien; sin embargo, tras un difícil comienzo, nos llevamos muy bien durante muchos años.»

Final de la Copa de Europa, 1960: Real Madrid 7, Eintracht Frankfurt 3

El 18 de mayo de 1960, Glasgow fue la ciudad anfitriona de uno de los partidos más famosos y elogiados de la historia del fútbol. Era la quinta final consecutiva de la Copa de Europa, pero Puskás la disputaba por primera vez. Un numeroso público, en su mayoría escocés, acudió a Hampden Park: la BBC retransmitió el partido en directo a toda Europa.

PUSKÁS: «A pesar del resultado, ese partido en Glasgow contra el Eintracht, que había ganado a buenos equipos (como al Glasgow Rangers 6-1 y 3-6 en la semifinal) y al que no conocíamos bien, fue muy duro. Aquel día había ciento treinta y cinco mil espectadores en Hampden Park: fue uno de esos maravillosos momentos en los que todo el equipo juega admirablemente y casi conseguimos una especie de perfección futbolística.

»Del Sol había entrado en el Madrid ese año y esa noche jugó de maravilla. Aunque no era muy alto, para nosotros era un "Duncan Edwards": contaba con un enorme talento natural, nunca dejaba de correr y tenía un potente disparo. Era un pequeño tigre. Por supuesto, Alfredo también jugó con brillantez.

»Antes de ese partido, el domingo jugamos el de la liga española y salimos hacia Glasgow al día siguiente. Conocía Hampden de cuando había estado con la selección húngara. Era un estadio enorme con un buen terreno de juego, aunque quizá no tan perfecto como el de Wembley. Casi nadie en el club sabía nada del Eintracht. Nos advirtieron de que era un buen equipo y sabíamos que los alemanes serían duros, como poco.

»Empezaron mejor que nosotros y consiguieron un 1-0 antes de que abriéramos los ojos. Di Stéfano fue el primero en despertar y marcó dos goles, uno detrás de otro. Después yo anoté cuatro (uno de penalti) seguidos, tres de ellos en la segunda parte; Alfredo los remató con su tercero. Cuando íbamos 6-1 nos relajamos y nos marcaron dos tantos, pero no nos preocupó. Todo lo que hacíamos parecía salir bien y, a pesar de que empezamos lentamente, cuando llegamos al cénit tuvimos la impresión de que podíamos derrotar a cualquier equipo del mundo. ¿Qué voy a decir? Todo el equipo funcionó como una maquinaria bien engrasada: fue un privilegio estar allí.»

Es lo que pensó el público de Hampden Park. Para los presentes fue una inolvidable ocasión de presenciar, según el consenso general, la mejor actuación de un equipo en todos los tiempos, quizá solo comparable a la sorprendente victoria del AC Milan 4-0 contra el Barcelona treinta y cuatro años después, en la final de la Copa de Europa de 1994. Después del partido en Glasgow, unos cuarenta mil aficionados permanecieron en las gradas durante casi una hora para rendir homenaje a la demostración de fútbol de ataque que habían presenciado. Un periodista escribió:

> «El público escocés sabía que había visto uno de los mejores partidos de fútbol de todos los tiempos; la única pena era que había pocas posibilidades de volver a ver algo así. Apuntaron el día, el 18 de mayo de 1960 y lo marcaron tal como otros hacían con el día de san Crispín y se sintieron afortunados de haber estado allí» (Widdows, 1973, pág. 72).

PUSKÁS: «El clamor que nos rodeaba no nos dejó oír el pitido final del partido. Los aficionados escoceses saltaron al terreno de juego encantados. Después del partido, algunos futbolistas escoceses contra los que había jugado anteriormente vinieron a felicitarme y la alegría en Madrid era incontenible. Los medios de comunicación de todo el mundo nos alabaron (durante unos días al menos) y la vida era perfecta. Fue un partido maravilloso.

»El viaje de regreso fue memorable, pero al principio no podíamos salir de Glasgow. Nos costó un día. Organizaron un desfile por el centro de la ciudad que acabó en el ayuntamiento. Grupos de gente que vitoreaba nos saludaba en todas partes; era como si fuéramos su equipo y hubiésemos ganado. Incluso vinieron aficionados escoceses a despedirnos al aeropuerto. No cabe duda de que les gustaba el fútbol.

»Resulta extraño lo importante que ha sido en mi vida jugar en Gran Bretaña. Ese partido con el Real Madrid en 1960 y el 3-6 en Wembley con Hungría fueron ocasiones fantásticas en las que estar presente y formar parte de la historia del fútbol, no solo una vez, sino dos. Con todo, no me resultó fácil jugar ese partido en Glasgow. Tenía treinta y tres años. Antes de saltar al terreno de juego tuve una mala sensación en la boca del estómago. Pensé: "Ya no tienes veinte años, ¿estarás a la altura?".

»Sin embargo, como por arte de magia, en cuanto pisé el césped, ese pensamiento desapareció. Es algo que me ha pasado toda la vida, a pesar de los miedos anteriores al partido, en cuanto salgo al campo pienso: «Puedo hacerlo. Sé cómo hacerlo y quiero hacerlo». Así es cómo conseguí seguir jugando hasta una edad algo avanzada para un futbolista. Tenía que cuidarme, por supuesto, y algunas veces no jugaba tan bien como me habría gustado. Pero nunca pensé que nadie pudiera ganarme. Ya fuera con el Honvéd, la selección húngara o el Real Madrid, siempre me decía para darme confianza: "No podemos perder". No sé por qué. Si perdíamos, siempre me echaba la culpa y también al equipo por no habernos concentrado bien… o lo que fuera.»

El balón del partido

Puskás: «En Glasgow marqué cuatro goles; Di Stéfano, tres; y Stein, un jugador alemán, dos. Cuando faltaban segundos para que terminara el partido, Alfredo y yo estábamos congelando el balón y nos lo pasábamos el uno al otro. A veces lo hacíamos al final de partidos que sabíamos que estaban ganados. Era un juego entre nosotros para ver quién se quedaba el balón al final. Siempre venía bien tener balones para las muchas peticiones que recibíamos de aficionados y organizaciones. En esa ocasión había mirado el reloj del árbitro y estaba contando mentalmente el último minuto para asegurarme de que tenía el balón cerca cuando pitara. Era el jugador que más goles había marcado, así que si el balón era de alguien, era mío. Pero sabía que Alfredo había hecho un triplete y que, si podía, se lo quedaría. Cuando sonó el silbato, el balón estaba a mi lado. Lo recogí y cuando iba hacia el círculo central, Stein se acercó y me lo pidió. Al principio me negué, pero a la tercera vez que insistió, pensé: "Me apetece mucho quedarme este balón, pero este hombre ha marcado dos goles y ha perdido el partido. Es lo menos que puedo hacer". Así que se lo di. Seguramente, el balón del partido de 1960 sigue con él en Alemania.»

Campeones del mundo

Sebes: «Cuando estuve en Italia en los Juegos Olímpicos de 1960, un delegado español se me acercó y me pidió que fuera con él a Madrid para ver el partido de la Copa Intercontinental entre el Real Madrid y el Peñarol. Sabía que sentía mucha curiosidad por ver cómo estaba jugando Puskás (hacía tres años que no lo veía), pero le expliqué que necesitaba un visado y permiso de las autoridades húngaras. Al día siguiente, vino con unos billetes de avión, una invitación oficial y todo lo necesario: no tuve problemas con el visado de la embajada española y me dieron permiso desde Budapest.»

Puskás: «Después del partido en Glasgow, jugamos contra los campeones de Sudamérica, el Peñarol, de Uruguay, en el primer Campeonato Mundial de Clubes. En el partido de ida fuera de casa, tácticamente solo buscábamos un empate y asegurarnos de que no perdiéramos. En el Bernabéu los machacamos 5-1. Tras jugar una vez contra ellos, desciframos su juego. Cuando faltaban diez minutos íbamos 3-0, pero seguimos jugando con un ataque continuo. Nuestros aficionados estaban en éxtasis, tuvieron la oportunidad de celebrar toda la temporada a la vez, en el estadio se respiró un ambiente fantástico y después hubo una fiesta increíble. Incluso durante el partido, con todas las gradas llenas, había miles de personas fuera, solo para estar cerca. Éramos el mejor club del mundo.»

Sebes: «Fue un partido maravilloso, ante unas ciento veinticinco mil personas. Puskás estuvo genial, marcó tres goles y participó en los otros dos. Después me invitó a ir a su casa para celebrar el octavo cumpleaños de Aniko y lo pasamos estupendamente, aunque me fijé en que Puskás solo abrió la botella de champán y dijo: "¡Salud!". No bebió nada. Fue la primera oportunidad de conversar que tuvimos en mucho tiempo; me preguntó cómo iban las cosas en Budapest y hablamos de los viejos tiempos. Mientras le escuchaba, me di cuenta de lo difíciles que habían sido los primeros tiempos en Madrid, sobre todo por las disputas con Carniglia. Pero entonces era tan famoso en la capital de España como lo había sido en su cénit en Budapest. Por ejemplo, por la mañana había filas de taxis delante de su casa para poder disfrutar del privilegio de llevarlo a entrenar. Si se encontraba con semáforos en rojo, la policía paraba el tráfico para que pudiera pasar. Fue maravilloso verlo. Cuando nos despedimos en el aeropuerto, tenía lágrimas en los ojos.»

Siguiente temporada (1960-61)

PUSKÁS: «Después de subir a las cumbres, se desciende a las profundidades. En la siguiente temporada de la Copa de Europa, nos eliminaron en la segunda ronda y, lo que es peor, fue el Barcelona. El fútbol es así. Tienes que empezar de nuevo todo el tiempo.

»En el partido de ida en Madrid, acabamos 2-2; en el de vuelta, 2-1. Ambos encuentros fueron un poco extraños. El árbitro en Madrid tenía buena reputación, pero no fue muy riguroso; casi podría decirse que marcó por ellos. Por supuesto, era otro inglés, Arthur Ellis, creo, que concedió un controvertido penalti cuando Kocsis cayó corriendo justo fuera del área. Mi antiguo compañero húngaro escenificó su famosa voltereta en el área y el árbitro pitó penalti. El juez de línea había levantado la bandera (pero creímos que por fuera de juego).»

ELLIS: «En el último minuto de ese partido de ida entre equipos españoles, Kocsis cayó al suelo después de que le hicieran la versión del Real Madrid de un placaje de rugby y señalé un penalti que marcó el Barcelona. Los jugadores del Madrid, que iban ganando 2-1, intentaron que cambiara de decisión. Entendí: «Accidental», «un accidente» (Ellis, 1962, pág. 94).»

PUSKÁS: «No tenía sentido protestar (aunque eso no contuvo a alguno de los nuestros). No le dije nada a Kocsis antes del partido de vuelta, pero me fijé en que evitaba mirarme a los ojos. En el partido en el Camp Nou, nos anularon tres goles (con otro árbitro inglés, Reg Leafe). Me enfadé mucho con él.»

El Barcelona llegó a la final de la Copa de Europa y se enfrentó al Benfica en el Wankdorf Stadium de Berna, el mismo campo en el que la selección húngara había perdido la final del Mundial en 1954. Para Czibor y Kocsis fue revivir una pesadilla. En un partido emocionante, el Barça se adelantó, le metieron dos goles rápidamente e iban 3-1 en la segunda parte. Czibor metió un gol cuando quedaban quince minutos, pero, a pesar de todos los intentos por empatar, el Barça perdió 3-2.

PUSKÁS: «Czibor y Kocsis derramaron amargas lágrimas en el mismo terreno de juego en el que el Equipo Dorado había perdido su primer partido en seis años consecutivos. No vi el encuentro, pero me contaron lo mal que se tomaron la derrota. Les habían ofrecido una suculenta prima por ganar; quizás eso añadió lágrimas en sus ojos.»

En la siguiente temporada, tras ganar la liga española, el Real Madrid accedió a la Copa de Europa, en la que le tocó enfrentarse al Vasas de Budapest en la primera ronda. El club no quiso correr el riesgo de que no le dejaran volver y no envió a Puskás.

PUSKÁS: «Bernabéu me dijo: "No vas a jugar, no quiero problemas". Estaba claro que se refería a problemas políticos. Me aconsejó que descansara una semana. Si me hubiera pedido que fuera, lo habría hecho. Siempre estaba dispuesto a jugar al fútbol. Pero, al recordar aquellos tiempos, creo que fue mejor no ir.»

En los cuartos de final, el Madrid se enfrentó a la Juventus, a la que ganó 0-1 en Turín, pero en el partido de vuelta perdió (por primera vez en casa en esa competición europea) por el mismo resultado. El tercer partido se disputó en París y el Madrid ganó 3-1.

PUSKÁS: «John Charles jugaba en la Juve. Era un gigante con piernas, parecía un elefante, era tremendamente fuerte. Nuestro defensa Santamaría tuvo una bronca con él. Después del partido tuve que intervenir para calmarlos, ya que habían comenzado una guerra de insultos. Le dije a mi compañero: "Déjalo, el partido ya ha acabado. ¿De qué sirve discutir?". Fue muy divertido: la mitad de la pelea fue en español y la otra media en inglés. Ni siquiera sabía qué se estaban diciendo.

»Después de los dos primeros partidos, esperábamos uno muy duro y nuestra defensa estaba decidida a mostrarse fuerte. Era el encuentro decisivo; un partido importante entre dos prestigiosos clubes que deseaban ganar a toda costa. John Charles era más alto y más ancho que Santamaría, por lo que este solo pudo darle patadas. Él también las recibió.»

Otra final de la Copa de Europa, otro triplete: Benfica 5, Real Madrid 3

En 1962, en el estadio olímpico de Ámsterdam, el Real Madrid jugó contra el entonces campeón, el Benfica, entrenado por el viejo enemigo de Puskás, Bela Guttmann. Al terminar la primera parte el Madrid ganaba 3-2 en una final de la Copa de Europa gracias al segundo triplete de Puskás. Sin embargo, algunos jugadores vitales del equipo empezaban a hacerse mayores (sobre todo Puskás y Di Stéfano) y en la segunda parte Coluna empató; un joven llamado Eusebio marcó otros dos goles para que el Benfica ganara. Al final del partido, Puskás le dio su camiseta al joven jugador y muchos de los espectadores lo vieron como un gesto simbólico: «la entrega del testigo» de uno de los mejores y persistentes (aunque envejecido) futbolistas europeos al nuevo talento que entraba en escena.

PUSKÁS: «Resultó ser otro partido en el que el árbitro fue decisivo. En esa ocasión no era inglés, sino Leo Horn, el holandés que había pitado el encuentro que acabó 3-6 en Wembley. A Di Stéfano le hicieron continuas faltas en el área sin que se señalara nada; además, ellos consiguieron un dudoso penalti en la segunda parte (después del partido le dije al señor Horn que había quedado patente su amistad con el señor Guttmann). Habíamos marcado treinta goles en cuatro rondas y la final; había hecho un triplete y, aun así, perdimos. Los tres máximos goleadores de Europa ese año eran del Madrid: Alfredo, Tejada y yo, con siete cada uno.

»Al acabar el partido, Eusebio vino a pedirme la camiseta. Se la di, ¿por qué no iba a hacerlo? Ya era un excelente jugador, con una tremenda habilidad. También llegamos a ser buenos amigos. Le di la camiseta como gesto de amistad, no hubo otra intención.

»En el Madrid, el ambiente era sombrío y lúgubre. Todo el mundo estaba muy enfadado con el arbitraje del partido y no pude dejar de recordar el «segundo» gol anulado en Wembley en 1953, que después Leo Horn admitió que había sido legítimo. Pero el fútbol es así. Para el Madrid fue un trago amargo.

Sabíamos que habíamos jugado bien, que habíamos controlado el partido, pero que al final perdimos. Ningún club puede ganar siempre.»

Otro Mundial, otro país

Puskás volvió a jugar en otra final de un Mundial. En 1962, Di Stéfano y él estaban en la selección española que viajó a Chile, aunque una lesión no permitió jugar a Di Stéfano. España quizá tenía al Real Madrid, el mejor equipo del mundo, pero no le fue muy bien en el Mundial, en el que acabó último de su grupo con solo una victoria (contra México, 1-0).

PUSKÁS: «Cuando firmé el contrato con el Real Madrid, pasé a ser prácticamente un ciudadano español en dos días. Recuerdo que en la primera gira por Argentina utilicé mi pasaporte húngaro, pero cuando volví tenía uno español esperándome. Eso implicaba que podía jugar en la selección española, porque en esos tiempos la FIFA todavía no había cambiado las reglas para excluir a los futbolistas que hubieran jugado en otra selección nacional. Jugué cuatro partidos con España y marqué dos goles.»

El partido más importante en Chile para la selección española fue contra el campeón del mundo, Brasil, en Viña del Mar. Pelé no estaba en forma y la selección brasileña necesitaba la victoria para permanecer en la competición. El entrenador de España, Herrera, no sacó a Suárez, Santamaría y Del Sol, y Puskás sustituyó al lesionado Di Stéfano. Hizo un buen partido, pero Amarildo, que había reemplazado a Pelé, marcó el gol de la victoria: 2-1.

PUSKÁS: «No fue fácil jugar en otra selección nacional, no creo que muchos jugadores hayan conseguido hacerlo. Había huido de un país y eso acarreaba problemas. Me alegré de jugar en el equipo español. España me había dado la segunda oportunidad que tanto necesitaba; había triunfado desde mi llegada y estaba muy agradecido. Sentí que debía dar al pueblo español lo mejor de mí. Eso es lo que hice.»

Decadencia del Real Madrid

Daba la impresión de que lo que le sucedió al excelente Real Madrid se veía venir, aunque en España siguió ganando el título de liga. En la temporada 1962-63, el Anderlecht sacó al Madrid de la Copa de Europa en la primera ronda, tras empatar 3-3 en el Bernabéu y ganar 1-0 en Holanda. Al igual que en el antiguo equipo húngaro, la defensa del Madrid no había conseguido evitar todos los goles, pero con un fútbol centrado en el ataque normalmente daba igual, porque Di Stéfano, Puskás y compañía siempre marcaban más goles que el equipo contrario. Sin embargo, esos dos jugadores tenían ya treinta y seis años y no conseguían anotar con tanta frecuencia.

Con todo, en 1963, al ser campeón de la liga de nuevo, el Real Madrid entró en la Copa de Europa por octavo año consecutivo. El Madrid venció 6-0 al Glasgow Rangers en la capital española en la primera ronda (con otro triplete de Puskás); marcó ocho goles al Dinamo de Bucarest en los partidos de ida y vuelta de la segunda ronda; también ganó 4-0 al AC Milan en el Bernabéu para asegurarse una plaza en la semifinal contra el FC Zúrich, que recibió ocho goles en los dos partidos, y de esa forma llegó a otra final de la Copa de Europa, en esa ocasión contra el Internazionale entrenado por Helenio Herrera, en el Prater Stadium de Viena. Entre los jugadores del Inter se encontraba Mazzola júnior. La carrera profesional de Puskás se había prolongado durante más de dos décadas y empezaba a competir contra hijos de jugadores con los que se había enfrentado en el pasado.

El Madrid perdió 3-1 y el joven Mazzola marcó dos goles. Para Di Stéfano, culpado por algunos de «egoísta» y por otros de lento, fue el final de las competiciones europeas. El dos veces ganador del trofeo al mejor jugador europeo del año no volvió a aparecer para honrar una competición en la que había desempeñado un papel tan importante.

Puskás: «Cuando un equipo pierde, los medios de comunicación siempre buscan un chivo expiatorio. No creo que perdiéramos por culpa de Di Stéfano. Jugaba bien nueve de cada diez veces: no es justo recriminarle la vez que no lo consiguió.

Siempre se esforzaba al máximo, aunque en algunas ocasiones con mayor éxito que en otras. Creo que ese día el Inter jugó mejor que nosotros y mereció ganar. No me gustó el fútbol que mostró, con todo el equipo detrás del balón (un sistema que adoptaron los suizos en la década de los cuarenta) y que, por desgracia, es el que practica la actual selección húngara. El tipo de fútbol que utiliza una concentración masiva en la defensa y espera goles rápidos en el contraataque precipitó el final de mi carrera. Ya no era divertido jugar.

»La mayor parte de mi carrera se concentró en marcar goles, tantos como pudiera. Para el Real Madrid conseguí 35 en 37 partidos europeos, incluidos cuatro en una final y tres en otra. Siempre intentaba colocarme en una posición en la que tenía un setenta y cinco por ciento de posibilidades de recibir el balón. Si se presentaba la ocasión, la aprovechaba sin dudarlo un instante y normalmente conseguía mi objetivo, aunque también participé en la gestación de muchos goles.»

Partido homenaje

Dos años después, cuando el Real Madrid jugó otra final de la Copa de Europa en 1966, Puskás seguía en el equipo. No jugó ese partido, con el que el Madrid recuperó el título con una victoria 2-1 contra el Partizán de Belgrado, pero sí en las rondas previas. En su última competición europea, marcó cuatro goles contra el Feyenoord en casa en la primera ronda. La segunda eliminatoria se disputó en Kilmarnock el 17 de noviembre de 1965. Puskás no recordaba su último partido en una competición europea (un empate 2-2), pero en ese momento no sabía que sería su última aparición en esa copa. En el Madrid vivió la aparición de jóvenes jugadores como Velázquez y Amancio, y se dio cuenta de que su carrera llegaba al final. Pero todavía le esperaba una noche muy emotiva en el Bernabéu en la que ochenta mil aficionados rindieron homenaje a uno de los mejores jugadores que hubiera vestido jamás la camiseta blanca de ese club repleto de estrellas.

PUSKÁS: «Me enorgullezco de haber jugado en lo más alto hasta los cuarenta años, sobre todo cuando recuerdo que muchos me habían dado por acabado una década antes. Pero seguir en el fútbol todos esos años me había agotado y estaba muy cansado. Me fui de Madrid en 1967, pero volví dos años después para el partido homenaje que se organizó el 26 de mayo de 1969 en el Bernabéu. Fue un magnífico regalo del club (podía quedarme con todos los beneficios de las entradas, excepto los gastos del equipo contrario), que normalmente solo se concedía a jugadores que hubieran estado diez años en el equipo. Yo solo había jugado nueve, pero el presidente permitió que Santamaría y yo fuéramos las excepciones. Bernabéu me ofreció ese homenaje al poco de dejar de jugar. Vivía muy cerca de mi casa y a menudo nos visitaba con su mujer. Conversábamos y siempre disfruté de su compañía y su sentido del humor. Le dije que no tenía tiempo para ese homenaje inmediatamente, pero que le haría saber cuándo podía.

»Llegado el momento, fue una velada maravillosa. Una cantidad ingente de aficionados apareció (un lunes por la noche) en el partido contra el Rapid de Viena. Solo jugué veinte minutos, me hicieron buenos pases y me dejaron hacer algunos regates. Fue un partido muy emotivo. Pensé en los niños descalzos de Kispest y sobre todo en mi amigo Bozsik, y deseé que hubiera estado allí. Dos días más tarde, en el mismo estadio, el miércoles por la noche, a la final de la Copa de Europa entre el Ajax y el AC Milan solo acudieron treinta mil personas. Cuando pienso en que dos días antes habían venido ochenta mil aficionados al partido homenaje, sigo sorprendiéndome. Después hubo una formidable recepción en la que me obsequiaron con muchos regalos. Al final habían acabado por quererme.»

12

Retiro y trabajo como entrenador, 1967-91

«A menudo, me sentaba en un sillón de mimbre en la línea de banda con un balón en los pies.»

Tras su participación con la selección española en el Mundial de 1962 en Chile, Puskás se retiró del fútbol internacional. Al mismo tiempo, el fútbol húngaro se había recuperado y el sistema de entrenamiento y organización establecido en los tiempos en los que Sebes estaba a cargo de la selección había producido una considerable cantidad de buenos jugadores. Entre ellos destacaban Flórián Albert y Ferenc Bene. Hungría había llegado a los cuartos de final en Chile y volvió a hacerlo cuatro años más tarde en Inglaterra. Puskás fue a Goodison Park para ver a la selección de su país.

Puskás: «En 1966 fui a Liverpool a ver el partido entre Hungría y Brasil en el campo del Everton. Ganamos 3-1 a los campeones del mundo, pero Pelé no jugó porque estaba lesionado y Brasil no tenía un buen equipo. El de Hungría sí que lo era (sobre todo gracias a Flórián Albert y Ferenc Bene), pero no lo suficiente. La Unión Soviética le ganó 2-1 en los cuartos de final en Roker Park y después vi algunos de los partidos de Inglaterra, incluida la final. Fue un buen partido, aunque uno de los goles de Inglaterra fue un tanto controvertido, ¿no?»

Puskás se encontró con varios colegas en Inglaterra, incluido Lajos Tichy.

TICHY: «En 1966 ya tenía unos años; a pesar de que en un primer momento no me seleccionaron para el equipo húngaro que disputaría el Mundial, había hecho una buena temporada y me incluyeron en el último momento. Para entonces ya se habían confeccionado todos los trajes oficiales y me dieron uno que se había hecho para un tipo de dos metros (al que sustituyeron por mí) que me quedaba enorme. Cuando llegamos a Inglaterra, Puskás vino a saludarnos al aeropuerto. Lo primero que me dijo fue: "¿Quién es tu sastre?". Una típica muestra de su sentido del humor.»

PUSKÁS: «Creo que es muy arriesgado juzgar a un equipo por sus resultados en el Mundial. Los partidos no parecen tener el ritmo habitual. Los más difíciles son los clasificatorios y las últimas etapas hasta la final. La presión es tremenda y, en ese escenario. los jugadores quieren hacer algo grande que se recuerde para siempre, aunque raras veces lo consiguen. ¿Cuántos partidos de un Mundial han merecido la pena verse? Las finales suelen ser terribles (la de Inglaterra contra Alemania Federal fue una excepción). Cuando los jugadores llegan tan lejos, normalmente están agotados y asustados. El peso de la responsabilidad y el deseo de triunfar son difíciles de soportar. Los jugadores solo quieren ganar e irse de allí. Pocas veces son capaces de hacer un juego natural con toda esa tensión. Por ejemplo, eso es lo que le sucedió a Hungría en 1966. Jugó bien contra Brasil, pero el partido con más presión fue contra la Unión Soviética para llegar a la semifinal. En esa ocasión, los húngaros no parecieron capaces de hacer pases sencillos y mucho menos otras cosas. ¿Y en 1954? Llevábamos seis años imbatidos, a excepción de un partido, que resultó ser la final del Mundial, pero ¿quién fue el verdadero campeón?»

Otro viaje a Liverpool

PUSKÁS: «En 1966 fui a Liverpool. No era la primera vez que lo hacía. Siempre me han gustado las ciudades obreras de Inglaterra; las filas de casas adosadas y la ausencia de rascacielos. Pero Liverpool es un sitio especial, tanto por sus equipos de fútbol e instalaciones como por las excelentes vistas del río desde la colina cercana a Everton (Everton Brow), con muelles inmensos a lo largo de la ribera. No vi muchos partidos locales porque en aquellos tiempos no los retransmitían por televisión. Al cabo de los años, volví a Inglaterra a menudo y me alojé en casa de un buen amigo que como yo ya ha regresado a Budapest. Me llevaba a ver partidos por toda Inglaterra, sobre todo a Mánchester y a Liverpool.»

Durante la siguiente década e incluso algunos años más, Puskás jugó innumerables partidos «amistosos», de «veteranos» y «benéficos». Siempre estaba dispuesto a que se utilizara su nombre y su prestigio sin recibir ninguna recompensa económica a cambio. El viaje a Liverpool que hizo a principios de mayo de 1967 demuestra la espontánea generosidad de la que, en ocasiones, podía hacer gala. Apareció sin cobrar nada en Holly Park, el pequeño campo de fútbol del South Liverpool, para jugar un partido con el que recaudar fondos para un pequeño centro social en Garston. Brian Taylor fue el responsable del golpe maestro de llevarlo allí.

TAYLOR: «A decir verdad, todo fue un poco de broma. El año anterior, durante el Mundial organicé un partido benéfico, y al año siguiente decidí conseguir a uno de los mejores jugadores del mundo: Puskás. ¿Por qué no? Escribí una carta al Real Madrid en la que preguntaba si querría jugar en ese partido. Por increíble que parezca, al poco recibí un telegrama del propio Puskás que decía: "Recibida carta del 7. Espero billete de avión. Puskás". Enmarcamos ese telegrama, todavía lo tengo en la oficina.

»Fui a Londres para recibirlo con el cónsul español en Liverpool (el que me había dicho que era una locura intentar conseguir a Puskás para ese partido). Después de que Puskás descendiera del avión que llegaba de Madrid fuimos a comer acompañados por una azafata de Iberia, que amablemente se nos asignó para que hiciera de intérprete y rompiera el hielo mientras esperábamos el vuelo de enlace con Liverpool. Puskás parecía algo grueso y era más bajo de lo que esperaba. Envolvió a la agradable azafata con un velo de encanto durante la comida e intentó ligar con ella en español. Consiguió su número de teléfono, eso seguro.

»En el aeropuerto de Speke, nos quedamos pasmados ante

la recepción que se nos hizo. Se pidió al resto de los pasajeros que descendiera antes, y cuando bajamos nos encontramos con una asombrosa batería de cámaras y periodistas. La empresa Dunlop Tyres proporcionó un coche con chófer para toda su estancia, que lo llevó rápidamente al Adelphi Hotel.

»Hizo todo lo que le pedimos sin pedir nada a cambio, algo que dice mucho de la naturaleza y la talla de ese hombre. Era una persona tremendamente amistosa y sociable, que estrechó manos allá donde fue diciendo «Puskás» a todo el que encontró, como si necesitara alguna presentación. Vino un sacerdote español, le enseñó un poco el lugar y lo llevó, creo, a un club con camareros españoles.

»La noche anterior al partido comentó que le habría gustado llevar algunos recuerdos del Real Madrid para repartir entre la gente. A las seis de la tarde del día siguiente, cuando salió del coche, me entregó un paquete lleno de insignias y banderines. Había llamado por teléfono a Madrid por la mañana y había pedido a los directivos del club que enviaran un paquete por avión a Londres, lo transfirieran a otro a Liverpool y se lo llevaran en taxi al hotel. Imagino que eso es lo que se llama «influencia». Es decir, ya se había retirado, no era un jugador al que tuvieran que mimar.

»Conseguimos a John Charles para el partido y a Malcolm Allison, Billy Liddell, Billy Bingham, Jimmy McIlroy, Dave Hickson. Bill Perry, que había marcado el gol de la victoria en la final de la Copa Stanley Matthews, también jugó. Aquella noche había más gente fuera del campo del South Liverpool que dentro. Puskás no se movió mucho, pero tenía un fantástico disparo (jamás había visto tanta potencia) y sabía curvar la trayectoria del balón como los brasileños. Recaudamos unas mil libras en el partido, que en esos tiempos era una ingente cantidad de dinero para un club pequeño. Al año siguiente, intenté conseguir a Di Stéfano.»

Jim Baxter

Puskás tenía reputación de ser alguien al que le gustaba divertirse allá donde fuera. El gran jugador escocés Jim Baxter (famoso por su brillante carrera en los terrenos de juego y otra bastante desaforada fuera de ellos) coincidió con Puskás en varias ocasiones en la década de los sesenta.

BAXTER: «En esos tiempos, a Puskás le gustaba el "kiki" y el whisky, como a mí. Una vez acabamos en una fiesta en Londres. Puskás se acercó y dijo: «Jimmy, Denis (Law), ¿kiki y whisky?». Que yo sepa, ese era todo su vocabulario en inglés. En otra ocasión, en un hotel antes de un partido homenaje, volvió a preguntármelo: "Eh, Jimmy, ¿kiki?". A lo que respondí: "Bueno, vamos a jugar el partido antes".

»Le encantaba el whisky y los "kikis". Recuerdo la noche que el Real Madrid nos ganó 0-1 en el Ibrox (un partido de ida de la Copa de Europa contra el Rangers en septiembre de 1963). Después del encuentro, Puskás estaba en un banquete. Vino donde estaba yo y le dije que esperara a que acabara la comida y nos iríamos a una fiesta. En esos tiempos, Puskás era seguramente el mejor jugador del mundo. Lo llevé al George Hotel (era nuestro «cuartel general», así lo llamábamos Crerand, McKinnon y el resto de los colegas), pero acabamos en una casa en Drumchapel, en las afueras de Glasgow. Un sitio muy conocido. Y allí estaba Puskás en la trascocina de esa casa echando un "kiki" y McKinnon y yo en la puerta mirando. "Ahí está el mejor jugador del mundo —le dije a McKinnon—, no te lo pierdas." Cuando se piensa en todas las historias que aparecen en la prensa en la actualidad... Y ahí estaba, el mejor jugador del mundo en una trascocina de Drumchapel pegándose un "revolcón"».

PUSKÁS: «Me tropecé con Jim Baxter en Glasgow, pero no recuerdo cuándo. Era todo un tipo y tuvimos unas extrañas aventuras juntos. Siempre estaba de juerga, divirtiéndose. Recuerdo que siempre me llevaba a fiestas. También era un excelente jugador, pero apenas podía entender nada de lo que decía. Necesitaba que alguien lo tradujera al inglés.»

Jugadores favoritos

PUSKÁS: «He visto a jugadores muy buenos en mi vida, demasiados como para nombrarlos a todos. Cuando pienso en alguno de los que vi en los viejos tiempos jugando con Checoslovaquia, Yugoslavia o la Unión Soviética, recuerdo lo mucho que admiraba su excelente técnica. Cuando estuve en la selección húngara, los jugadores contrarios que más destacaban eran Walter y Rahn de Alemania; Kopa y Ben Tifour de Francia; Ocwirk y Happel de Austria; Wright, Finney y Matthews de Inglaterra; Boniperti, Capello y Meazza de Italia; Djalma Santos y Didí de Brasil, y Santamaría y Schiaffino de Uruguay.

»Por supuesto, para mí, Di Stéfano se encuentra entre los más grandes. Pelé también, y de los ingleses, Bobby Charlton era el mejor. Creo que Denis Law era un maravilloso jugador del Manchester, pero en cuanto a George Best, me resulta difícil incluirlo en el grupo de los magníficos porque su carrera fue muy corta y no tuvo una verdadera experiencia internacional.

»He tenido la suerte de conocer personalmente a muchos de los mejores jugadores del mundo y sé lo mucho que influye la diosa fortuna en la vida de un futbolista. Algunos excelentes jugadores no aparecieron en la prensa mundial. Para mí se infravaloró a Bozsik. Conocí muy bien su juego (tanto como el mío) y nunca he visto nada igual en todo el mundo. Hacía cosas que nadie sabía hacer; cuando pasaba el balón, el noventa y nueve por ciento de las veces el pase no solo era preciso, sino que iba hacia la mejor zona del campo. Era algo misterioso. No quiero herir a nadie, pero, en mi opinión, Bozsik era el mejor jugador que he visto o conocido.»

Dejar Madrid, la fábrica de salchichas y el restaurante

Puskás: «La perspectiva de retirarme no me entristeció. Estaba listo para dejar de jugar. Sabía que quería seguir en el fútbol y hacia el final de mi carrera como jugador empecé a ir a una academia de entrenadores, en la que seguí incluso cuando me contrataron por primera vez como entrenador en un equipo de segunda división en España, el Alavés. Empecé a entrenar un par de semanas después de retirarme como jugador y estuve dieciséis meses, aunque hacia el final del contrato ya no me gustaba tanto ese lugar.

»También tenía algunos negocios en España. Mientras era

jugador, tuve una fábrica de salchichas en Madrid en la que se hacían salchichas picantes húngaras estilo Debrecen. [Debrecen es una ciudad del este de Hungría famosa por sus salchichas.] Un amigo me convenció para que montara ese negocio y lo mantuve cuatro años, pero no fue una buena idea y al final me vi obligado a cerrarlo. Por la mañana tenía que ir al mercado a comprar la mejor carne; además ayudar a que aquello funcionara, me robaba demasiado tiempo y energía. El público empezaba a meterse conmigo porque no jugaba bien. Tuve unos treinta empleados y, por increíble que parezca, uno de ellos era el viejo "tío" József, el carnicero del barrio de Kispest que en tiempos nos ofrecía una gran salchicha, el primer premio futbolístico por el que jugué. Pero la divisa española siempre se estaba devaluando por la inflación y al final no merecía la pena.

»También abrí un restaurante, un bonito local a unos cien metros del Bernabéu. Me encantaba ese sitio, era fantástico. Creía que era uno de los mejores de España. Venían a cenar todo tipo de famosos: actores, artistas, estrellas del cine, futbolistas. De todo. Tenía un excelente chef (y a mí siempre me ha gustado cocinar) y ofrecíamos distintos platos: franceses, españoles, húngaros... En la parte de arriba había un salón en el que cabían ciento veinte comensales (con manteles blancos en las mesas) y un bar en el sótano lleno a reventar todas las noches. ¡Me encantaba ese sitio! ¿Por qué lo iba a dejar?

»Os diré por qué, unos locos me convencieron para ir a Vancouver. Unos húngaros que conocí en Canadá y un empresario estadounidense me sedujeron diciéndome que el fútbol estaba a punto de hacerse muy popular en Norteamérica. Fui como un idiota. Tuve que vender el restaurante porque mi mujer no se podía quedar en Madrid y llevar el negocio ella sola, y mi hija era demasiado joven para hacerse cargo. Llegó el momento de cambiar y volví al balón (quería ser entrenador) y solo me quedó un bonito recuerdo.»

En Norteamérica

El 25 de mayo de 1967, pocas semanas después del partido benéfico en Liverpool, el *New York Herald Tribune* publicó (con el titular «Puskás, esquirol y novato») que lo habían contratado como entrenador del Golden Gate Gales en Estados Unidos. El artículo (que también lo describe erróneamente como entrenador del Real Madrid) resultó ser un fiasco. Pero sí que fue a Canadá.

Puskás: «El equipo que entrené en Vancouver era el único club canadiense incluido en la liga profesional norteamericana. [Seguramente se trata de la Liga Norteamericana de Fútbol, 1968]. Fui unos meses antes de que empezara la temporada y elegí un grupo de jugadores, sobre todo europeos: algunos españoles, húngaros y demás. No nos fue muy mal y normalmente quedábamos cuartos o quintos en una liga de seis equipos. No tenía suficientes jugadores buenos para hacerlo mejor. En los equipos norteamericanos jugaban algunos futbolistas sudamericanos (principalmente de Uruguay y Argentina, creo) y un japonés muy habilidoso llamado Chan Chio Ai. Había muy pocos norteamericanos.

»Tenían un sistema muy extraño y se hacían muchísimos viajes. Íbamos a Estados Unidos y estábamos allí una semana, en la que jugábamos tres partidos. Después volvíamos a Vancouver para jugar otros tres. A veces conseguíamos una gran afluencia de público, otras no tanta. Recuerdo que durante los partidos caían unas tormentas torrenciales.

»Mi equipo no era malo, pero tampoco nada especial. Quedamos los quintos, pero bien podíamos haber acabado terceros. Después, de repente, la liga norteamericana entró en bancarrota al cabo de nueve meses. [De hecho la liga sobrevivió hasta 1970, aunque el Vancouver y otros once clubes la abandonaron en 1969]. La componían algunos grandes clubes que declararon que no recuperaban los costes (sobre todo los de los viajes) y que no podían seguir adelante. No tenía ni idea de lo que pasaba, un día recibí una carta en la que se me comunicó que la liga había acabado.

»No creo que el fútbol triunfe en Estados Unidos. Estuve en el Mundial de 1994 y seguían teniendo el mismo problema. A los niños y a los jóvenes les encanta y juega mucha gente, pero después del instituto no hay adónde ir. El único equipo con experiencia es la selección nacional y no cuentan con una liga profesional, a pesar de los intentos que se han llevado a cabo por instituir una. Les deseo lo mejor, pero no se puede tener una selección sin una liga profesional. Quizá las Ligas Mayores de Fútbol actuales funcionen, pero el coste y las distancias son enormes.»

Entrenador del Panathinaikos

PUSKÁS: «Después de Canadá, volví a «casa», a España (entonces fue cuando me hicieron el partido homenaje). Pero al poco, en 1970, me fui a Grecia para trabajar como entrenador. Todo pasó muy deprisa. Un día estaba en Madrid y recibí la visita de un representante del Panathinaikos. Ese club acababa de ganar la liga, pero su entrenador se iba. Me hicieron una oferta y la acepté. Estuve cuatro años y medio.

»El Panathinaikos es un club pequeño, sencillo y sin complicaciones, pero tenía el mejor equipo de Grecia en ese momento. Los jugadores eran muy diferentes a los que había conocido en España. Eran mucho menos sofisticados: agradables y honrados chavales decididos a triunfar. Y tenían que conseguirlo. Los mejores jugadores estaban en el Olympiacos o en el AEK Atenas, así que para ganarles necesitábamos entrega y hacer un esfuerzo extra.

»Cuando llegué, intenté explicarles lo que esperaba de ellos y darles una idea de cómo creía que debía jugarse. Les comenté que si intentaban jugar como les dijera, me quedaría y lo haría lo mejor que pudiera. Me llevé muy bien con esos jóvenes e hicieron un gran esfuerzo por seguir al pie de la letra mis recomendaciones. También intenté, con cierto éxito, fomentar el tipo de amistad dentro del equipo que requiere un fútbol productivo y armonioso. Íbamos juntos al cine o a cualquier sitio, y se alimentaba esa buena disposición que luego culminó en el éxito que tuvimos.»

Copa de Europa 1970-71

PUSKÁS: «En mi primera temporada con el Panathinaikos nos fue muy bien en la Copa de Europa. En la primera ronda ganamos al Jeunesse d'Esch 1-2 en su casa y 5-0 en el partido de vuelta. En los cuartos de final empatamos contra el Everton, y eso que no creía que tuviéramos ninguna oportunidad contra el campeón inglés. Les dije a los jugadores que se relajaran, jugaran e intentaran ayudarse los unos a los otros todo el tiempo. No les di elaboradas instrucciones tácticas. En una pizarra se pueden hacer infinidad de dibujos, pero ¿se tienen los jugadores que los lleven a cabo? En el Goodison empatamos 1-1, en el partido de vuelta mantuvimos un 0-0 y logramos pasar por el gol marcado fuera de casa. Después venían las semifinales, contra uno de los mejores equipos de Europa: el Estrella Roja de Belgrado.

»En Belgrado nos masacraron 4-1. La verdad es que no había nada que pudiéramos hacer al respecto, el resultado mostró la diferencia de nivel entre los dos equipos. Pero poco después del partido de ida, cuando ya estábamos en Grecia, uno de los militares que gobernaba el país (estaba al frente del Ministerio de Deportes) vino a verme y me dijo: «¿Cómo es posible que perdiera 4-1? El Gobierno no lo va a permitir». Le contesté que era más que posible perder 4-1 contra un buen equipo y le sugerí que debería de haber jugado él de delantero y haber marcado un par de goles. Le dije que no se preocupara, que todavía faltaba un partido por jugar y que habíamos marcado un gol fuera de casa.

»Pero aquello no quedó ahí. Me citaron en su oficina en Atenas y me informaron de que el partido de vuelta tenía que jugarse en el estadio del Olympiacos. A esas alturas, ya me estaba empezando a enfadar y le contesté que jugara él en el campo del Olympiacos si quería, pero que no iba a aceptar su imposición. El partido se jugaría donde debía hacerse, en nuestro campo. Me dijo que era una orden y repliqué: "Entonces me voy. Busque a alguien que me sustituya".

»Todo esto sucedió en una semana y en diferentes conversaciones, y me dolió que el club no me respaldara. Al final fueron los jugadores los que me convencieron para que me quedara. Me dijeron: "Maestro, no nos deje ahora que tenemos un partido tan importante". Accedí y me quedé, pero no creía que pudiéramos ganar en ese enorme estadio con nuestros aficionados tan lejos. Quería que se disputara en nuestro campo porque era mucho más íntimo e intenso.

»No debería de haberme preocupado. La noche del partido el estadio estaba tan lleno que una pulga no habría encontrado sitio. Había aficionados en todas partes, incluso colgados en lugares a los que parecía imposible subirse. Se respiraba un ambiente fantástico, delirante. Intenté calmar a los jugadores tanto como pude. Les dije que no tenían nada que perder, que salieran a ganar, que hicieran su juego y no se preocuparan por el de ellos, y que llegaran al fondo de la red. Eso es el fútbol.

»Lo hicieron. En el segundo minuto cundió el pánico en el área del Estrella Roja cuando uno de sus defensas perdió el balón. Nosotros contábamos con un chaval enorme, Antonis Antoniadis, que medía uno ochenta y siete y tenía unas piernas como troncos de árboles (ese año fue el máximo goleador en la Copa de Europa con diez goles), que se lo arrebató y marcó. Al acabar la primera parte todavía íbamos 1-0. Los chicos vinieron al vestuario con la cabeza baja y les dije: "¡Venga, es vuestra oportunidad de conseguir la gloria! ¡Podéis ganar!".

»En la segunda parte dieron todo lo que llevaban dentro. Estuvimos atacando casi constantemente, pero el Estrella Roja era un buen equipo y se defendía muy bien. A los quince minutos, un centro desde la banda llegó hasta nuestro gigante, que marcó el segundo, de cabeza. El estadio se volvió loco. El ruido era atronador. Los aficionados cantaban las canciones más extrañas que había oído, pero uno no podía ni oír sus pensamientos. No tenía sentido intentar dar instrucciones, era imposible, pero coloqué a nuestro mejor centrocampista (Domazos) un poco más a la derecha, donde solía jugar Bozsik, para que pudiera ver mejor el juego desde allí. Cuando faltaban tres minutos metió un gol precioso: con 3-0 nos clasificábamos para la final. Pero tendríamos que contener al equipo contrario hasta el final del partido.

»Todo el mundo gritaba: "¡Defended, chicos! ¡Defended!". Pero yo les decía: "¡Atacad!". Si solo se defiende, se pierde. Fue un momento muy tenso. Cuando solo quedaban dos minutos, su lateral derecho lanzó un potente disparo desde lejos que detuvo maravillosamente nuestro portero (Oecomopoulos). Se alzó como un tigre para atrapar el balón y salvar el partido. Al final, los jugadores estaban en éxtasis, al igual que el público. Los felicité a todos (habían llegado a la final de la Copa de Europa, todo un triunfo) y después me fui discretamente a casa.

»Más tarde me enteré de que el oficial militar había ido al vestuario, había preguntado por mí y le habían dicho que me había ido. Me llamó a casa, pero le dije que estaba muy cansado para hablar. Siguió llamándome los siguientes días, cinco o seis veces, y finalmente acepté verlo, aunque solo fuera por darme el placer de decirle a la cara que había tirado la toalla diez días antes de la victoria. Los jugadores y los directivos del club estaban encantados; de repente, el gobierno se mostró muy solícito. Por supuesto, para los aficionados fue fantástico. Un club modesto en la final de la competición de clubes más importante del mundo. Sus sueños se habían hecho realidad, pero todavía quedaba un partido por jugar: contra el Ajax, que estaba a punto de comenzar una etapa gloriosa y tenía un equipo dorado.»

Final de la Copa de Europa

Puskás: «El Ajax tenía jugadores muy eficientes, como Cruyff, Neeskens, Mühren y Van Dijk. Llevaban tiempo desarrollando el "fútbol total", se movían por todo el terreno de juego: el lateral izquierdo podía jugar de extremo derecho. Solo unos jugadores técnicamente hábiles (y en excelentes condiciones físicas) podían hacer ese tipo de juego.

»Sabía que teníamos pocas posibilidades, así que fui a ver al militar, al "ministro de Deportes", para pedirle permiso para reforzar el equipo. Quería fichar dos jugadores del Salónica: un delantero y un centrocampista, que llevaba tiempo observando. Una norma establecía que podía fichar a esos jugadores dentro de las seis semanas siguientes a la finalización de la temporada, pero necesitaba su permiso. Eran muy rápidos y quería aumentar el ritmo del equipo para dar más problemas a los holandeses. Estaba dispuesto a dejarles jugar en el Salónica el resto de la liga, solo los quería para la final. No me dio permiso.»

La final se jugó en Wembley ante ochenta y tres mil espectadores: el Ajax ganó 2-0, pero el Panathinaikos no pasó vergüenza. Van Dijk adelantó al club holandés a los cinco minutos, pero tuvieron que esperar hasta casi el final del partido para conseguir el segundo, un gol en propia puerta. El Ajax ganó la Copa de Europa tres veces consecutivas.

PUSKÁS: «Ese día, el Ajax fue mejor que nosotros, pero no tanto. Creo que con esos dos jugadores rápidos habríamos tenido alguna oportunidad. Al final del partido se produjo una confusa disputa en el área y empujaron al portero y al balón dentro de la portería. El árbitro (inglés) se desentendió. Gracias a disputar esa copa conseguimos algo bueno para el club, la invitación a jugar el campeonato sudamericano en los partidos intercontinentales (el Ajax había rehusado hacerlo). Empatamos en casa y perdimos 2-1 en Uruguay, lo que demuestra que teníamos un buen equipo que solo necesitaba un par de jugadores de primera. En cualquier caso, los directivos del club en Atenas estaban absolutamente encantados con nuestro progreso.

»Mientras estuve en el Panathinaikos, ganamos el título de liga tres veces, aunque uno nos lo quitaron después. Fue al final de la temporada, en un partido importante fuera de casa contra el Olympiacos. El ganador sería el campeón. Atacamos y nos hicieron un penalti que no se señaló. El árbitro no estaba "por nosotros". Pero aun así empatamos, lo que implicaba que el título sería nuestro. El ambiente en el estadio era muy intenso y los aficionados estaban a punto de estallar. Después del incidente del penalti invadieron el terreno de juego, en el que se produjeron peleas. Perdí el control, saqué a mis hombres de allí y nos fuimos a casa. Se nos criticó mucho y el título se concedió al Olympiacos, por abandono del rival.»

Entrenador viajero

PUSKÁS: «En los partidos importantes como aquella semifinal contra el Estrella Roja no es en el entrenador en el que recae la responsabilidad, sino en los jugadores. El técnico puede incentivar su actitud, dar instrucciones durante el partido, animarlos y explicarles algunas cosas, pero al final son los jugadores los que tienen que solucionar los problemas en el terreno de juego. También es necesario contar con un buen equipo: preparadores y médico. En el Panathinaikos los había.

»Entrenar, o ser el "mánager" como todavía lo llaman los ingleses, no es tanto evaluar la habilidad de juego individual (eso se ve en un día), sino desarrollar unas relaciones que funcionen en el equipo. Cuando llegué a ese club, me gustaba ir al campo de entrenamiento con todos los jugadores, donde teníamos oportunidad de hablar (tanto como de entrenar) y conocer a esos jóvenes. Creo que tuve mucha suerte en mi carrera como entrenador, pues siempre he tenido una relación excelente con los jugadores.»

El periodista deportivo de Hungría, Kálmán Vándor, vio un entrenamiento de Puskás con el Panathinaikos.

VÁNDOR: «Los jugadores estaban practicando tiros libres y penaltis. Puskás estaba explicando algo a algunos de ellos, pero cuando se dio cuenta de que nadie le entendía, fue al terreno de juego y empezó a demostrárselo. Por supuesto, era mejor que ellos y se limitó a colocar balones en distintos sitios y a meterlos en la red. Al cabo de diez minutos grité: "¡Deja que prueben ellos, Öcsi!". Ese era su fuerte (y su debilidad) como entrenador. Podía demostrar lo que quisiera con el balón, pero no era muy buen comunicador. Nunca dio elaboradas charlas técnicas, sino que se limitaba a decir: "Cuando llegue una oportunidad, aprovéchala"».

PUSKÁS: «Creo que en el campo de entrenamiento lo hacía mejor cuando no tenía que hablar, sino que demostraba lo que quería decir. Intenté aprender todo lo que pude de los errores que había visto cometer a los entrenadores cuando era jugador: creo que era más útil a los jóvenes que aún querían aprender.

»Ya no podía salir al terreno de juego, eso por descontado. Podía dar algunos toques en los entrenamientos e intenté enseñar a esos jóvenes todo lo que sabía. Me encantaba pasar un par de horas en el campo de entrenamiento. Mientras estuve en el Panathinaikos, aprendí algo de griego e intenté enseñar a los jugadores las innumerables formas de golpear un balón que había visto y aprendido, pero a veces no resulta fácil enseñar cosas nuevas, sobre todo si los jugadores ya tienen una edad. Había una buena mezcla de jóvenes muy habilidosos y jugadores maduros con una tremenda determinación por ganar, algo que en ocasiones solo aparece cuando se sabe que tu carrera está a punto de acabar.

»Pero no hay nada como jugar. Cuando era entrenador, en los partidos de liga, a menudo me sentaba cerca de la línea de banda en una silla de mimbre con un balón en los pies y jugueteaba con él. La gente se reía, pero algo hay que hacer con la energía que le invade a uno cuando ve jugar al fútbol.»

El escritor de deportes Rob Hughes vio a Puskás en uno de los partidos amistosos del Panathinaikos.

> Sigue teniendo un deseo insaciable de que el público le adule... De repente, salta al campo y corre cuarenta metros hasta llegar a donde ha caído un jugador contrario. Le da unos golpecitos en la cabeza, lo deja en manos del médico y se da la vuelta para recibir los cánticos de: «¡Puskás! ¡Puskás!». Después vuelve a su silla por el camino más largo y se detiene para vender un par de entradas de la repetición del partido del Chelsea contra el Real Madrid que saca de un gran fajo que lleva en el chándal (*Sunday Times*, 30 de mayo de 1971).

Puskás: «El único problema real en Grecia son los directivos y los militares. Me temo que tuve enfrentamientos con ellos. De hecho, el momento de la separación fue muy desagradable. El Gobierno estaba cambiando y tuve una terrible discusión con un tipo muy gordo. Acabé dándole una patada entre las piernas y me fui del país. Volví a España.»

De nuevo en la carretera

Puskás: «Solo llevaba tres meses en Madrid cuando recibí otra llamada, en esa ocasión de Chile. Era un amigo que tenía relación con el club Colo-Colo. Así que allí me fui para entrenar la temporada 1975-76. He de confesar que tenía unos magníficos jugadores. Organicé un buen equipo y acabamos cuartos en la liga dos veces consecutivas, a un solo punto del Universidad de Chile. Hice buenas migas con el presidente, pero en el club había otros elementos que empezaron a darme problemas. Por ejemplo, el secretario técnico venía demasiado a menudo al vestuario para decirme cómo tenía que entrenar. Le dije que se largara a su oficina. Al menos no tenía problemas con el idioma y sabía maldecir como el que más. Al final le dije al presidente que no podía trabajar con toda esa gente a mi alrededor y dimití antes del último partido de mi segunda temporada. Volví a España de nuevo.

»No tardé mucho en irme. En esa ocasión fue un viaje comparativamente más corto, pero a un país extraño: Arabia Saudí. Seguramente era el país más rico del mundo y quería tener la mejor selección nacional. Me invitaron a ir con mi antiguo colega del Real Madrid, Héctor Rial, y nos llevamos a un buen masajista también del Madrid. Era un lugar fascinante. Organizaron un torneo internacional en Riad y los saudíes acabaron terceros, lo que no resultó nada extraño. También jugamos tres partidos en Europa que acabaron bastante bien. Querían que me quedara, pero mi familia estaba cansada y la mujer de Héctor enfermó y los dos tuvieron que volver a Madrid. No quería quedarme allí solo (mi mujer y mi hija siempre me acompañaban en esos trabajos) y, mientras estaba allí, mi madre murió en Budapest (1976) y no conseguí salir a tiempo del país. Las autoridades no actuaron con la debida rapidez y eso no me gustó.

»Después de aquel trabajo en Arabia volví a entrenar en España. Me pidieron que ayudara a un equipo de primera que tenía problemas, pero no pude hacer gran cosa, no había tiempo para organizar nada. Recuerdo que, después de un partido (una derrota en casa 1-4), un periodista me preguntó qué solución había. Le contesté: «Comprar dieciséis jugadores nuevos». Eso fue todo: descendieron de categoría.»

Brian Clough

Puskás: «Después volví a Grecia. Entré en el AEK de Atenas antes de la temporada 1978-79. Ese año ganaron la liga en Grecia y jugaron la Copa de Europa. Ganamos al Oporto 6-1 en casa y resistimos desesperados en Portugal, donde perdimos 4-1. Pero pasamos a la siguiente ronda, en la que empatamos con el Nottingham Forest.

»Fui a Inglaterra a estudiar al Forest. Había ganado al entonces campeón, el Liverpool, en la primera ronda, por lo que sabía que tendríamos un encuentro difícil. Pero no tenía ni idea de lo raro que era Brian Clough. Después de ver el estadio y presentarme le pedí un balón oficial para que mis chicos se acostumbraran a él. Se negó categóricamente a darme uno. Pensé: "¡Vete a paseo!". Estaba loco, podía ir y comprar uno. ¿Por qué lo haría?»

El AEK perdió 1-2 en casa y sufrió una abultada derrota 5-1 en el partido de vuelta.

Puskás: «A pesar de perder en ese campeonato, la temporada del AEK fue relativamente buena, pero tuvimos un gran problema al final. Éramos los primeros de la liga y solo faltaban dos partidos. El presidente vino a decirme si podía tener al segundo entrenador más cerca en los entrenamientos. Me quedé de piedra. «¿Quiere que haga él el trabajo?», le pregunté. "No, no —contestó—. Pero ya sabe cómo son las cosas." Vi lo que se me venía encima y me despedí. No puedo permanecer en un sitio en el que se insinúa que no me necesitan. Me pagaron el resto del contrato y me fui.»

Muerte de Bozsik

Puskás: «Después de 1956 no volví a ver a Bozsik hasta el mundial de Chile en 1962. Habíamos mantenido contacto por teléfono y por carta. Nos alegramos mucho al vernos. Era mi mejor amigo, casi desde que nacimos, y fue un momento muy emotivo. No sabía si reír o llorar. Después nos vimos más a menudo, normalmente en Viena. Íbamos con nuestras mujeres y nos reuníamos allí. Cucu vino una vez a Madrid con el equipo de baloncesto del Honvéd.»

La ilustre carrera de Bozsik en la selección húngara (en la que heredó el puesto de capitán de Puskás) continuó hasta 1962. Tuvo un apropiado final feliz ante ochenta mil espectadores en el Népstadion. En el partido contra Uruguay se celebraban sus cien partidos con la selección y marcó un extraordinario gol, el undécimo con Hungría. Dirigió brevemente el

Honvéd (1966-67), pero quedó claro que no era un trabajo indicado para él.

Puskás y Bozsik se vieron en varias ocasiones durante la década de los sesenta. En una de ellas, en mayo de 1968, en un partido de veteranos de Yugoslavia contra el resto de Europa en Belgrado, Puskás y Bozsik volvieron a jugar en el mismo equipo. En 1974 se le nombró entrenador de la selección, pero después del partido Hungría contra Austria en Viena el 28 de septiembre de ese año, sufrió un ataque al corazón y fue hospitalizado. Siguió el consejo de los médicos y se retiró parcialmente del fútbol. Pasó los siguientes años llevando una vida tranquila en las oficinas de la Federación Húngara de Fútbol. József Bozsik, un hombre muy respetado en el fútbol húngaro, murió después de sufrir otro infarto en 1978, con solo cincuenta y dos años.

PUSKÁS: «Lo peor fue que no lo vi antes de morir, aunque mi mujer pudo ir a Budapest y estuvo con él en el hospital. Me llamó después y me dijo que tenía buen aspecto y que le dejarían irse a casa al día siguiente. Pero tuve un presentimiento, sabía que no estaba bien. Murió al día siguiente al intentar levantarse de la cama.

»No fui a su entierro porque había jurado que no volvería a Hungría y mantuve mi palabra. También tenía el problema de que técnicamente era un «desertor», porque, por supuesto, en el Honvéd todos pertenecíamos al Ejército. Al no regresar me expulsaron como soldado, pero el Ejército nunca tomó medidas más drásticas. Mientras estuve en el Real Madrid, el club no me dejó volver (incluso cuando el Madrid empató contra el club húngaro Vasas en 1961). Además, en esos tiempos no quería arriesgar nada en España. Las cosas me iban bien y podía cuidar de mi familia. Pero en 1978 podría haber ido a Hungría, ya no había restricciones y no temía lo que pudiera pasar. La decisión solo dependía de mí. Me costó mucho tiempo cambiar de idea.»

Egipto

PUSKÁS: «Egipto fue el siguiente país al que fui. Llegué directamente desde Grecia el verano de 1979. El presidente de un club egipcio, Al-Masry, estaba de vacaciones en Atenas con su familia. Vinieron a vernos a Erzebet y a mí a casa, y me propuso que fuera el entrenador de su equipo. A mi mujer le pareció bien. Dijo: "No hemos estado nunca allí. Venga, vamos". Al final nos quedamos cinco años en Puerto Saíd. Mi mujer se arrepintió pronto del entusiasmo que había mostrado, pero nunca se quejó. Hubo un momento en el que me enfadé con el club y me fui a España, pero al cabo de un par de meses vinieron para convencerme de que volviera.

»Había tenido unas terribles discusiones con el presidente, sobre todo por no haber ganado el campeonato. El problema había sido que los dos clubes que normalmente acababan por delante de nosotros —el Zamalek y el Ismaily— contaban con el apoyo del ejército y la policía secreta. Era un poco como el Honvéd y el MTK en los viejos tiempos en Hungría. En Egipto no nos iban a dejar ganar a esos equipos. Recuerdo que una vez que íbamos los primeros en la liga al final de la temporada, en un partido en el que ganábamos por un gol dieron como válidos dos goles ridículos contra nosotros. De haber ganado ese partido habríamos conseguido la liga. No iban a permitirlo, pero el presidente no quería verlo.

»Puerto Saíd es un sitio muy extraño. Todos los días llegan y se van docenas de barcos y es una zona restringida. Había muchas tiendas para comprar artículos muy baratos, pero no se podían sacar de allí. Cuando venían a vernos amigos de Hungría, estaban como locos por llevarse cosas. Iba a hablar con los encargados de la aduana y resolvía la papeleta. No era la primera vez que lo hacía.

»En Egipto había un entrenador húngaro durante el tiempo que estuve allí, Hidegkuti.»

Después de volver a Budapest en 1956, Hidegkuti no volvió a ver a Puskás hasta 1964, cuando el Real Madrid jugó contra el Internazionale en la final de la Copa de Europa en Viena. Buzánszky y él fueron a ver el partido. Aquellos antiguos colegas del Equipo Dorado se vieron de vez en cuando en partidos internacionales durante los siguientes años, pero Egipto fue el primer lugar en el que Hidegkuti y Puskás tuvieron tiempo de estar juntos más a menudo desde la revolución que había tenido lugar casi veinte años antes.

Hidegkuti: «Fui entrenador de la Fiorentina unos cuantos años y después fui a Egipto en 1973 y me quedé siete años. Hacia el final de aquella temporada tuve oportunidad de volver a ver a Puskás. Yo estaba en un equipo que se llamaba Nacional; él en el Al-Masry. Estaba muy abajo en la tabla cuando llegó Puskás, pero acabó el tercero. Nuestros equipos se enfrentaron en cuatro ocasiones y gané en dos de ellas.

»Vivía en El Cairo, a unos doscientos kilómetros de Puerto Saíd, pero nos veíamos a menudo. A veces íbamos a comer o nuestras mujeres cocinaban una estupenda cena húngara en casa, y hablábamos de los viejos tiempos y de los problemas del momento. Puskás se llevaba muy bien con los jugadores egipcios. Era un entrenador estricto, pero aun así le querían. Igual pasaba con los marineros húngaros que a veces llegaban a Puerto Saíd y conseguían que las comidas fueran interminables.»

Hidegkuti tuvo un éxito considerable mientras estuvo en Egipto y ganó cinco veces la liga y una la copa. Volvió a Hungría en 1980 y se retiró, pero le convencieron para que fuera a entrenar a Dubái de 1985 a 1987. Después regresó a Hungría donde fue un «observador oficial» de la federación, que le encargó estudiar a distintos jugadores todas las semanas. En 1996 se le pidió que volviera una vez más a Egipto con un contrato de un año como asesor técnico del Alexandrian.

Puskás: «Disfruté el tiempo que pasé en Egipto, pero no fue el último de mis viajes. Estuve en Paraguay dos veces, hacia el final de las temporadas 1986 y 1987, unos cuatro meses, para ayudar a un amigo en la fase eliminatoria de la liga. De nuevo, al igual que en Chile, los jugadores eran excelentes, sobre todo en el control del balón. Siempre superé los problemas del idioma en esa itinerante vida de entrenador. El español es perfecto para la mayoría de los países sudamericanos. Sabía algo de inglés, aprendí un poco de griego y en Arabia tuve un intérprete español. En Egipto, dependiendo del jugador, necesitaba hablar español, inglés e incluso griego. El húngaro no me sirvió de mucho.

»Acabé en Australia en 1998. Fui a South Melbourne, al Hellas Club. Un amigo me invitó. Al principio fui sin mi mujer, jugué algunos partidos de veteranos y acudí a varios seminarios y reuniones. Al cabo de un mes, volví y le conté a Erzebet lo bonita que era Australia. Pocos meses después recibí una oferta para entrenar allí. Lo pasé muy bien e incluso vi a algunos jugadores húngaros del Ferencváros y el MTK. Es un país muy bonito, el tiempo era excelente, teníamos una casa maravillosa y me gustaba el paisaje, sus preciosas playas, todo... El equipo no era malo, viajamos mucho (normalmente en avión, en un país tan inmenso) y jugamos en todas las ciudades excepto en Perth.

»Finalmente, volví a Budapest en 1991, pero eso es otra historia.»

Epílogo

Vuelta al hogar: el regreso del exilio

«En Kispest habían colocado una de las torres de focos donde en tiempos teníamos el cuarto de estar.»

Cuando Puskás salió de Hungría después de la revolución de 1956 no tenía ni idea de cuándo regresaría, si lo hacía, a su país, en el que en tiempos había sido un héroe nacional. Pero hacia finales de 1980 se empezaron a tomar unas medidas en Hungría que facilitarían su primera visita y, finalmente, su regreso definitivo a Budapest.

El primer regreso a Hungría

Las autoridades húngaras decidieron apoyar la filmación de un documental sobre los logros del Equipo Dorado, que incluiría entrevistas con los jugadores que seguían vivos. En 1981 se cumplían veinticinco años de aquella racha sin parangón de seis años con solo una derrota y la película conmemoraría el aniversario. Pero de nada serviría sin la contribución del mejor jugador húngaro de todos los tiempos: el capitán del Equipo Dorado.

Puskás: «Cuando me fui de Hungría y se me aplicaron las sanciones de la federación de fútbol y de la FIFA, juré que no volvería nunca. Me dolió que me trataran así después de tantos años de dar lo mejor de mí mismo por el país. Pero después de veinticinco años, volví.

»Mi mujer fue un factor clave a la hora de convencerme de que volviera para colaborar en el documental *El Equipo Dorado*. "Tío" Guszti, Sebes, que se había tomado unas vacaciones de un trabajo en Egipto, vino a Madrid para persuadirme. Si no me hubieran presionado tanto, no creo que hubiera vuelto. Los realizadores del documental se habían puesto en contacto conmigo y me había negado rotundamente a colaborar. Normalmente no soy tan testarudo, pero no tenía ninguna intención de volver a Budapest. Al final cedí ante semejante presión. Sebes y yo fuimos a París (seguramente para ver la final de la Copa de Europa entre el Real Madrid y el Liverpool el 27 de mayo), donde nos reunimos con Szepesi. De allí volamos a Budapest. El recibimiento en el aeropuerto me pilló desprevenido.»

Szepesi: «En 1981 era el presidente de la Federación Húngara de Fútbol y quería que Puskás volviera para el aniversario. Por supuesto, tuve que planteárselo a los políticos de mayor nivel, que estuvieron de acuerdo en que el siguiente partido contra Inglaterra en Budapest (clasificatorio para el Mundial de España en 1982) sería la ocasión apropiada. Le pedí a Sebes que fuera a Madrid y viajara desde allí a París para reunirse conmigo.

»En el avión de París a Budapest Sebes se sentó al lado de Öcsi; yo lo hice junto a Erzebet. Estaba muy nerviosa y me aseguró que, si algo salía mal, ella misma me mataría. Pero cuando aterrizamos y vio la multitud que esperaba para recibir a su marido, se relajó. Fue un gran día, muy bonito, una verdadera fiesta.»

Puskás: «El aeropuerto estaba abarrotado de gente y recibí la bienvenida más cálida y emotiva que jamás habría podido imaginar. Fue increíble, la gente gritaba como si hubiese llegado una estrella del pop. Todo el mundo quería abrazarme y vi caras de amigos mientras me conducían al interior del edificio. No pude saludarlos a todos y me preocupó que se sintieran dolidos. En cuanto pude, me libré de las aglomeraciones y fui al cementerio de Kispest para ver las tumbas de mis padres; en la de mi madre todavía no había estado. Durante los siguientes días, las cosas se calmaron y concedí la entrevista que necesitaban para el documental.»

Partido de veteranos en Budapest, 1981

PUSKÁS: «Después vino el partido. Se había decidido que se jugara un partido de veteranos, Budapest contra el resto de Europa, como aperitivo del partido clasificatorio del Mundial entre Hungría e Inglaterra (el 6 de junio de 1981) en el Népstadion (Inglaterra ganó 1-3). Se reunió a cuantos integrantes del Equipo Dorado se pudo; sesenta y cinco mil personas acudieron para ver a los «veteranos» en un momento en que la afluencia de público a los estadios había descendido catastróficamente, incluso en partidos internacionales. Fue una noche increíble.»

TICHY: «Antes del partido, el vestuario era una locura. Había todo tipo de gente entrando y saliendo, estrechando la mano de Puskás, dando palmadas en las espaldas y haciendo bromas. Tenía semejante estómago que no encontraba una camiseta que le entrara. El estadio estaba a rebosar de un público que no había ido a ver la eliminatoria.»

PUSKÁS: «En el vestuario, Buzánszky, Hidegkuti, algunos otros y yo nos reímos mucho. No conseguíamos ponernos la camiseta de lo gordos que estábamos y tuvimos que estirarlas por encima de los abultados estómagos. Muchos de los integrantes del equipo seguían vivos, aunque algunos se habían ido, como Bozsik, y recordamos a los que no podían estar presentes. Los amigos ausentes.

»Disfrutamos mucho ese partido (un empate 3-3, recuerdo) y al final nos colocamos todos en el centro del terreno de juego para dar las gracias al público y a todo el mundo. Entonces fue cuando salí de la fila para ponerme frente a János Kadar y los líderes políticos que estaban en el palco vip. Incliné la cabeza. Fue un gesto de respeto. Creí que era lo adecuado porque siempre había temido volver y no recibir una bienvenida sincera. Sabía que sin su consentimiento ni el recibimiento ni el partido habrían sido posibles. Estaba agradecido porque me hubieran dejado volver a casa en la forma apropiada y sentí que finalmente me habían perdonado por no haber ganado el Mundial de 1954.

»Después del partido me vi rodeado por gente que quería estrecharme la mano y felicitarme. Me reencontré con infinidad de jugadores con los que había jugado o a los que me había enfrentado, y me costó reconocer a algunos, con veinticinco años más que cuando nos habíamos visto por última vez, pero sonreí y asentí, preocupado porque nadie se sintiera excluido. Fue un día maravilloso, un bonito regreso al hogar.»

Tiempo después

PUSKÁS: «Después de esa visita en 1981, me sentí capaz de regresar a Hungría regularmente. Aunque estuviera trabajando en Egipto o luego en Australia, siempre iba unas semanas en verano para ver a amigos y familiares, antes de ir a España y veranear con la familia de mi hija. Partes de Budapest seguían prácticamente igual, pero otras habían cambiado radicalmente. Por desgracia, Kispest había sucumbido al desarrollo. Se habían derribado cientos de casas pequeñas para edificar una enorme urbanización de edificios altos. Las casas con pisos pequeños, donde habíamos crecido Bozsik y yo, habían desaparecido. Estaban tan cerca del estadio del Kispest que habían colocado una de las torres de focos donde en tiempos teníamos el cuarto de estar. Cuando vi lo que habían hecho, sentí una punzada en el corazón. De niños habíamos pasado ratos maravillosos en sitios que ya no existían.

»Cuando murió Sebes (31 de enero de 1986), yo aún seguía entrenando en Australia. Tenía más de ochenta años. Por desgracia estaba muy lejos como para llegar a tiempo para verlo, pero he ido varias veces a su tumba. Lo quería mucho. Era muy amigo de mi padre; de hecho, él también era un padre para mí. Para ser sincero, después de su muerte, el fútbol húngaro estaba acabado como potencia internacional. Es cierto que durante el periodo de posguerra en Hungría hubo muchos buenos jugadores con los que forjar el Equipo Dorado, pero fue Sebes (con su fantástica energía y confianza) quien nos eligió y nos convirtió en un equipo de talla mundial.

»En Australia había bastantes húngaros y muchos de ellos empezaron a decirme que se iban a casa definitivamente. Tras el colapso del comunismo, algunos de los líderes del Foro Democrático que conformaba el recientemente elegido gobierno vinieron a Australia y me pidieron que volviera a casa. Aseguraron que podía resolver la desoladora situación del fútbol húngaro. Me pareció muy interesante, porque era una nueva generación de políticos; ninguno de ellos me conocía personalmente, pero noté lo importante que les parecía que volviera a Budapest. Al principio me negué, pero al cabo de unos años decidí volver.

»Estaba acostumbrado a que la gente relacionada con el fútbol quisiera que volviera. Cuando iba unas semanas en verano a Budapest, siempre había alguien que me pedía que aceptara un trabajo u otro. Tuve algunas discusiones. Los directivos del Honvéd querían que fuera el entrenador del equipo, pero les dije que era demasiado mayor para tanto esfuerzo. Estaba llegando a un punto en el que quería distanciarme del fútbol, al menos de estar al frente y ser responsable de todo.»

Entrenador de la selección

En 1992, Puskás se instaló en Budapest. Prácticamente acababa de llegar (y todavía se alojaba en un hotel) cuando le pidieron que fuera entrenador provisional de la selección hasta que se cubriera oficialmente ese puesto, después de la súbita dimisión de Imre Jenei. El fútbol húngaro se encontraba en una situación crítica; Puskás no quería realmente aceptar ese trabajo, ni siquiera temporalmente, pero se sintió obligado a echar una mano. Con él el equipo no prosperó y perdió contra Suecia, Rusia y, decisivamente, en casa contra la pequeña Islandia en la ronda clasificatoria del Mundial de 1994.

Puskás: «Solo estuve tres meses porque tenían varios partidos importantes y el entrenador había dimitido de repente. Insistí en que aceptaba el trabajo temporalmente. Estaban tan desesperados que podía haber sido lo que quisiera, incluso presidente de la Federación Húngara de Fútbol, pero no me apetecía serlo en absoluto. Me gusta el fútbol, pero no la política que lo acompaña. Creí que tenía que ayudar y me alegré cuando acabé mi trabajo.

»Después tuve largas discusiones con los directivos de la federación de fútbol sobre qué tipo de papel podría desempeñar en la estructura de la selección. Finalmente me convencieron para que los aconsejara y los ayudara en cuestiones internacionales, y dirigiera el entrenamiento de los juveniles. Eso implicaba hacer algún viaje y recibir a las delegaciones extranjeras (simplemente estrechar manos), pero el trabajo con los jóvenes era muy agradable. Viajaba con los juveniles. Me mantenía ocupado y ayudaba en lo que podía, aunque me resultaba difícil hablar con los modernos entrenadores húngaros; ya no teníamos el mismo lenguaje. Su actitud me parece muy extraña; hablan cuando deberían de prestar atención, aunque no tengan nada interesante que contar. Pero, al parecer, es lo normal en la Hungría de estos tiempos y tendré que acostumbrarme. Espero que la situación mejore en el fútbol húngaro. Necesitamos dinero para invertirlo en el desarrollo de una adecuada política de entrenamiento de juveniles e intentaré hacer todo lo que pueda por convencer a patrocinadores para que nos lo proporcionen. Así se hacen las cosas hoy en día.»

El hogar

Puskás y su mujer Erzebet vivieron cómodamente en un moderno apartamento cercano a la plaza Moscú de Buda. En ocasiones, cuando iba por la calle, el tráfico se detenía y la gente se acercaba para estrechar la mano del húngaro más famoso del mundo, o gritaba «¡Öcsi!» desde el coche. En Budapest, cerca de uno de los puentes del Danubio, hay un bar que se llama 6-3; durante un tiempo, en toda Hungría hubo una masiva campaña publicitaria de una cerveza con una foto de Puskás y el titular: «De talla mundial». Poco a poco, la ciudad se acostumbró a acoger finalmente a su mayor héroe futbolístico.

Puskás se reunía a menudo con los miembros supervivientes del Equipo Dorado: Grosics y su suplente Gellér, Buzánszky, Hidegkuti y Czibor (que había vuelto de España para vivir en Komáron). Solían celebrarse numerosos aniversarios y actos futbolísticos en los que se reunían; ancianos ya, relajados entre ellos, con recuerdos compartidos de algunos de los mejores momentos de la historia del fútbol.

Puskás tenía buen aspecto, a pesar de su abultado estómago (al que a veces llamaba su «compañía»), que conservó conforme pasaron los años. Cuando estaba sentado y relajado, se subía el bajo de los pantalones para refrescarse y enseñaba unos pies tan pequeños que podrían haber sido los de un niño, un pie izquierdo relajado, pero (al menos para los ingleses) fascinantemente amenazador. Siguió activo y viajó a menudo por todo el mundo para prestar su apellido en algún acto o aparecer en algún programa de televisión. En 1996, el comité coreano que coordinaba su candidatura para el Mundial del 2002 le pidió que, como huésped, les recordara a todos que fue el capitán que saludó al primer equipo coreano que jugó en su primer Mundial en 1954.

El apartamento de Puskás estaba lleno de recuerdos de las muchas victorias que consiguió en su carrera. Todos los visitantes se daban cuenta enseguida de que era el hogar de un gran futbolista (uno imagina que sus pertenencias vitales todavía le siguen e intentan ponerse al día con los años nómadas). Quizá muchas de sus medallas y trofeos se quedaron con su hija en España, pero en su estudio hay pruebas del impacto que tuvo su vida, y no solo en el mundo futbolístico. Una de ellas es una copa que le entregaron los representantes de los periodistas de Budapest, en la que pone:

Para *Öcsi* Puskás, el más prolífico goleador del fútbol internacional. El «hermano pequeño» de este país».

Puskás era realmente un monumento nacional.

Puskás: «Hungría puede ser un sitio difícil, pero me alegro de haber vuelto a la ciudad en que nací y creo que pasaré el resto de mis días en ella. Sigo yendo a España para ver a mi hija Aniko, que tiene ya dos hijas mayores, y me resulta muy agradable perderme algunas semanas del invierno húngaro. No creo que me quede mucho tiempo en mi trabajo actual, pero haré cuanto pueda y después me iré. Me gusta estar con jóvenes y quiero a mi familia, con eso tengo bastante.

»Cuando echo la vista atrás veo que una estela (el fútbol) atravesó mi vida. Ha sido sencilla, directa, sin ambiciones opuestas. Supongo que me enganché desde que de niño oí el clamor del público en el estadio de Kispest, a pocos metros de la ventana de nuestra cocina.

»Al final, Dios lo quiera, solo seré un anciano al que le gusta el fútbol.»

Fuentes

Todas las intervenciones de Puskás están tomadas de entrevistas hechas en directo entre 1993 y 1996 en Budapest.

Otras entrevistas en directo (1993-96)

Muchas de las citas de las siguientes personas se extrajeron de entrevistas de la serie de la BBC *Kicking and Screaming* y en el texto aparecen con la indicación (K&S).

Allison, Malcolm: futbolista y mánager inglés.
Barcs, Sándor: vicepresidente y presidente de la Federación Húngara de Fútbol.
Buzánszky, Jenö: jugador del Equipo Dorado.
Czibor, Zoltán: jugador del Equipo Dorado.
Finney, Tom: futbolista inglés.
Grosics, Gyula: jugador del Equipo Dorado.
Haynes, Johnny: futbolista inglés.
Hidegkuti, Nándor: jugador del Equipo Dorado.
Matthews, Stanley: futbolista inglés.
Owen, Syd: futbolista inglés.
Szepesi, György: famoso comentarista radiofónico húngaro y presidente de la federación de fútbol.
Taylor, Brian: miembro del Bankfield House Community Centre, Liverpool.
Tichy, Lajos: jugador del Budapest Locomotiv, el Honvéd y la selección húngara.
Vándor, Kálmán: periodista deportivo húngaro.
Wright, Billy: capitán de Inglaterra.
Winterbottom, Walter: mánager inglés.

Las citas de **Jim Baxter**, el futbolista escocés, se obtuvieron de la serie de radio *Great Scots* de la BBC.

Fuentes húngaras

Bocsák, Miklós: *Kocsis és Czibor*, Budapest, Sport, 1983. (Todas las citas de Budai, y las de Czibor entrecomilladas, se obtuvieron de este libro.)

Grosics, Gyula: *Így láttam a kapuból* (Mi visión desde la portería), Budapest, Sport, 1963.

Hámori, Tibor: *Puskás - Legenda és valóság* (Puskás, leyenda y realidad), Budapest, Sportfogadás 1982 (Todas las citas de Osterreicher se obtuvieron de este libro).

Hidegkuti, Nándor y Fekete, Pál: *Óbudától Firenzéig* (De Buda a Florencia), Budapest, Sport, 1965.

Kö, András: *Bozsik*, Budapest, Sport, 1979.

Sebes, Gusztáv: *Örömök és csalódások* (Alegría y desilusión), Budapest, Gondolat, 1981. (Todas las citas de Sebes, con permiso de Erzebet Sebes, se obtuvieron de este libro.)

Zsolt, Róbert: *Puskás Öcsi*, Budapest, Szabad Tér Kiadó, 1989.

Fuentes inglesas

Ellis, Arthur: *The Final Whistle*, Londres, Soccer Book Club, 1962.

Finney, Tom: *Finney on Football*, Londres, Sportsmans Book Club, 1960.

Glanville, Brian: *Historia de los mundiales de fútbol*, T&B Editores, 1973, Londres.

Green, Geoffrey: *Soccer in the Fifties*, Londres, Ian Allan Ltd, 1974.

Griffiths, Mervyn: *The Man in the Middle*, Londres, S. Paul, 1958.

Johnston, Harry: *The Rocky Road to Wembley*, Londres, Sportsmans Book Club, 1954.

Liddell, Billy: *My Soccer Story*, Londres, Stanley Paul, 1960.

Merrick, Gil: *I See It All*, Londres, Museum P, 1954.

Miller, David: *Cup Magic*, Londres, Sidgwick & Jackson Ltd, 1981.

Widdows, Richard: *The Sixty Memorable Matches*, Londres, Marshall Cavendish, 1973.

Fuentes de información histórica en inglés

Lomax, Bill: *Hungary 1956*, Allison & Busby, 1976, Londres.

Lomax, Bill: *Eyewitness in Hungary: the Soviet Invasion of 1956*, Spokesman Books, 1980, Nottingham.

Swain, Nigel: *Hungary: The Rise and Fall of Feasible Socialism*, Verso, 1992, Londres.

Agradecimientos

Queremos expresar nuestra mayor gratitud al protagonista de este libro, Ferenc Puskás, que accedió gustosamente a colaborar en el proyecto y ofreció generosamente su tiempo para poder llevarlo a cabo.

También hemos de dar las gracias a todas las personas a las que entrevistamos, algunas varias veces, para que nos contaran sus recuerdos de Puskás. Agradecemos sinceramente su paciencia y comprensión. También tenemos que destacar la importancia de la serie de televisión de la BBC *Kicking and Screaming* y la de su productor, Jean-Claude Bragard, no solamente por proporcionarnos la oportunidad de entrevistar a todos los jugadores que seguían vivos del Equipo Dorado húngaro, sino también por permitirnos utilizar extractos de algunas de las entrevistas que se realizaron en esta investigación. Queremos dar las gracias también a Brian Barwick, de BBC Sport, por concedernos el privilegio de acompañar al «gran hombre» antes de su aparición en la *Sports Review of the Year* (1993).

Hay otras personas que nos han ayudado mucho, ya fuera con sus consejos, lectura del manuscrito, asistencia práctica o simplemente con su ánimo, como: Tim Dawson, Sam Johnstone, Peter Law, Ray Spiller, Nigel Swain, Nora Samogyi, Valeria Toth, Andrew Ward, John Williams y Jim Woolridge.

Finalmente, Rogan Taylor querría expresar su gratitud por el tiempo y el apoyo que concedió la Universidad de Liverpool, en especial el personal del Departamento de Historia Económica y Social, sin los que hubiera sido imposible escribir este libro.

ROGAN TAYLOR y KLARA JAMRICH
Liverpool y Budapest, 1997

Este libro utiliza el tipo Aldus, que toma su nombre
del vanguardista impresor del Renacimiento
italiano Aldus Manutius. Hermann Zapf
diseñó el tipo Aldus para la imprenta
Stempel en 1954, como una réplica
más ligera y elegante del
popular tipo
Palatino

***

**

*

Puskás sobre Puskás
se acabó de imprimir
un día de invierno de 2018,
en los talleres de Liberdúplex, s.l.u.
Crta. BV-2249, km 7,4, Pol. Ind. Torrentfondo
Sant Llorenç d'Hortons (Barcelona)

***

**

*